KB262819

북한, 평화 그리고 통일

북한, 평화 그리고 통일
1980년대 후의 논설과 시평 중에서

초판 1쇄 발행   2011년 2월 10일

저 자 ㅣ 민병천
발행인 ㅣ 윤관백
발행처 ㅣ 선인

편 집 ㅣ 이경남 · 김민희 · 하초롱 · 소성순
표 지 ㅣ 김현진
제 작 ㅣ 김지학
영 업 ㅣ 이주하

인 쇄 ㅣ 한성인쇄
제 본 ㅣ 광신제책

등록 ㅣ 제5-77호(1998.11.4)
주소 ㅣ 서울시 마포구 마포동 324-1 곳마루 B/D 1층
전화 ㅣ 02)718-6252 / 6257   팩스 ㅣ 02)718-6253
E-mail ㅣ sunin72@chol.com
Homepage ㅣ www.suninbook.com

정가   19,000원
ISBN   978-89-5933-419-3   93300

· 잘못된 책은 바꿔 드립니다.

북한, 평화 그리고 통일

1980년대 후의 논설과 시평 중에서

민 병 천

서문

남북이 분단된 지 66년이나 되었다. 통일이 곧 될 것이라는 기대가 이제는 통일이 과연 되기나 할 것인가에 대한 우려의 소리까지 나오고 있다. 그리고 6·25전란이 발발한지도 61년에 이른다. 잠정적으로 군사적 교전을 정지시킨 협정이 평화를 낳지 못하고 전란이 다시 일어나지 않을까 하는 염려의 소리마저 들린다.

분단의 고통과 손실이 계속되고, 남북 간의 전쟁 재발의 위험이 아직도 존재하고 있다는 것이다. 어느 면에서 보면 분단이 강화되고 평화의 길도 멀어지는 듯하다. 그렇게 되고 있는 것은 남북한과 주변강대국들이 서로 이해를 달리 하면서 소통이 원활하지 못하기 때문일 것이다.

그 가운데서도 북한의 군사제일주의와 위협이 크게 작용한다고 보아야 할 것이다. 북한은 한국의 경제력에 비해서 37분의 1밖에 안되면서 경제적인 어려움을 겪고 있는데도 핵무기를 비롯한 전략무기를 보유하기까지에 이르렀다. 군사력을 중심으로 한 강성대국을 목표로 하는 북한은 천안함과 연평도에 대한 공격까지 감행하는 대담성을 보이고 있다.

북한의 위협은 갑자기 일어난 것이 아니다. 언젠가 있을 수 있다는 군사적 결판 개념에 바탕을 두고 휴전 후 계속 노력한 결과이다. 따라서 우리는 북한의 의도와 능력을 정확히 파악할 필요가 있고 그 추이를 이해할 필요가 있다. 과거와 현재를 바탕으로 미래를 제대로 예측하여 최선의 대비를 해야 할 것이다.

북한의 위협뿐 아니라 통일에 대비하기 위해서도 북한의 내부 상황도 이해할 필요가 있다. 어느 정도의 경제적 어려움이 있는지 또 인권이 어느 정도 손상되고 있는지를 제대로 알아야 통일에 도움이 될 것이다. 그리고 그와 관련하여 남북관계가 어떻게 진전되어 왔는지 하는 등의 문제는 수동적·소극적 개념의 안보와는 다른 차원에서 문제시될 수 있다.

그런 뜻에서 그동안 투고한 안보와 평화 그리고 북한 상황과 통일문제와 관련한 논평 및 논설 중에서 획득할 수 있는 몇 편을 골라 모아보았다. 학술논문은 제외시켰고 선정대상 교양지도 몇 권에 한정하였다.

집필활동이 활발했던 1970년대와 1980년대에 발표된 논평과 논설들이 많이 수록될 것이지만 그 뒤의 글들도 포함될 것이다. 과거의 상황에 대한 과거의 글을 엮어 놓음으로서 현재와 미래에 대한 보다 정확한 판단을 하는데 도움이 될 것으로 생각했기 때문이다.

안보문제, 평화문제, 남북관계, 북한상황, 통일문제에 관심을 가지고 있는 분들에게 수십 년간의 상황을 바탕으로 하여 쓰여진 논설들이 현재와 미래에 대한 판단에 다소라도 도움이 되기를 기대한다.

이 책이 나오기까지 애쓴 서유석 박사와 출판을 기꺼이 받아주신 도서출판 선인 윤관백 사장님을 비롯한 임직원 여러분께 감사드리고저 한다.

2011년 2월 7일
민병천

제3부 우리도 변해야 한다

제1장 동구가 변했다 ·············· 243

제1부

북한과 한반도의 장래

자유공론지 등 전문지에 실은 글들 중에서

북한은 어떤 존재인가

1. 북한과 통일문제

1) 북한정권의 특성과 족벌주의

(1) 북한정권의 몇 가지 특성

북한 공산집단은 다른 어떤 정권에서도 보기 힘든 몇 가지의 특성을 지니고 있음이 분명하다. 그러한 특성을 우리가 추측한다는 것은 북한의 족벌주의를 이해하는데 어떤 도움이 될 것이다. 족벌주의도 북한체제가 갖는 맥락 속에서 이해될 수 있는 것이기 때문이다.

북한정권의 특성 중에서 가장 두드러진 것은 아마도 김일성에 의한 1인 통치가 이루어지고 있다는 점일 것이다.

김일성의 북한 내에서의 위치와 역할은 '스탈린'이 그의 권한을 최대한으로 휘둘렀던 때의 그것과도 비길 만큼 대단한 것이다. 김일성은 다른 어떤 자의 도전을 받고 있지 않고 있으며 또 그러한 도전자가 등장할 바탕을 없애 버리고 있다. 숭배는 김일성에로 집중되고 참된 말씀은 그로부터 나온다. '경애하는 수령'이 담고 있는 뜻은 일방적 예종과 일방적 지도만이 존재할 수 있다는 점이고 실로 김일성은 주민에게 교주가 되고 있는 것이다.

1인 지배체제가 확립되기에는 피나는 숙청의 역사를 밟았고 갖가지의 대중조작이 동원되었다. 뒤에서 살피겠지만 숙청은 지식인 세력인 남로당계와 친중공계인 연안파 및 친소파 등에 대하여 일차적으로 가해졌다. 1950년대에 이들에 대한 숙청을 끝냄으로써 해방 이후에 공산세력이 지닌 최대의 두통꺼리인 파벌 싸움은 일단 해소된 것이다. 그러나 김일성파 안에 있는 지식인 '그룹'이 맹목적인 복종에 회의를 나타내자 1960년대와 1970년대 초에 걸쳐 계속적인 숙청을 단행했다.

이러한 숙청을 거친 뒤에야 1인 지배체제와 개인숭배는 확고한 기반을 가질 수 있게 되었다. 그러나 물리적인 방법으로서의 숙청만으로 그것이 이룩될 수 있었던 것은 아니다. 심리적인 방법으로서의 대중조작이 여러 가지 형태로 나타났다. 그 가운데서도 가장 중심이 된 것은 김일성의 이른바 '항일투쟁'의 미화였다. 그를 독립전사의 영웅으로 만들어 주민의 심리를 현혹시킴으로써 개인숭배를 굳혔던 것이다.

북한정권의 둘째 특징은 '빨치산' 출신자들이 지도하고 있다는 점이다. 북한 내의 최고지도부는 '빨치산' 출신자의 집단이라는 것이다. 김일성을 비롯한 고위지도자들 가운데 주류가 되고 있는 것은 '빨치산'에 가담했던 자들이다. 그것은 당과 정권에 걸친 북한지도부의 구성상의 특성을 이루고 있는 것이다.

북한사회의 지도부를 '빨치산' 출신자들이 장악하고 있다고는 하나 김일성을 제외한 자들이 권력을 나누어 가진 것은 물론 아니다. 권력경쟁자로서의 존재가 아니라 김일성체제 내에서의 분화된 기능만을 가지고 있을 뿐이다. 권력은 하나의 '빨치산' 출신자에게 집중됐고 다른 '빨치산' 출신자는 그 권력원천에서 맡긴 기능을 분담하고 있을 뿐이다.

북한정권의 셋째의 특성은 족벌주의이다. 이 족벌주의는 김일성의 장기적인 1인 지배에서 나오는 불안 때문에 생겼다고 볼 수 있다. 장기간에 걸쳐 1인 지배를 하는 동안에 수많은 그의 동지들을 제거하지 않을 수 없었고 또 믿을 수 없었다. '빨치산' 동지조차도 많은 경우에 김일성에 의한 충성 '테스트'에서 낙제하게 되었다. 김일성으로서는 그의 권좌와 이념을 보장할 유일한 힘으로 친척을 찾게 된 것이다. 이들만이 가장 안심하고 믿을 수 있는 세력으로 남게 되었다.

그리하여 후술하겠듯이 김일성은 동생인 김영주와 그의 아들인 김정일을 권력의 핵심적인 지위에 올리는 작업을 진행시키고 있는 것이다. 이 족벌주의는 공산주의의 기본사상에서는 용납될 수 없는 것이지만 한국민족의 전통적인 사상(가부장주의와 민족주의)에 바탕을 두고 지금 북한에서 뿌리를 내려가고 있는 듯하다.

북한체제가 지닌 또 하나의 특성은 역사에서 유례를 찾기 힘들만큼의 철저한 통제와 조작을 통해서 대중의 반발을 막고 있다는 점이다.

앞에서 이미 김일성의 1인 지배가 대중조작을 바탕으로 하여 이루어지고 있음을 보았거니와 그러한 조작과 통제는 너무도 철저한 것이어서 모든 개인은 고립화된 상태에서 거대한 힘에 예종할 뿐이다. 우리가 대전 중에 독일이나 일본에서 엿볼 수 있는 그러한 철저히 통제된 주입식의 정신교육이 지금 북한사회에서 이루어지고 있는 것이다. 다만 독일의 '히틀러'와 일본의 천황이 김일성에 대치되었을 뿐이다.

전국민이 철저히 통제되어 타계로부터 완전히 고립된 상태에 있기 때문에 주민의 지식은 일제하의 과거와 지금의 북한만이 있을 수 있다. 그리하여 일반주민의 모든 비교기준은 일제 시와 현재가 될 뿐이다. 그 기준에 따라 발전된 현재를 느끼게 되며 현재를 가져오게 한 체제와 김일성의 우월성을 감지케 되도록 되어 있다.

북한정권이 추구하는 적화통일의 목표로 볼 때는 군부도 정치적으로 큰 몫을 담당할 듯 하지만 중공과는 달리 체제 내에서 뚜렷한 힘을 발휘하지 못하고 있는 것이다.

그 이유로 두 가지를 생각할 수 있을 것이다. 하나는 개인지배적인 정권의 성격이 너무 두드러지기 때문이다. 물리력을 보유하고 있는 군부가 정치적인 영향력을 어느 정도 갖게 된다면 김일성체제에 어떤 변화요인이 될 수도 있다. 그러므로 이념을 제시하는 1인자의 실천체로서의 군대만이 허용될 것이다. 다른 하나는 지도부에 '빨치산' 출신자가 많기 때문인 듯하다. 중공의 지도부는 일본 또는 국부군과 대회전을 경험하였지만 북한 지도부의 '빨치산' 출신자는 유격원에 지나지 않는다. 그러기 때문에 중공 지도부가 군부를 보는 것과 북한의 지도부가 보는 것에는 큰 차이가 있을 수 있다.

어떤 이유에서이든 북한의 권력에서 군부가 차지하는 비중은 낮은 듯하다. 그럼에도 불구하고 군사력을 과도히 보유하고 있는 것이다. 앞에서 보았듯이 북한정권은 어느 면에서는 매우 전근대적인 요소를 많이 지닌 정권이고 기구나 제도가 지배하기보다는 사람이 지배하는 체제인 것이다. 그러한 체제이기 때문에 족벌주의 같은 정치현상이 생길 수가 있을 것이다.

(2) 족벌주의의 바탕인 숙청

김일성이 자기의 권력을 유지·강화하기 위해서는 숙청의 역정을 밟아야 했다. 북한에 있어서 숙청자는 곧 김일성의 1인 지배의 확립의 역사이기도 하다. 그리고 1인 지배의 확립은 족벌주의의 바탕이기도 하다.

김일성은 그에 도전하거나 그럴 가능성이 있는 사람들을 차례로 숙청했는데 그것은 안에서부터 바깥으로 번져 다시 안으로 오므라드는 방식을 따랐다. 즉 김일성의 숙청은 북한 내의 국내 공산파에서부터 남로당계를 거쳐 해외파로 번져갔고 다시 김일성 직계에 대한 숙청으로 발전했던 것이다.

이른바 국내파는 해방 당시에 북한지역에서 활동하던 공산세력을 뜻하는 바 이들은 일국일당주의를 내세워 김일성이 주장하는 '조선공산당 북조선분국'의 창설을 반대하였다. 김일성으로서는 소련군의 후원 하에 전국적인 조직을 하여 권력을 장악하여야 했으므로 1차적으로 북한의 조직을 꾀했던 것이다. 이에 대해서 국내파는 '민주민족연합노선'을 내세워 각 세력이 망라된 정부수립을 주장했다. 그리하여 김일성은 이들 국내파 공산지도자인 현준혁과 주영하, 오기섭 등을 암살 또는 투옥함으로써 제1단계의 숙청을 하였던 것이다.

북한지역 내의 국내파 공산세력에 대한 정지작업을 끝낸 김일성계는 이어서 남로당계에 대해 그것을 진행시켰다. 남로당은 해방 후 미군정이 그것의 존재를 합법적으로 인정했기 때문에 실질적으로는 전한반도의 공산세력을 지도하고 있었다. 그러던 것이 대한민국 정부수립과 더불어 그것은 급격히 쇠퇴했고 북한정권의 수립과 더불어 김일성에게 영도되는 형편에 이르렀다. 그러나 남로당계는 지식수준이 높고 국내기반이 크기 때문에 김일성으로서는 하나의 위협세력일 수 있었던 것이다. 그리하여 1인 지배를 위한 제2의 대숙청이 1953년부터 시작되었던 것이다. 남로당계가 쓴 죄목은 간첩, 정권전복 등 정치적인 것이었다. 그 결과 이승엽 등은 1953년 휴전 직후에 박헌영은 1955년에 처형되었다.

해방 전에 국내에서 독립운동을 하던 공산주의자들에 대한 숙청작업이 끝나자 그 작업은 소련파와 연안파로 확대됐다. 소련파의 거두인 허가이와 김열이 각각 1952년과 1955년에 숙청되었다. 연안파에 대한 숙청은 군인인 무정과 박일우(초대 내무장) 및 방호산 등에서 비롯되었다. 연안파 숙청에서 가장 대대적이었던 것은 이른바 8월종파에 대한 것이었다. 8월종파란 1956년 8월 당 중앙위에서 김일성을 제거하고 실권을 장악하려 하였던 최창익(부수상), 김두봉, 박창옥(부수상) 등으로 연안파가 중심을 이루고는 있으나 소련파와 국내파의 일부가 가담한

'그룹'이다. 이들은 중공업 우선주의에 대한 정책비판과 개인숭배에 대한 반대 등으로 당을 통한 정권교체를 꾀했다는 것이다. 당과 행정기관 및 주요사회단체에 큰 세력을 뻗치고 있던 이들 반김일성세력에 대한 숙청은 남로당계에 대한 그것보다 훨씬 심각하고 대규모적이었다.

연안파 숙청으로 북한정권은 김일성파로만 이뤄지게 되었다. 그러나 김일성파 내의 대립은 다시 당료파인 박금철과 이효순을 제거(1967년)하는 결과를 가져왔고 군사파 내의 '게릴라' 출신자가 '비게릴라' 출신자인 허봉학, 김창봉, 최광 등을 몰아내게 되었다.

앞에서 보았듯이 김일성 집단의 숙청은 지난 30년간에 걸쳐 계속되었고 그에 따라 1인 지배는 확립되어 왔다. 숙청사를 훑어볼 때 북한에 있어서의 김일성 유일사상은 자연적인 것이라고 할 수 있다. 역설적일지 모르나 김일성주의와 개인숭배가 강조되는 정도와 숙청의 정도는 반비례한다는 것이다.

1인 지배와 그것을 바탕으로 하는 족벌주의는 숙청의 산물이라고 할 수 있다. 또한 족벌주의가 강조되는 것은 아직도 1인 지배에 어떤 불안요인이 내재함을 암시하는 것일 수도 있다는 점에서 주목을 끄는 것이기도 하다.

(3) 족벌주의의 실태

북한에 있어서 김일성 일가가 왕조적인 성향을 보이면서 족벌정치를 하고 있음은 다 알려진 사실이지만 그 핵심은 역시 김일성이다. 따라서 북한집단의 족벌주의를 이해하려면 먼저 '김일성주의'를 잠시 살필 필요가 있다.

북한에서는 이른바 '김일성 유일사상체제'가 '마르크스 · 레닌'주의의 창조적 해석을 위한 유일한 방법론이 되고 있다. 이른바 '주체사상'으로 상징화되고 있는 김일성의 유일사상은 정치에서의 자주, 경제에서의 자립과 국방에서의 자위 및 사상에서의 주체성이다.

　　그런데 자주의식 또는 주체사상 등의 원칙은 어떤 주권국가도 그 나라 특유의 체제의 독자성을 유지하기 위해서 추구하는 목표에 지나지 않는다는 것이다. 그러므로 김일성주의나 유일사상체제는 앞의 문맥 속에서 찾아지는 것은 아니다. 즉 '김일성 주체사상'은 그가 표현한 주체나 자주라는 낱말 속에서 유일사상이 찾아지는 것이 아니라 모든 것을 결정하는 주체가 김일성이라는 것에서 파악되고 이해되어야 한다. 그러기 때문에 주체사상은 '김일성사상'이 될 수 있다. 김일성에 의해서 규정된 주체성과 그가 주체가 되어 이끈 자립적 건설인 것이다. 그러므로 김일성의 주체사상은 그에 대한 신격화 이론이기도 하다. 김일성은 주체성이라는 것을 근거로 하여 당의 절대성을 강조하고 있거니와 이것은 그의 절대화를 주장하는 것이라고 하겠다.

　　김일성에 대한 우상화와 신격화는 역사교육에서 또 학교와 사회의 현실교육에서 그리고 모든 영역에 걸쳐 진행되어 왔다. 만주에서의 '빨치산' 활동이 과장되고 장식됨으로써 불출세의 영웅으로 또 불사신으로 변신되어 왔다. 공장과 농장 등 모든 일터에서의 일의 바탕은 이른바 '교시'에 두고 있다. '교시'를 창출하는 김일성은 전지전능한 존재가 되고 있는 것이다. 문화와 예술활동 및 학교교육의 대부분은 김일성을 찬양하는 것에 충당되고 있다. 그렇게 함으로써 김일성의 유일성이 더욱 확고해진다고 믿고 있는 듯하다.

　　그러나 일원적 가치체제를 강요하는 체제가 빠지기 쉬운 경직성과 폐쇄성이라는 역작용이 북한에서라고 없으란 법은 없다. 개인숭배의 과도강조, 숙청을 통한 충성체제의 일원화, 허구적 선전 등은 공산사회 내에서의 인간소외의 결과를 자초하고 말게 되는 것이다. 소외되는 인간군 형성을 막아야 할 뿐만 아니라 김일성 숭배를 영구화하여야 하는 것이 김일성에게 과제로 등장하였다.

　　이 과제를 해결하는 하나의 방도로서 김일성에 대한 충성과 김일성가의 위대성이 강조되고 족벌주의가 나오게 된다고 하겠다. 족벌주의 또는 족벌정치라고 하지만 우리는 그에 대한 검토에 앞서 족벌 속에 넣어야 할 범위를 설정하지 않으면 안 될 것인바 북한의 경우는 김일성의 직계만이 대상범위로 잡아야 할 것이다. 왜냐하면 김일성 직계만이 숭배 받도록 꾸며지고 있기 때문이다.

북한에 있어서의 족벌주의는 숭배심의 고양에서 비롯된다. 김일성을 어버이화하는 것에 의해서 김일성주의가 성립되듯이 그의 가족을 숭배하게 하는 것과 더불어 족벌주의를 굳히고 있다. 그러한 작업의 일환으로 김일성의 부모는 '혁명의 어버이'로 신성시되고 미화되었던 것이다. 김일성 직계에 대한 신성화 작업은 그의 아들인 김정일에게도 진행되고 있다. '노작학습'을 주민에게 요구하고 '대를 이어 충성할 것'을 강요하고 있다. 그리하여 김일성가의 3대에 대한 숭배를 통한 주민의 심리를 장악하려 하고 있는 것이다.

이렇게 해서 김일성 집단은 마치 전통적으로 동양에서 볼 수 있었던 세습 전제군주제의 재현과 같이 보인다.

김일성 집단의 족벌주의의 냄새는 그의 실제를 비롯한 인척의 권력주변에서의 활동에서도 맡을 수 있다. 실제인 김영주는 당의 조직지도부장으로서 큰 영향력을 행사하고 있고 서열 6위라고 일컬어지고 있다. 20대에 '모스크바'에서 교육을 받은 그는 유장식과 허담, 김병하 등 내각과 당의 간부를 장악하면서 실력자의 하나가 되고 있다. 그밖에 외숙인 강양욱, 처 김성애, 매부인 허담 등 친척들의 권력주변에서의 활동은 적지 않은 것이다.

그런데 작년까지만 해도 김영주를 부상시키던 김일성이 금년에 들어오면서 그의 아들을 크게 격상시키고 부상시키고 있다는 점은 북한정권에 있어서의 족벌주의에 어떤 성격전환이 진행되는 것이라고 보아야 할 것이다. 그것은 후계자 문제와도 관련되며 김일성 후의 북한집단의 정치 방향과도 관련되는 것이다. 김일성이 최근에 유일사상 확립을 위해 크게 노력하고 신헌법에 의한 장기지배 체제의 정비를 하고 있는 점에서만 본다면 후계문제를 고려하고 있지 않는 듯하다. 그러나 적어도 그는 그의 뒤에 전개될 사태를 생각하지 않을 수 없다. 그러기 때문에 족벌주의는 '대를 이어 충성할 것'으로 천천히 방향전환을 하고 있는 것이라고 하겠다. 적어도 그가 후퇴한 뒤에도 그의 아버지와 자신과 그의 아들의 지위와 명예를 보장하기 위한 것으로 족벌주의의 방향을 돌리고 있다고 보아야 한다는 것이다. 공산주의가 용인하지 않는 유일사상체제와 족벌주의를 북한사회에서 이룰 수 있었다는 것은 한국적 전통 때문임은 말할 것도 없다.

(4) 결어

앞에서 보았듯이 북한정권은 다른 공산주의 국가에서 또 역사에서 볼 수 없었던 독특한 면을 많이 지니고 있고 그 가운데서도 공산주의 자체와는 이념적으로 서로 모순되는 족벌주의가 이루어지고 있다.

어느 모로 보나 전근대적이고 비합리적인 족벌주의가 뚜렷한 정치현실로 북한에 존재한다는 것은 결코 바람직한 것이 못 된다고 하겠다. 비합리적 정권은 비합리적 결정을 할 염려가 있는 것이기 때문이다. 비합리적인 결정을 할 경우 한반도의 안정에도 어떤 영향을 미칠 것이 확실하고 북한주민을 위해서도 불이익이 초래될 수도 있는 것이다.

족벌주의가 두드러지면서 '대를 이어 충성하자'는 방향이 굳어질 경우 북한의 권력변동은 바랄 수 없을 것이다. 그러한 경향들은 김일성의 장기집권을 암시하는 것이기 때문이다. 그가 일선에 나서지 않는다고 하더라도 중요결정을 할 수 있는 지위에 오래 머물 것이다. 그것을 위한 준비로 김일성주의와 족벌주의가 강조되는 것일 수도 있다. 따라서 우리는 북한의 권력 주변에서 일어나는 여러 움직임에 깊은 주의를 기울이지 않으면 안 될 것이고 성급히 김일성의 진퇴를 점쳐서도 안 될 것이다.(『자유공론』, 1974.9)

2) 민족생존을 위한 통일철학

(1) 머리말

올해는 7·4남북공동성명이라는 역사적 사건이 있은 지 10년이 되는 해로서 다시금 그때의 감격이 되살아나기를 기대하는 사람들이 많아지고 있다.

그것은 대체로 두 가지 이유 때문으로 보인다. 하나는 분단 37년에 접어든 우리 국민이 이제는 분단사를 넘어 통일사로 민족사가 이어지기를 기대하는 마음을 간절히 갖게 되었기 때문이다. 일제 36년을 보내고 분단 36년을 보냈으니 이제 민족사는 통일사로서 새로이 엮어져야 한다는 생각인 것이다.

다른 하나는 통일정책과 통일논의가 지난날의 냉전적 차원을 떠나 새로운 성격을 지니면서 활발히 일고 있다는 점 때문이다. 냉전시대의 선전적 또는 유일주의적인 내용의 논의나 정책보다는 매우 신축적이고 전향적인 것들이 나오고 있다는 것이다.

그러나 민족사를 통일사로 바꾸는 작업에서 중요한 것은 통일의 기대감이나 정책 및 논의의 활성화도 중요하지만 어떤 통일국가가 되어야 하는가? 그러한 통일국가를 세우기 위해서 통일방법이 어떤 철학에 기초를 두어야 할 것인가 등 통일철학 정립에 대한 진지한 검토가 무엇보다도 중요한 당면과제라고 본다. 통일국가의 미래상을 뚜렷이 하지 않는 통일논의는 한낱 기술문제에 대한 공리에 그치고 말 것이다. 막연히 사회주의 사회의 건설(북한 측)이나 단순한 자유 민주국가의 건설(한국 측)이라는 차원에서는 전민족의 뜻을 수렴하는 지표가 되기는 어려울 것이다. 그런 뜻에서 우리민족이 이제 새로운 민족사로서의 통일사를 엮는데 있어서는 통일국가의 미래상에 대한 뚜렷한 설정을 하여야 한다는 것이다.

그러면서도 통일방법에 어떤 철학이 깔려야 하는가를 깊이 생각하여야 할 것이다. 민족성원 다수가 공감할 수 있는 통일국가상과 방법이 아니면 모든 정책과 주장이 공론으로 되고 말 것이다.

그런 뜻에서 통일국가상과 통일방법의 기초를 이룰 철학을 생각해 보기로 한다.

(2) 통일국가의 이념과 체제

통일된 나라의 영원한 번영과 생존을 위해서는 열강의 대립 속에서도 생존할 수 있고 이념과 체제에서 갈린 상태가 용해될 수 있고 현대사회가 요구하는 일반적인 원칙이 수용될 수 있고 여러 경제여건이 고려된 이념이 통일국가의 이념으로 설정되어야 할 것이다.

그러한 것을 고려할 때 우리의 통일국가가 지향할 이념과 국가상으로는 다음과 같은 것을 생각할 수 있을 것이다.

첫째, 민족주의를 이념으로 하는 자주적인 민족국가가 세워져야 한다.

우리민족은 열강의 이해대립이 엇갈리는 지역에서 그들에 의해서 포위된 지금은 말할 것도 없고 통일된 나라에서도 이해대립을 하게 될 것으로 보인다. 태평양 진출을 위해서 소련은 부동항을 필요로 하고 그것을 위해서 한반도가 중요하다. 소련은 한반도가 전략적 기지의 구실을 하기를 바라지만 다른 나라 특히 미국과 일본은 그것을 원하지 않을 것이다.

한반도의 이해대립 속에 위치한 우리가 그들에 의해서 희생되지 않고 오히려 4강을 활용하기 위해서는 통일국가가 특정국가의 영향을 많이 받지 않아야 할 것이다. 그러기 위해서는 민족주의를 사상적 바탕에 깔고 자주성이 강한 나라로 세워야 할 것이다.

자주성이 강하고 독립성이 강한 통일민족국가를 세워야만 할 것이다. 그러면 지난날 외침과 외세의 작용 속에서도 굳세게 살아 왔음을 감안할 때 통일국가는 4강을 오히려 활용할 수 있는 나라로 발전할 수 있다고 본다.

둘째, 민주주의를 이념으로 하는 자유로운 민족국가가 세워져야 한다.

인간이 찾아낸 최선의 정치방식과 제도로 민주주의 정치가 일반적으로 받아들여지고 있다. 그런데 민주주의는 정치적 민주주의와 경제적 민주주의 및 사회적 민주주의라는 여러 측면에서 생각될 수 있다.

정치적 민주주의는 주로 자유로운 민주주의를 뜻한다. 자유는 소극적으로는 구속과 간섭의 배제로 정의될 수 있고 적극적으로는 참여 속에서의 자아의 실현이라고 본다. 그 개념이 무엇이든 인간에게 있어 자유가 소중하기 때문에 그것이 확보되는 국가체제가 통일국가에 이룩되어야 한다.

그러면서도 경제적으로 또 사회적으로 평등한 인간의 존재를 인정하는 민주주의가 이룩되어야 한다. 경제적 평등은 경제적 민주주의를 지향한다. 그리고 모든 사람에게 기회의 균등을 제공하는 사회적 민주주의가 잘될 수 있다.

그러한 민주주의를 바탕으로 하는 통일공화국을 제외한 다른 어떤 제도도 통일국가에서는 용인되기 어렵다. 해방 후의 경험과 남북의 다른 체제를 고려할 때 그러하다는 것이다.

셋째, 평화주의를 이념으로 하는 문화민족국가가 세워져야 한다.

우리는 예로부터 평화를 사랑해온 민족이다. 비록 침략을 받은 역사가 있기는 하나 침략을 한 일은 거의 없는 민족이다. 그것이 지정학적인 특성 때문이었다고 치더라도 우리에게 있어 그 역사는 중요한 뜻을 갖는다.

그 역사전통을 지킨다는 면에서 뿐만 아니라 열강의 이해가 엇갈리게 되는 통일국가를 보조하기 위해서는 무엇보다도 평화주의를 나라의 정신으로 삼을 수밖에 없을 것이다. 평화이념을 실현하는 방법에는 외교중심과 군사중심이 있을 수 있다. 외교중심이란 '중립'이나 협상 등의 방식이 위주가 되면서 평화를 유지하는 것을 말하고 군사중심이란 평화를 유지하되 '힘의 우위' 또는 어느 정도의 자위력의 보유를 통한 생존과 전쟁억제를 지향하는 방식을 말한다.

평화주의는 다른 나라와의 관계에서만 요구되는 것이 아니다. 통일과정이나 통일 후의 상당기간 있을 수 있는 계층 간의 갈등과 대립을 배제 또는 방지하면서 전민족이 단합하고 민족적 동질성을 회복하여야 한다. 민족화해가 지속되어야 한다는 것이다. 이념을 달리하는 세력 간의 대결과 내란이 있어서는 안 되겠다는 것이다.

그러한 평화를 바탕으로 문화민족국가가 세워져야 한다. 민족적 화해를 바탕으로 한 민족 고유문화가 형성됨으로써 문화국가가 이 땅에서 오래도록 유지되어야 한다는 것이다.

넷째, 복지주의를 이념으로 하는 풍요로운 복지국가가 이룩되어야 한다.

모든 나라가 번영과 복지를 지향하고 있다. 신생국의 경우 복지보다는 번영을 보다 먼저 중요시하게 된다. 번영을 위해서 산업화의 과제를 해결하려는 노력이 있게 된다. 지금 남북한은 모두 산업화를 상당히 진행시키고 있는 것이 사실이다. 번영을 위한 상당한 노력과 어느 정도의 열매를 얻었다고 볼 수 있다.

상당히 이룩한 산업화를 바탕으로 하여 이룩되는 통일국가는 자연히 번영을 바탕으로 하는 복지를 이념으로 하는 국가체제일 수 있겠다. 사회주의와 공산주의를 지향하는 곳에서도 평등에 기초하는 복지사회의 면을 보이고 있지만 자유민주국가에서도 복지사회의 면을 보이고 있다. 정치적인 측면의 자유를 강조하는 곳과 경제적인 측면의 평등을 추구하고 있다는 점에서 보면 통일국가가 복지를 이념으로 한다고 할 때 아무런 무리가 있을 수 없을 것이다.

그런데 평등이나 복지는 가난 속에서 더욱 주창되는 경우가 많아 사회주의나 공산주의와 연결되기도 한다. 그러나 복지가 가난 속에서 추구될 때 그것은 빈곤의 평등이 될 것이기 때문에 번영을 이룩할 수 있는 체제와 제도가 추구되어야 한다.

(3) 방법상의 통일철학

앞에서는 통일국가가 지향할 이념과 체제를 생각해 보았거니와 이제 그것들을 바탕으로 하는 방법론적인 통일철학을 생각해 보기로 한다. 즉 통일을 이루기 위한 원칙을 제시해 보려는 것이다.

첫째, 자주통일의 원칙에 따라야 한다.

이 원칙은 민족주의 이념과 관련된다. 통일된 뒤의 이념이 민족주의일 것은 물론이고 그에 이르기 위한 방법에서도 민족주의가 기반이 되어야 한다는 것이다.

통일문제는 본질적으로 우리민족 스스로의 문제이기 때문에 그에 이르는데 있어서는 민족자결권이 행사되어야 할 것이다. 비록 분단이 미국과 소련의 대전 뒤의 처리방법의 하나로서 타율적으로 이루어졌지만 그것을 해소하여 통일을 이루는데 있어서는 자율성이 더 중요시되어야 할 것이다.

일부의 사람은 타율로 분단되었기 때문에 '결자해지'의 논리로 볼 때는 통일도 타율에 의해서 풀어야 한다는 주장을 하고 있다.

물론 조국을 분단시킨 열강이 그것을 해소시킬 책임을 지고 있다고 보지만 그들이 통일의 권리와 의욕을 가지고 있다고 보기 어렵다. 따라서 우리는 열강을 통일성업에 활용할 수 있을지 모르나 그들을 통일의 주체로 맡길 수는 없다. 그들은 이해대립 때문에 통일을 실현시키기 어려우며 실현시킨다고 하더라도 우리가 바라는 방향에서 통일이 된다고 보기는 더욱 어렵다.

그러므로 조국의 통일은 우리민족 스스로 주도하여 이룩해야 된다는 철학이 요구된다. 그러나 4강은 분단에 대한 책임에서 우리의 통일노력에 협조자로서의 구실을 해야 할 것이다.

둘째, 평화통일의 원칙에 따라 통일을 달성해야 한다.

우리민족에게는 6·25전쟁과 같은 비극과 불행이 다시 있어서는 안 된다는 주장이 정당화될 수 있다. 그때의 인명 및 재산상의 피해를 생각할 때 조국의 통일은 어떤 일이 있어도 평화적으로 달성되어야 할 것이다. 무력 등의 폭력통일은 그것이 가져오는 비극성 때문만이 아니고 그러한 방법에 의해 통일이 실현될 수 없기 때문에 더욱 그 정당성이 인정되지 않는다. 폭력통일이 가능하다고 해도 남북한이 보유하고 있는 장비와 병력을 감안할 때 민족자멸을 초래할 것은 분명하다.

그 경우 평화통일 개념은 전쟁을 통한 일방의 타방타도와 일방에 의한 흡수 및 폭력혁명 등을 포함하는 것이 아니다. 즉 폭력혁명으로 상대정부를 타도한 뒤 새 혁명정부와 합작 또는 연방하여 통일하는 것은 평화통일의 개념 속에 포함되기 어렵다. 모든 폭력이 배제되는 통일이 평화통일인 것이다.

셋째, 민주통일의 원칙에 따라 통일이 달성되어야 한다.

민주통일은 통일에 이르는 절차가 민족 전체의 의사를 반영하고 주민의사로 이루어지는 것을 뜻한다. 즉 민족의 운명이 주민 스스로의 자유로운 의사가 표시되는 절차를 통해서 결정되는 것을 말한다. 주민 스스로 통일문제를 결정하여야 한다. 주민의 뜻과 무관하게 특정세력이나 외국의 뜻에 따라 민족의 운명이 결정되어서는 결코 안 된다는 것이다.

민주방식에 의하려면 자유로운 결정이 있어야 하고 투표와 같은 민주적 절차가 채택되어야 한다. 또 민주방식에서 요구되는 것은 폭력의 배제이다. 폭력은 개인의 자유로운 의사표시를 원천적으로 막기 때문이다.

(4) 맺음말

이상에서 본 바와 같이 우리민족의 생존과 발전을 위한 통일철학은 민족 전체의 이익을 전제로 하는 것이어야 할 통일철학으로 우리는 통일된 나라의 이념과 체제를 민족주의·민주주의·복지주의·평화주의로 잡아야 한다고 본다. 물론 자유를 중요시하는 사람들은 자유주의를, 그리고 평등을 중요시하는 사람들은 사회주의를 이념으로 할 것을 희망할 것이다. 아마도 앞의 네 가지에 대한 의견차는 거의 없겠으나 뒤의 자유주의냐 사회주의냐에 대한 의견차는 적지 않을 것이므로 그것을 모두 포용하려면 정치적 자유민주주의와 사회복지주의라는 형태의 이념과 체제를 채택할 수도 있을 것이다.

그리고 그러한 이념과 체제를 갖는 통일국가를 건설하기 위해서 우리는 민족주의와 상호주의(남북 간의 호혜성) 및 점진주의(비혁명주의) 등을 바탕으로 한 자주·민주·통일이라는 방법으로 접근해야 할 것이다.

이상의 이념과 철학 및 방법을 연결하는 통일관이 세워질 때 통일은 보다 합리적이고 보다 이상적으로 이루어지리라고 본다. 다만 지금의 시점에서는 꾸준히 통일과 관련된 논리와 철학을 개발하고 그것을 이루는 접근방법을 찾아내야 할 것이다.(『자유공론』, 1982.3)

3) 통일논의와 우리의 현실

분단된 조국을 통일하기 위한 여러 방안들이 제기됐고 그럴 때마다 통일논의는 무성했다. 그러나 그 많은 통일논의가 있었음에도 불구하고 또 여러 방안들이 제시되었음에도 아직 통일에의 발걸음은 한 발자국도 내딛지 못하고 있는 것은 무엇 때문인가.

그리고 통일을 하루 빨리 앞당기려면 통일에 대한 논의가 어떻게 되는 것이 바람직한가. 이런 물음에 대한 적합한 해답을 얻기는 쉽지 않겠지만 해답을 얻으려는 노력은 필요하다. 요즘과 같이 통일논의가 어떤 의미에서는 혼란을 야기할 우려마저 있는 상황에서는 더욱 그러하다.

물론 통일논의를 어떻게 해야 하는가의 문제는 통일문제가 지니는 복잡성 때문에 매우 풀기 어려운 문제이다. 그것은 현실을 다루는 것이면서도 현실을 뛰어 넘는 방안을 내놓아야만 되는 문제이다. 그것은 기본적으로 우리민족 자체의 문제를 다루는 것이면서도 아주 예민하게 얽혀있는 국제상황을 고려해야만 한다.

감상적·폐쇄적 민족주의의 각도에서만 논의해 보면 필경 벽에 부딪쳐 헛 메아리가 되고 만다. 그것은 아주 구체적인 문제를 제기하는 것이면서도 고도의 정치성을 고려하지 않으면 안 된다. 아주 간단한 제안과 논의를 한다고 해도 그것은 남북한 관계당국이나 유관국의 이해와 직결되는 정치쟁점이 될 수 있다는 말이다. 그것은 아주 먼 장래의 것을 논하는 것이면서도 현실에 바탕을 두는 것일 때에 열매를 맺을 수 있는 것이기도 하다.

이와 같이 통일논의는 매우 복잡하고 이중적이며 모순된 문제를 연구하고 논하는 것이기 때문에 그 논의 또한 매우 신중하면서 깊은 사료 위에서 이루어져야 하는 것이다. 방만하고 무절제한 통일논의와 주장들은 통일을 촉진한다기보다는 어느 면에서는 별로 도움을 주지 못할 뿐만 아니라 국론분열이나 바람직한 통일지향에 오히려 장애가 될 수도 있기 때문이다.

그렇다고 통일논의가 어느 층이나 세력 또는 기관에 의해서 독점되어 획일성과 일방성을 가져서는 더욱 안 된다. 모든 의견들과 주장들이 폭넓게 제시되어 진지하게 논의되고 수렴되어야 하는 것이다.

이렇게 통일논의는 방만해서도 안 되고 그렇다고 획일적이어도 안 된다는 점에서 그 한계를 찾기 힘들다. 그러면 어느 점에서 통일논의의 조화로운 출발을 찾아야 할 것인가를 생각해 본다.

첫째, 연구는 무한적일 수 있으나 논의는 유한성을 가져야 한다는 것이다. 무한연구와 유한논의가 요구되는 이유는 논의가 행동의 직접적인 기초가 되기 때문이다.

남북한 교원들 간의 교육문제회의를 하는 문제가 제기되어 논의된다고 할 때 그것은 구체적으로 통일과 관련되는 행동화의 문제를 논의하는 것이 된다. 남북 학생의 체육대회를 논의하는 것 또한 같다. 그러한 것들에 대해 연구하여 종합적으로 통일을 위한 방안을 세우는데 기여하는 것은 매우 의미가 있다. 그러나 모든 계층과 모든 집단 그리고 개인이 개별적으로 통일을 위한 구체적 행동화 문제를 논의하는 것은 자칫하면 통일 추진에 혼선을 가져올 수도 있다는 것이다.

둘째, 통일문제는 감상만으로는 해결될 수 없는 아주 현실적인 문제이기 때문에 정서보다는 현실성을 갖는 방안으로 논의를 전개시켜야 한다는 것이다. 정서적인 면에서만 생각한다면 통일은 어떤 방법과 어떤 형태와 어떤 절차와 어떤 세력에 의해서 추진되든 빨리 이루어지기만 하면 그만이라는 생각을 할 수도 있다. 전쟁을 치르더라도 빨리 통일이 되기를 논의하는 것은 분명히 정서적인 면에서는 있을 수 있겠으나 현실적으로는 있어서는 안 되는 논의인 것이다.

셋째, 아무리 통일이 우리민족의 지상과업이기는 하지만 그것은 평화를 해치지 않는 범위에서 논의되어야 한다는 것이다.

한반도 문제에 있어서 두 가지 중요한 것은 어떻게 하면 평화를 이룩하며 또한 통일을 이룰 수 있느냐 하는 것이다. 그런데 이 두 가지는 전혀 떨어져서는 안 되는 문제이다. 통일만을 지나치게 추구하다보면 통일이라는 목표는 달성할 수 있을지 모르나 평화는 파괴될 가능성이 크다. 반대로 평화에 너무 집착하면 평화는 이룰 수 있겠으나 통일보다는 분단 고착화의 가능성이 크다. 따라서 통일논의는 반드시 평화를 전제로 하는 것이어야 한다.

그 경우 어떻게 하면 평화와 통일이라는 두 가지 목표를 조화롭게 이룩할 수 있는 논의를 하느냐 하는 문제가 제기된다. 양자의 조정과 양자를 함께 고려하는 논의이어야 진정한 의의가 있다는 것이다.

넷째, 통일은 앞으로의 문제여서 이상을 지향하는 것이되 현실에 바탕을 두는 통일안을 가지고 논의가 진행되어야 한다는 것이다. 이상론에서 볼 때 김구 선생 등의 남북협상론은 정당성을 갖는 주장이었지만 북쪽에서 그것을 전략적으로 이용한 것은 현실이었던 것이다. 현실성이 없는 주장은 연구의 단계에 머무를 수 있고 시기적으로 장차에 현실화될 수는 있다. 그러나 그것은 지금 당장 실현시켜야 한다는 행동화의 논의가 될 수는 없을 것이다.

이상에서 통일논의의 한계성과 바람직한 논의의 기본방향을 생각해 보았거니와, 모두가 이중성과 모순성을 전제로 하는 것이기 때문에 매우 실천되기 어려운 것들이라고 생각된다. 그러나 통일은 말잔치 가지고서는 이룩할 수 없다. 그리고 그것은 아주 복잡하기 때문에 단순하고 즉흥적이며 단편적인 생각과 주장으로는 거의 도움이 되지 않는다.

따라서 종합적이고 체계적인 시각에서 통일문제를 생각하고 그에 대한 방안을 제시해야만 한다. 그런 뜻에서 통일논의는 다양성을 가지면서도 신중성을 가져야 할 것이다.(『자유공론』, 1988.6)

4) 북한의 선택과 우리의 대책

최근 북한의 군사동향이 심상치 않다고 알려지고 있다. 미국과 일본 등에서 그러한 정보와 우려가 더 많이 나오고 국내에서는 오히려 정치문제 때문에 뒷전에 밀려있는 감이 없지 않다.

지난해 12월 15일 안기부장이 국회에서 북한군의 휴전선 전진배치 특히 서울권의 기능을 마비시킬 수 있는 장거리포와 로켓트 및 전투기의 증강배치를 확인, 국내에서도 관심을 불러 일으켰다.

그러면 과연 북한은 대남 무력도발을 할 것인가. 이 물음에 대한 해답을 얻는 것이 무엇보다 중요하겠으나 전반적으로 북한이 처한 위기와 그에 따른 북한의 선택여지를 예측함으로써 1996년의 북한의 노선방향을 전망해 보기로 한다.

북한은 모든 분야에 걸쳐 위기를 맞고 있다.

우선 북한이 중요시하는 국제지원 역량이 거의 없어졌다는 점이다.

외교적 고립의 위기이다. 북한에 대해 일방적이고 거의 무조건적으로 지지했던 구 소련(러시아)과 중국의 대북지지가 조건적이고 아주 미미한 수준이며 제한적으로 약해졌다. 동맹체제를 사실상 폐기하고 오히려 한국에 기운감마저 있다. 서방국들은 북한의 핵개발로 더욱 대북 경계태도를 보이고 있고, 이른바 제3세계 나라들도 북한의 유용성 소멸로 지지를 철회하고 있다.

외교고립보다 더 심각한 위기국면은 경제 분야에서 일어나고 있다.

1990년대에 들어오면서 계속 마이너스 성장을 기록하면서 공장가동률은 31%에 불과한 상태에 있다. 외화난과 에너지난 및 원자재난 때문이다. 그리하여 일상 생필품 부족으로 일반 주민생활은 점점 어려워져 작업복은 2년에 한 벌, 신발은 1년에 한 켤레만 공급받으면서 최저생존을 하고 있는 것이다.

생필품 부족보다 더 심각한 것은 식량의 태부족이다. 북한의 식량자급률은 60% 내외인데 부족량은 외국으로부터 도입해 왔으나 1990년대에 와서는 외화부족으로 부족량의 30% 정도만 도입하여 공급했고, 1995년에도 일본과 한국으로부터의 지원이 있었지만 태부족이다.

절식운동(두 끼 먹기)을 벌여도 부족량이 누적돼 온데다가 지난해에는 대홍수로 40~50%의 생산 감소를 가져와 설상가상이 되었다. 생산 부진, 수입 부진, 홍수피해로 이제 북한의 식량난은 내년 봄을 고비로 걷잡을 수 없는 위기국면으로 치닫게 되었다.

경제위기가 북한에게 있어 가장 중요한 문제이지만 정치적으로도 김정일체제가 불안한 위기요소로 작용하고 있다.

김정일은 아직도 김일성 유훈통치를 가지고 체제를 유지할 뿐이다. 김일성 생존 시 그의 후원으로 권력기반을 다졌다고는 하나 김정일을 떠받들고 있는 군은 다른 대안보다는 그가 편리하기 때문일 뿐이다. 아직 공식적으로 주석직에 오르지 못하고 있는 것도 김정일의 불안한 지위를 입증하고 있다.

　김정일은 대중 앞에서 연설을 하지 못하는 등 지도자로서의 자질 부족에다 경제난이 겹쳐 북한 주민으로부터의 지지나 주요세력으로부터의 절대적 지지기반이 약화됐다고 보아야 한다.

　이상과 같은 위기국면에서 북한이 택할 수 있는 길은 다음과 같은 네 가지가 있다.

　첫째, 물리적·심리적 위협을 바탕으로 주민들에게 '우리식 사회주의'를 강행하며 이끌고 가는 길이다.

　정통성도 약하고 실적도 쌓을 수 없는 북한이 미봉적인 개혁과 개방을 부분적으로 추진(나진, 선봉 등 변방지역에 대한 개방과 생활에서의 다소의 개혁)하지만 그것이 큰 성과를 못 거둘 것이기 때문에 물리력과 심리적인 위협수단으로 주민을 통제하면서 주체와 우리식 사회주의를 계속할 가능성이 높다. 그러나 오히려 이것이 북한의 붕괴위기를 더 심화시킬 수도 있어 선택에 고민할 것이다.

　둘째, 중국식의 개혁과 개방방식을 모방하는 길이다.

　이 길은 정치면에서는 자유민주주의를 반대하면서 경제면에서는 사회주의 방식을 크게 포기하는 길이다. 개인소유의 부분인정, 시장경제 원리의 도입 등 시장사회주의를 택하면서 정치적으로는 공산체제의 큰 골격을 유지하는 방식이다.

　북한이 이 길을 택해야 도탄에 빠진 경제를 구하고 체제도 유지할 수 있을 것이라는 주장이 많다. 그러나 중국은 대만에 의한 흡수위험이 없지만 북한이 이 길을 택할 때 남쪽에 흡수될지 모른다는 염려를 하기 때문에 이 길의 선택도 쉽지 않다. 지도층에 어떤 변화가 일어날 때 이 길의 선택이 가능할 것이며, 그 경우에도 신중히 그리고 서서히 그 길로 갈 것이다.

　셋째, 대남 적개심을 계속 높이면서 대남 무력도발을 감행하는 길이다.

　종래에 북한은 미국을 제1의 적으로 삼았으나 이제는 남한당국에 대한 타도전략으로 바뀌었다. 대남 적개심을 계속 고조시키고 있는 것이다. 그러면서 주요 군사수단들을 휴전선 근처로 전진 배치시키고 있다. 분명히 대남 군사도발도 상정하고 있는 행위들이다.

중국당국자들이 남한 내에서의 정치정세의 불안정, 북한경제의 어려움, 김정일체제의 불안 등으로 남침 가능성이 있다고 평가한 보도가 있다. 북한은 시간이 갈수록 남한에 의한 흡수 가능성이 커진다고 볼 것이다. 지금과 같은 추세로 간다면 몇 년 후에는 남북의 국민소득은 거의 20배의 차이를 보일 것이고, 그것을 바탕으로 군사력 균형이 남쪽으로 뚜렷이 기울 것이다. 그때는 도저히 남쪽을 넘볼 수 없다고 판단할 것이다.

또 남한 내의 정치정세도 1996년 총선과 1997년의 정권교체기를 넘기면 과거청산 등으로 인한 국론분열이 없어짐으로서 북쪽에게 기회가 오지 않는다고 볼 것이다. 그러니 남한이 정치 분열을 하고 있는 1996년 전반을 호기로 생각하고 남침할 수도 있다고 보는 견해가 적지 않다.

넷째, 북한 내부체제가 견디지 못해 해체되면서 독일에서와 같이 남쪽으로 흡수되는 통일의 길이다.

이 길은 첫째와 둘째의 선택이 실패하거나 실패할 것으로 판단되고 셋째(남침 도발)의 길도 여의치 않다고 생각할 때 북한 내부의 저항적 요구로 선택될 수 있다. 구동독의 경우 지도층이 주도적으로 이 길을 택했던 것이 아니며, 주민의 정서와 바람과 요구에 당국이 끌려 선택한 길이었듯이 북한의 경우도 이 길을 택할 때는 그런 식이 될 것이다.

앞에서 보았듯이 지금 북한은 매우 어려운 상황에서 어디로 가야할지 고민에 빠져 있다. 그러나 곧 어떤 길을 택해야 할 것이며, 그 시기는 1996년 전반이 될 것이다. 북한의 확실한 선택이 있기 전까지는 우리가 경계심을 갖고 대비하는 등 깊은 관심을 가져야 한다.

지금 먼 뒷날과 국가차원의 생각을 하지 않고 각자의 이해득실을 찾아 헤매면 북한을 최악의 길로 가게 할 수 있다는 점을 명심해야 할 것이다.(『자유공론』, 1996.1)

5) 위기타개 위해 미국에 접근하는 북한

지금 북한체제는 정치, 경제, 사회 등 모든 분야에서 붕괴전야의 위험 속에 빠져들고 있다. 총체적 위기국면에 처해 있는 것이다.

김정일은 그의 존립 기초를 김일성에 두고 있다. 자신이 갖고 있는 고유의 정통성은 거의 존재하지 않는다. 김일성 유훈통치와 후광이 김정일체제를 유지시키고 있는 것이다. 그를 떠받들고 있는 군은 김일성에 대한 충성을 이어받아 김정일을 이용하고 있다고도 생각된다. 건강뿐만 아니라 대중적 지도력을 갖지 못하는 그가 권력집중을 필요로 하는 사회주의 체제에서 국민적 지지를 받기는 힘들 것이다. 스스로 창출하는 정통화 요인이 부족하기 때문이다.

북한은 국제적으로도 무조건적인 지지를 하는 우방을 갖지 못하고 국제사회에서의 신용도가 매우 낮아 외교적 고립위기도 맞고 있다. 러시아와 중국의 지원은 아주 줄거나 약해졌고 무조건이 아니고 조건화되었다. 북한 외교의 양적 기반이 됐던 비동맹국들의 대북지원은 거의 사라지고 있다.

경제위기는 북한체제의 붕괴까지도 점치게 할 만큼 심각하다. 국민생산은 1990년대에 이르러 축소되고 식량난과 물자부족은 수십 년 전의 상태로 주민생활을 후퇴시키고 있다.

정통성도 없고 효용성(통치실적)도 없는 정권이 지금 북한에 존재하고 있는 것이다. 정통성과 효용성 중 어느 한쪽에만 심각한 위기요인이 존재해도 그 체제는 기우뚱하게 마련이다. 둘 다 심각하니 북한은 실로 대위기에 직면해 있다고 할 수 있다.

대위기를 극복하기 위해서 또 체제붕괴를 막기 위해서 북한은 그 나름대로 타개책을 강구하고 있다. 가장 교묘한 수법이 미국에 대한 접근이다. 핵무기 위협으로 미국 등으로부터 수십억 달러에 이르는 대공사를 아주 좋은 조건에 받아내는 데 성공했다. 최근에는 여러 화해모습을

보이면서 미국에 접근하여 자본주의 국가로부터의 투자와 당면한 식량
난 위기를 해결하려 하고 있다.

북한이 미국을 위기타개의 지렛대로 활용하려는 데는 그럴만한 이유
가 있다.

미국은 어느 나라보다 한반도에서의 현상유지를 바라고 있다. 북한
이 대혼란에 빠지고 붕괴현상이 일어남으로써 생기는 한반도의 불안정
과 그로 인해 입는 이익의 손상을 미국이 원치 않기 때문이다. 현 상태
에서 남북을 함께 조정하는 것이 미국 국익에 도움이 된다는 것이다.
바로 이 점을 북한이 노리고 한국 어깨너머로 미국과 접근하고 있다고
본다. 그리하여 미국의 영향력으로 한·미·일로부터의 식량지원도 받
고 자본과 기술원조도 받아 경제난국과 정치위기를 헤쳐가면서 외교적
위기까지도 극복한다는 일석삼조의 수를 쓰고 있다고 본다.

그와 함께 김일성 조문 불허를 구실삼아 북한주민에게 한국정부에
대한 적대감을 갖게 함으로써 김정일체제에 대한 불만에 따르는 정
치·사회적 위기를 해결하려 노력하고 있다. 남한정권의 위협으로 막
대한 군사비가 필요하고 경제적 어려움이 생긴다고 선전함으로써 불만
의 폭발을 막고 있는 것이다.

지금 북한은 이 두 가지 수단을 가지고 위기를 미봉하려 하고 있으
나 그것은 근본적 해결책이 될 수 없다는 데 어려움이 도사리고 있다.
한국과의 적대정책을 포기하지 않는 한 자본주의 국가로부터의 경제지
원은 매우 제한적일 수밖에 없고 대남 적대화로 사태를 미봉하는 것도
시간이 흐를수록 약효를 잃기 때문이다.

결국 북한지도층이 그 주민을 살리고 체제를 유지하기 위해서는 사
고의 대전환을 하여야 한다는 것이다. 그렇지 않을 때는 금세기 안에
대변동을 맞을 것이 너무도 분명하다.(『자유공론』, 1996.2)

6) 탈북난민 북한 강제송환의 의미

새 천년 새해 들어 북방외교 및 난민문제와 관련해서 우리를 놀라게 하고 우려케 하는 중요한 사건이 생겼다. 작년 11월 초순 함경북도 길주 출신 호영일 씨 등 7명의 탈북 난민이 중국정부에 의해 1월 11일 북한으로 강제 송환된 사건이 그것이다.

이 사건에 우리가 경악한 것은 그들이 '난민'의 신분을 부여받아 북한으로 송환되지 않을 것이라는 기대를 했었기 때문이다. 그리고 우려하고 있는 것은 그들이 북한으로 송환되면 처형될 것이라고 하는 점이다.

뿐만 아니라 이번 사건을 놓고 볼 때 과연 지금 우리의 북방 또는 주변 4강에 대한 인식과 정책이 적절한지에 대해 다시 생각할 필요가 생겼다.

호영일 씨 등 탈북주민 7명은 작년 11월 초순 북한을 탈출하여 중국을 거쳐 러시아에 들어갔다가 러시아 국경수비대에 의해서 체포되었다. 그러나 러시아 당국은 난민고등판무관의 '난민' 지위부여에 따라 12월 8일에 10일짜리 출국비자를 발급했고 바로 이 때문에 우리 정부는 '난민' 7명이 북한으로 강제 송환되지 않을 것이라고 안이하게 믿었던 것 같다.

비자가 발급되자 북한은 탈북자들이 '북한주민'이라는 이유로 다른 곳으로 가는 것을 적극 저지했고, 12월 30일 러시아 국경수비대는 돌연 경유지인 중국으로 넘겨버렸다. 이들을 인수받은 중국은 '인도적 처리'를 다짐했음에도 불구하고 북한으로 강제 송환했던 것이다.

우리는 중국이나 러시아에 대해 당당하면서도 유리한 입장에서 적극 접근할 수 있었다. 그런데도 두 나라만 믿고 소극적으로 대처했다는 비난을 면하기 어렵게 되었다. 이러한 과정을 볼 때 탈북 난민대책에 어떤 문제가 있음을 알 수 있다.

그 하나는 탈북 문제에 대한 정부의 정책이 지나치게 햇볕정책에 기초하여 조용한 해결을 꾀한 점이다. 탈북 문제를 외교적으로 쟁점화하면 문제 해결은커녕 햇볕정책의 틀마저도 손상될 것이라는 입장을 취해왔다. 북한 내의 인권은 물론이고 중국과 러시아 안에 있는 탈북자들의 비참한 생활을 거론하는 것조차도 가급적 피했으면 하는 것이 정부의 생각이었다고 본다. 그런데 탈북자에 대한 그러한 해결책 즉 조용한 외교가 그 바탕인 햇볕정책에 부분적인 훼손을 준 것이다.

다른 하나는 앞의 것과도 관련되지만 탈북 난민들의 인권을 지키겠다는 확고한 원칙과 강한 의지가 부족하지 않았나 하는 문제이다. 현 정부는 동티모르에 전투병력까지 파병하면서 주민의 인권을 지키기 위한 국제적 의무를 수행하고 있다. 그렇다면 우리의 동포인 탈북 난민들의 인권을 보장하기 위해서는 훨씬 강력하고 적극적으로 대처했어야 옳다.

7인의 '난민'이 희망한 한국행은 실패했지만 북한 송환 후의 정부의 대응은 매우 신속하고 적극적이었다. 대통령이 그들의 안전을 위한 노력을 하도록 지시하고 외교통상부의 재빠른 대응이 잇따랐다. 그 결과 중국이 북한에게 '인도적 대우'를 요청하고 유엔 고등판무관이 중국에 항의하면서 북한에 대해서 인도적 대우를 요청했다. 또한 국제적십자사연맹의 협력도 구하고 있는 상태이다.

그러나 무엇보다 중요한 것은 당면한 그런 조치에 못지않게 대중·대러 인식과 정책이 보다 현실적이어야 하겠다는 것이다. 그것은 무엇보다도 중국과 러시아는 우리가 생각하는 만큼의 친구도 우방도 아니라는 점이다.

중국은 아직도 북한과 동맹관계에 있고 러시아도 최근에 북한과의 기존의 우호관계를 회복시켰다. 그들은 정치적으로는 북한에 기울고 경제적으로는 한국에 기울고 있다. 따라서 정치적 문제에 연관되는 사안에 대해서는 우리의 뜻대로 움직여주지 않는 것이다. 북한의 비위를 거슬리면서까지 한국을 도울 생각이 없다는 말이다.

더욱이 두 나라는 미국패권에 맞서고 있는 것이 아닌가. 두 나라는 미국패권을 경계하며 서로 협력키로 했다. 러시아가 북한과의 우호관계를 회복한 것도 같은 맥락이라고 본다.

물론 '난민'들에게 출국비자까지 발급했다가 중국으로 넘겨준 러시아나 인도적 처리를 다짐하고서도 북한 송환을 감행한 중국의 처사는 졸렬하고 규탄 받아 마땅하다. 그러나 단순한 '불법체류자'라고 우기면서 태도를 바꾼 그들에 대해 정서적으로 판단한 우리의 잘못이라고 볼 수밖에 없다.

이상과 같은 상황을 고려할 때 우리는 이번의 난민 북한송환사건에서 어떤 시사를 받을 수 있다고 본다.

첫째는 탈북자문제에 대해서 보다 적극적인 관심과 대책이 있어야 하겠다는 것이다. 때로는 조용히 처리해야할 것이지만 그들을 구해야 하겠다는 강한 의지로 때로는 원칙에 따라 공개적으로 그리고 적극적으로 관심을 표명하고 문제에 접근해야 한다.

둘째는 탈북자문제를 포함한 대북정책 전개에 있어서 북한을 자극하지 않으려는 경직적 자세를 재고해야 할 것이라는 점이다. 필요할 때는 원칙에 입각하여 분명한 입장을 고수하고 당당한 태도를 보여야 한다.

셋째는 주변국 특히 북방에 대한 정책에 있어서는 그들 상호간의 이해관계를 포함한 넓은 각도에서의 인식과 대응이 요구된다는 점이다. 주변국들이 우리에게 적대성을 보이지 않는다고 해서 그들과 우리의 이해가 일치하는 것은 아니다. 특히 대국들은 그들 상호관계가 더욱 중요한 정책의 기준이 되기 때문에 거기에서 우리가 희생될 수도 있음을 알아야 한다.

어쨌든 이번 사건은 우리의 대북한 및 대중·대러시아 인식과 관계 정립에 새로운 계기가 될 수도 있을 것이며 인식과 정책적 잘못이 재발되지 않는 시발점이 될 수 있기를 기대해 본다.(『자유공론』, 2000.2)

7) 북한은 붕괴될 것인가

최근에 와서 북한이 붕괴될 것이고 이미 붕괴되고 있는 과정에 있다는 주장들이 자주 들리고 있다. 그러나 무엇이 북한의 붕괴냐고 할 때는 약간은 주춤하는 사람이 많다. 북한의 붕괴를 어떤 사람은 좁은 뜻에서의 김정일(및 김일성)의 퇴진으로 보고 있다. 김정일체제가 무너진다는 것은 매우 중대한 문제이기 때문에 북한의 붕괴라고 말하는 듯하다.

넓은 의미에서의 붕괴는 '국가 또는 정부'의 소멸을 뜻한다. 이른바 '조선민주주의 인민공화국'이 없어지는 것을 말한다. 어떤 방법으로든 이런 붕괴는 통일(거의 남쪽체제로의 통일)로 나타날 것이다. 그리고 중간적 의미의 붕괴는 '체제'의 붕괴로서 사회주의 체제의 포기로 나타난다.

이 경우 통일현상이 일어날 수도 있고 일어나지 않을 수도 있다.

그러면 북한이 붕괴될 수 있다면 어떤 형태로 나타날 것인가? 아마도 좁은 뜻의 붕괴인 '정권'의 퇴진이라고 해도 그것은 연쇄적으로 '체제'와 '정부'의 붕괴로 발전될 수 있기 때문에 일단은 편의상 구분하지 않아도 좋을 듯하다. 따라서 북한의 붕괴문제를 다루는 초점은 과연 어떤 요인들 때문에 붕괴될 수밖에 없느냐에 맞추어지게 될 것이다. 그런 뜻에서 북한이 지니고 있는 붕괴요인 중에서 중요한 몇 가지를 들어보기로 한다. 그리고 북한이 그 위기국면을 어떻게 헤쳐 나갈 수 있는 길을 가지고 있는가를 예상해 보기로 한다.

그런데 북한의 붕괴를 판단하기는 쉽지 않다. 무엇보다도 현장관찰 조사를 정확히 할 수 없어서 피상적 판단을 하기 쉽다. 옷 입힌 채 청진기 진찰을 하는 것과 같다고나 할까? 또 북한이나 남쪽에서 발표한 자료들 대부분이 은폐, 과장, 조작된 것들이어서 정확한 판단자료로 쓰기 어렵다. 뿐만 아니라 사회주의 체제 특히 북한 같은 체제를 구미식의 틀로 분석하고 평가하는데서 오는 착오가 생긴다. 그럼에도 불구하고 북한의 붕괴요인은 제한적인 자료만으로도 상당히 찾아낼 수가 있는 것이다.

먼저 국제적 측면에서도 붕괴요인은 존재한다. 이른바 국제적 지원역량이 뚜렷이 감소하여 북한을 지탱하는 한 모퉁이가 무너지고 있는 것이다. 북한이 아무리 주체를 내세우고 있지만 실제로는 과거의 소련과 중국의 지원으로 경제건설과 국방건설을 할 수 있었다. 그러던 것이 소련의 체제붕괴(사회주의에서 친 자본주의로의 전환) 이후에는 러시아로부터의 지원이 거의 중단되었고 이때부터 북한 경제는 급격하게 악화된 것이다.

소련체제 붕괴는 이데올로기와 제도에 대한 정체성에 심각한 손상을 주어 정치심리적 체제위기 속에 점차 빠지기 마련이다. 사회주의 체제 속에 사는 북한주민에게 체제열등감과 체제좌절감을 갖게 하여 미래와 희망보다는 체념과 포기감 속에서 전 사회를 주저앉히게 하는 요인이 되는 것이다. 소련뿐만 아니라 동구의 모든 나라가 국가의 존립은 유지했으나 이념과 체제붕괴를 당했으므로 북한주민의 좌절감과 사회 해체감은 더 심화되고 있다고 본다.

그런데 러시아는 북한에 대한 일방적 지지의 포기는 물론이고 북한정부(국가)의 정통성에 손상을 줄 수 있는 여러 행동들을 하였다. 한국정부의 역사적 사실들에 대해 종래의 북한 주장을 뒤집어 놓고 있다. 그것은 북한정부의 정통성에 대한 막대한 손상을 주고 주민에게 구심점과 통합력의 약화작용을 일으키게 한다. 러시아의 변질뿐 아니라 중국의 변화도 북한에게는 힘을 잃는 요인이 된다. 중국은 자유민주주의적인 정치개혁은 유보하고 있으나 시장경제원리를 도입하고 특혜적 자원(석유 등) 제공 등을 감소시켰다. 경제면에서는 러시아와 똑같은 대북정책을 취하고 있는 것이다. 정치외교적으로도 일방지지가 아니고 남북한에 대해 비교적 형평성 있는 입장을 지키고 있다.

이렇게 국제상황과 관련하여 북한은 불안과 위기의 환경 속에 놓이게 되었다. 오히려 미국이 북한의 붕괴를 막고 있는 듯하고 종래의 동맹국은 북한 존립에 적극성이 덜한 것이다.

한편 북한의 붕괴요인을 경제적 측면에서 더욱 심각하게 찾을 수 있다. 전반적인 경제침체로 체제 유지력이 약화되고 있다. 북한은 모든 공산국가가 그러하듯 초기에는 경제발전에 성공적이었으나 1990년대에 와서는 후퇴경제가 되었다. 전진을 계속하는 한국경제에 비하여 총량에서 20 : 1의 격차를 보여 사기저하에 따른 위기가 더욱 고조되고 있다고 짐작된다.

자본(외화) 부족과 그에 따른 연료 및 자재 부족으로 공장가동률이 30% 수준에 머물고 생필품 공급도 기준량의 30% 수준으로 격감되었다. 소비생활이 전보다 나빠지고 남한에 비할 때는 엄청난 차이가 난다는 것을 인식하는 북한주민의 체제와 정권에 대한 충성심은 크게 흔들릴 수밖에 없을 것이다. 특히 식량위기로 식생활조차 위협받고 있는 주민의 체제 및 정권지지의 충성심은 많이 사라지고 오히려 체제전복의 사회심리가 상당히 조성되어 있다고 본다.

정치심리면에서도 국민적 통합력이 지도층에서부터 조금씩 무너지고 있다. 이것은 지도층의 해외일탈에서 엿볼 수 있다. 지도층의 체제와 정권에 대한 일체성 포기는 혁명 및 붕괴현상이 초기적 징후가 된다는 점에서 북한은 이미 붕괴가 시작되었다고 말할 수 있다.

공산주의라는 일체성을 위한 방편이 빛을 발하면서 북한에서는 '주체'와 '우리식 사회주의'로 일체성 유지에 힘썼으나 경제가 더욱 어려워지자 이제 그러한 방편도 효험을 잃게 된 것이다. 지도층뿐 아니라 일반주민의 사기도 한계점에 이르렀다고 생각된다.

앞에서 열거한 여러 붕괴요인들이 있음에도 북한은 곧 무너질만한 결정적 상황전개가 나타나지 않고 있다. 그것은 경제적 곤란에도 불구하고 지난 수십 년간 다져진 사상무장의 덕택이고 방대한 강제통치수단(군대, 비밀경찰 등)의 보유 때문으로 볼 수 있다. 그리고 철저히 폐쇄된 속에서 외부사정을 이해하지 못하는데서 연유된다고 볼 수 있다.

그러나 그에 못지않은 것은 미국 등 주변국이 북한의 급격한 붕괴보다는 '연착륙'을 바라고 있기 때문이기도 하다.

그럼에도 불구하고 북한은 국제적 고립, 경제성장의 후퇴, 산업의 침체, 식량과 원유, 자본과 기술의 부족, 일상생활의 후퇴, 행정집행력의 약화, 이념과 체제에 대한 충성심의 저하, 사기후퇴, 지도층의 분열조짐 등으로 붕괴의 늪으로 들어가기 시작했다.

이러한 위기상황에서 북한이 선택할 수 있는 길은 다음의 네 가지라고 생각한다.

제1선택: 중국과 비슷한 방식의 개방과 개혁을 하는 노선의 전환이다. 다원적 자유민주정치는 배격하면서도 시장경제원리를 지향하는 것인데 온건파는 이 길만이 살길임을 알고 있으나 강경파는 이를 거부하고 있는 것 같다.

제2선택: 물리적·심리적 수단을 강화하면서 종래와 같이 '우리식 사회주의'를 강행하는 길이다. 미봉적인 개혁을 하면서 물리력(군대, 경찰)과 심리수단(공포와 위협)을 강화하는 이 방식은 경제난의 해소를 가져오지 못하여 결국 붕괴를 촉진하고 말 것이다.

제3선택: 체제가 해체되면서 남쪽으로 흡수되는 독일식의 길이다. 제1선택은 성공적으로 가지 못하거나 제2선택을 강행할 때 지도층과 주민간의 괴리가 생기고 결국 변혁을 맞게 된다.

제4선택: 제1 및 제2선택이 성공하기 힘들다고 지도층이 판단할 때 대남 적개심의 고취와 긴장고조 및 도발의 길로 갈 수 있다. 지금 북한은 대미적대에서 대남적대로 방향을 돌리고 있고 남쪽에 의한 흡수위험이 있다고 볼 때는 무력방식을 택할 수도 있다.

앞에서 북한의 붕괴위기 요인들을 살폈거니와 북한이 붕괴될 것인지 안정을 되찾을 것인지는 늦어도 5년 안에 결말이 날 것이다. 그런데 우리가 유의해야 할 것은 북한이 곧 무너질 것으로 생각하고 연시(홍시)

감이 뚝 떨어질 텐데 무슨 문제가 있겠느냐고 하는 안이한 태도이다.

오랜 뿌리와 기반을 가진 북한의 붕괴를 쉽게 생각해서는 안 된다. 그리고 독일같이 아주 평화롭게 빨려들 것으로 생각하는 것은 더욱 큰 착각일 수 있다. 대사변이 일어날 수도 있다는 말이다. 바로 여기에 한반도 문제의 심각함이 내재한다.(『통일로』, 1996.7)

8) 해방은 미완성의 과제이다

올해로서 우리민족은 일본 제국주의의 압제와 지배로부터 해방된 지 반세기를 넘게 되었다. 그러나 많은 사람들은 우리민족이 아직도 완전한 해방을 이루지 못했다고 말한다. 일본이나 외국의 지배가 계속되고 있어 그러한 주장을 하기보다는 우리 자신이 진정한 해방을 느끼지 못하고 있어 그러한 말이 나온다는 점에서 딱함을 느끼게 한다.

그러면 해방은 무엇을 뜻하며 일제로부터의 해방이 그 뒤 어떻게 전개됐고 아직 해방되지 못한 측면은 무엇인가?

첫째, 일제로부터의 해방은 일본에 대한 총체적 지배로부터 벗어나는 것을 뜻한다. 일제는 우리의 것을 모든 분야에서 빼앗아 지배하였다. 국권을 강탈하고 완전한 정치지배를 했다. 우리민족 고유의 언어와 문자를 빼앗고 일본말과 일본글을 강요했다. 실로 총체적 지배를 했던 것이다.

해방은 바로 일본 제국주의에 의한 총체적 지배로부터 벗어나는 것을 뜻한다. 51년 전의 해방으로 그것이 일단 이루어졌다. 그러나 지금 남한에서는 부분적으로 일본문화가 침투되고 경제적인 의존관계가 무시될 수 없는 수준에 있다. 속박상태는 아니지만 자주성이 손상될 수 있다는 지적이 없지 않다.

둘째, 해방은 일본의 전제군주제의 압제와 속박으로부터 벗어나는 것을 뜻한다. 일본은 가장 혹독한 전제군주제로 우리민족을 억압하였다. 민족특성과 개인자유를 전혀 인정하지 않은 채 굴종만을 강요했다. 1945년에 그 압제로부터 해방됐다. 해방으로 민족적 자유와 개인적 자유를 찾았다.

해방 후에 일시적·부분적으로 독재정치가 등장한 적이 있었지만 그래도 그것은 일제의 전제정치에 비하면 질적으로나 양적으로 훨씬 덜한 것이었다.

그런데 북한지역에는 해방 후에도 일제에 못지않은 전제정치가 지속되고 있다. 일제는 형식적으로나마 3심제도에 의해서 공개적 형벌을 가했지만 북한의 전제적 지배자들은 3심 없는 공개처형과 영원한 감옥인 정치범 수용소에 가두어 강제노동을 시키고 있다.

생사를 알 수 없고 소재를 알 수 없이 고통을 받고 있는 수형자의 처지로부터의 해방이 절실히 요구되고 있는 것이다.

셋째, 해방은 빈곤과 굶주림으로부터 벗어나는 것을 뜻한다.

일본 제국주의자들은 토지정책을 비롯한 경제정책으로 우리민족 경제를 완전히 장악하고 일본인의 경제지배에 예속시켰다. 우리민족은 많은 생산을 일본국과 일본인을 위해서 바쳐야 했고 생존조차 어려운 생활을 할 수밖에 없었다.

우리민족은 일제하에서 풀뿌리와 나무껍질을 먹으면서 춘궁기(보릿고개)를 넘겨 살아왔다. 헐벗고 굶주림 속에서 최소한의 생존도 어려워 굶어 죽거나 얼어 죽는 사람도 적지 않았다. 배고픔을 견디지 못한 많은 사람들이 고향을 버리고 만주로 이주해야 했다.

해방으로 경제예속과 빈곤, 그리고 배고픔으로부터 우리민족이 벗어날 수 있었다. 빈곤이나 배고픔으로부터의 해방뿐만 아니라 한국은 앞으로 15년 뒤 세계 제7위의 경제선진국을 바라볼 수 있는 나라로 성장되었다. 실로 격세지감의 뿌듯함이 아닐 수 없다.

그런데 불행히도 북한에서는 빈곤과 배고픔으로부터의 해방을 아직 완성하지 못하고 고통 속에 잠겨 있다. 일제 때 가난을 못 견디어 만주로 떠났던 우리민족의 서글픈 과거사가 지금 북한에서 재현되고 있는 것이다. 실로 북한주민은 빈곤과 배고픔으로부터의 해방이 무엇보다도 절실한 상태인 것이다.

넷째, 해방은 신인에 대한 종교적인 개인숭배로부터 벗어나는 것을 뜻한다. 일본 제국주의자들은 일본 천황을 신적 존재로 숭배토록 강요했다. 일본 민족에게는 물론이고 우리민족에게도 그 강요는 같이 적용되었다. 똑같은 황국신민으로 간주했기 때문이다.

모든 학교와 직장에서는 조회 때나 공식행사 때마다 동쪽(천황이 있는 동경)을 향해서 천황에게 90도의 정중한 경례를 해야 했다. 그리고 우리민족은 천황에게 무조건적인 충성서약(황국신민의 서약)을 공식행사 때 외치도록 강요했다.

51년 전의 해방은 바로 이 일본 천황에 대한 강제적인 충성과 굴종으로부터 벗어나는 것이었다. 이제 한국에서는 개인들이 전체를 위해서나 또는 특정 지도자를 위해서 종교적 숭배를 하도록 강요받지 않고 있다. 대통령들에게 경의를 표하도록 요구되고 모독하지 않도록 요구되는 일이 있었지만 그것들은 거의 모든 나라에서 있을 수 있는 일이었다.

그런데 북한에서는 아직도 왕조시대와 일제하에서나 있었던 통치자에 대한 신격화와 개인숭배가 계속 유지되고 있다. '천황'이 김일성과 김정일로 바뀌었을 뿐 신격화와 숭배에 대한 실제적 강요는 그대로 존속되고 있다. 이 점은 북한이 아직도 해방되지 않았음을 말해주는 단적인 증거이다.

다섯째, 해방은 민족 분열로부터 벗어나는 것을 뜻한다. 일제는 지주를 통한 경제적 간접 통제를 서민들에게 가했다. 즉 지주들과 소작인들로 민족을 분열시켜 지배했던 것이다. 그리고 민족주의 세력과 공산주의 세력의 분열을 조장하였으며 친일세력에게 혜택을 주고 그렇지 않은 우리 겨레에게는 불이익을 주어 분열시켰다.

해방으로 진정한 광복과 민족단결이 기대되었다. 농지개혁이 남북한 양쪽에서 이루어져 토지를 매개로 한 민족분열은 없어졌다. 그러나 민족주의자(자유·민주세력)와 사회(공산)주의자는 이념을 매개로 하여 분열되었고 국토분단 속에 장기간의 고통을 받고 있다.

해방에 대해 우리민족이 지금 안고 있는 최대 과제는 민족 통합과 국토 통일이다. 그것은 분열과 가족 이산에서 생긴 원초적 고통으로부터의 해방이기 때문이다. 일본 제국주의로부터의 해방이 제1의 해방이라면 그것은 제2의 해방이요, 제2의 광복이라고 말할 수 있겠다.

따라서 우리민족 구성원 모두는 지난날에 일제로부터의 해방을 위해서 함께 싸웠던 그 옛날을 되살려 제2의 해방과 광복을 위해 힘을 합쳐야 한다. 그리고 남과 북에 아직도 존재하고 있는 제1의 해방 대상의 요소들이 하루속히 제거되어야 한다.

이 두 책무를 성실히 수행할 때 후손에게 우리는 이 시대의 사명을 다했다고 떳떳이 말할 수 있기 때문이다.(『새물결』, 1997.8)

9) 광복은 완결되지 않았다

(1) 머리말

올해 8월 15일은 우리민족이 일본 식민지로부터 해방된지 52주년이 되고 대한민국의 독립정부가 세워진지 반세기에 접어드는 날이다.

그러나 일본으로부터는 해방되었을지 모르나 여러 면에서 볼 때 인간이, 그리고 민족이 누려야 할 완전한 해방과 광복이 이루어졌다고 할 수는 없다.

그렇다면 1945년의 해방은 무엇이고 그 뒤 남과 북은 얼마나 해방을 이루어 갔는가. 아직도 남아있는 해방의 과제는 무엇인가. 그리고 완전한 해방을 이룬 민족의 장래는 어떤 위치에 있게 될 것이며, 이 민족의 미래상은 과연 어떤 모습으로 이어질 것인가.

이런 문제들에 대한 검토는 최근 일고 있는 조기통일 가능론에 비추어, 또 장기적인 안목에서 민족의 장래를 설계하기 위해서도 매우 필요한 일이다.

우리민족 해방의 목표적 과제는 다음과 같은 것들이었다 해도 무방하다고 본다.

첫째, 식민지배로부터의 해방이다. 35년간에 걸친 일본의 식민지배로부터 자유로워지게 되었지만 그 뒤 남과 북은 외세의 지배를 받지 않았을 뿐 상당 기간 주변 강대국의 영향을 받아 왔다. 남북한 모두 적어도 1960년대 초까지는 각자의 생존을 위해 강대국에 기대거나 그들의 절대적인 영향을 받았다고 본다.

1960년대 들어 각기 자주를 내걸면서 외세의 영향으로부터 벗어나려는 노력이 있었다. 여러 상황조건 때문에 남쪽보다 북쪽에서의 노력이 좀더 빨리 진행된 것처럼 보였을 뿐이다. 그리하여 이제는 남북 모두 적어도 외세에 의한 절대지배와 영향에서 벗어났다고 본다.

둘째, 봉건적 전제지배로부터의 해방이다. 해방 후 남북은 각기 방법상의 차이는 있었으나 지주와 소작인 제도를 폐지하고 양반·상인의 봉건적 상하관계를 인정치 않았다. 정치제도에 있어서도 민주적·공화적인 틀을 갖추고 이를 표방하기에 이르렀다.

(2) 거꾸로 가는 북한

그러나 봉건전제로부터 해방하여 민주화로 가는 역사진행에서 남북은 큰 결과의 차이를 보이고 있다. 북한에서는 아직도 일제시대에서나 또는 봉건적 전근대 국가에서나 볼 수 있는 지배양식이 그대로 존속되고 있는 것이다.

절대 권력이 1인에게 집중되어 있고, 한 사람에 대한 숭배가 총체적으로 일상화되어 있다. 일제강점기에 일본의 '천황'에 대한 숭배 강요와 천황을 신성시하는 현상이 북한에서는 해방 52년 뒤인 현재까지도 유지되고 있는 것이다.

따라서 민주화라는 측면에서의 해방은 북한에선 아직도 이룩되지 못한 상태라고 보아야 한다.

한국에서는 1980년대까지 역대 정부에게서 권위주의적인 면을 엿볼 수 있으나 적어도 봉건적 전제지배의 형태를 취하지는 않았다. 한국에서는 민주해방이 문제로 남은 것은 아니다. 단지 보다 나은 민주화의 길로 나가는 구체적 일들만이 남아있을 뿐이다.

셋째, 빈곤으로부터의 해방이다. 우리민족은 너무도 오랜 세월을 가난 속에서 살았다. 특히 일반민중의 경우는 더욱 그러했다. 일제의 지배는 가난을 더욱 가속화 시켰다.

군국주의 일제는 그들의 정치목적인 '대동아공영권'을 위해 우리민족에 대해 엄청난 희생을 강요하였다. 그리하여 일제하에서 우리민족 가운데 많은 수가 생존을 위해 만주 등 타지로 이주하였고 풀뿌리와 나무껍질로 연명하였다.

해방 후 남북한은 각기 빈곤으로부터 벗어나기 위해 많은 노력을 기울였다. 그러나 이를 위해 남북이 취한 산업화의 방식은 서로 달랐고 결과적으로 큰 차이를 보였다.

지금 현실을 둘러보자. 한국에서는 '빈곤으로부터의 해방'이라는 목표를 달성한지 이미 오래이다. 오히려 급성장한 경제력을 바탕으로 선진국 대열에 진입하고 있다.

(3) '민주통일'로 참해방 이뤄야

그러나 북쪽에서는 최소한의 생존을 위한 식량문제조차 해결하지 못하고 있다. 일본에 대신한 북한정권의 군국화 정책에서 비롯된 결과이다. 이 점에서 군국을 위한 착취가 북한에서는 사라지지 않았다고 볼 수 있고 빈곤으로부터의 해방의 과제는 해결되지 못한 상태인 것이다.

넷째, 비인간적인 압제로부터의 해방이다. 일제는 우리민족에 대해

노예적 압제를 강행하였다. 개인적 인권은 전체(황국)를 위해 철저히 유린되었다. 폭압통치 속에서 숨죽인 생존만이 허용되었다.

일본의 공포통치로부터의 해방과 유린된 인권의 회복은 남북에서 각기 크게 다른 결과로 나타나고 있다.

남쪽에서는 1945년 해방 이후 꾸준한 개선이 이루어져 이제 더 이상 인권이 크게 쟁점화 되지는 않고 있다. 그러나 북한에서는 병영국가 체제 속에서 개인의 존재가 매몰되어 있는 것은 말할 것도 없고 수십만 명의 사람들이 정치범 수용소에서 비인간적인 처우를 받고 있다고 알려졌다.

노예적 생활로부터 해방과제는 북쪽에서 아직 미결의 것으로 남아있고 그것은 북한 공산정권의 원초적 모순에서 비롯되고 있는 것이다. 아마도 지금과 같은 북한식의 체제가 붕괴되지 않는 한 해결될 수 없을 것으로 생각된다.

앞에서 보았듯이 우리민족의 해방은 완결되지 않았다. 북한지역에서의 해방은 오히려 더 절실한 과제가 되고 있다고 할 것이다. 그리고 그 해방의 주체는 북한일 수 없음이 뚜렷해졌다. 그러니 해방의 완결을 위해서는 통일이 불가피하고 그 주체는 경쟁의 승리자인 한국일 수밖에 없다.

이제 한국은 모든 영역에서 해방을 완성하여 현재의 추세로 간다면 15년 내지 20년 이내에 세계 7대 부강국이 될 것이라는 전망들을 하고 있기 때문에 더욱 그러하다. 그 전에 제2의 해방이라 할 통일이 이루어질 가능성이 점점 커짐에 따라 한국의 주체적 역할은 절실해졌고 통일을 위한 노력도 활발히 전개되어야 한다.

이제 우리는 가난이라도 면해야 하겠다는 꿈을 넘어 21세기 부강선진 통일국가의 희망을 품게 되었다. 그 통일조국은 세계의 중심적 위치에 놓일 것이며 문명사를 이끌어가는 영광으로 가득 찰 것이다. 그 날의 참해방을 위해 우리는 중단 없는 전진을 포기해선 안 된다.(『새물결』, 1997.8)

2. 한국의 안보는 보장되어 있는가

1) 6·25전쟁 48돐과 잠수함 침투

북한 공산집단의 불법남침으로 야기된 6·25전쟁이 발발한지 올해로 48년을 맞게 되었습니다. 1950년 6월에서 1953년 7월까지 3년여의 전쟁 동안에 입은 피해는 엄청난 것이었습니다. 인명피해만 해도 민간인피해를 포함해서 450만이나 됩니다. 건국 초기였기에 산업시설이 대단하지는 않았지만 그것마저도 거의 절반이 파괴되었습니다. 주택의 3분의 1이 없어졌습니다.

눈에 보이는 이 같은 손실보다 더 중요한 손실이 있었으니 민족의 분열과 대립 그리고 국토분단의 고착화가 그것입니다. 전쟁 전에는 남북과 좌우가 이념적으로 갈리기는 했지만 철저한 적대적 분열과 대립이 심했던 것은 아니었습니다. 38선도 어느 정도는 느슨했습니다. 그러나 전쟁을 계기로 분단과 분열이 철저히 굳어져버린 것입니다.

그런데 문제가 되는 것은 6·25전쟁이 완전히 끝나지 않았다는 것입니다. 정전은 문자 그대로 총격전의 일시적 정지일 뿐 전쟁 종결이나 평화체제의 확립은 아닙니다.

그럼에도 불구하고 인구 중 과반수가 넘는 6·25 미경험자들 중에는 6·25를 마치 병자호란이나 임진왜란과 같은 먼 옛날의 사건으로 치부하는 사람들이 많습니다. 실로 안타까운 일이 아닐 수 없습니다.

아직도 북한은 우리 정부를 비난하고 우리 체제의 약화를 꾀하고 이간을 일삼고 있을 뿐만 아니라 평화를 내세우면서 무장간첩선과 간첩단을 계속 침투시켜 왔습니다.

며칠 전에 있었던 잠수함 침투사건은 북한이 진정 평화공존체제를 원하는지 의심케 하는 사건입니다. 1996년 9월 강릉 잠수함 침투사건에 대해 북한은 사과와 동시에 재발방지를 약속했던 일이 있기 때문입니다. 여러 증거 정황에서 볼 때 훈련 중 기계고장으로 표류했다는 북한의 주장은 설득력이 없습니다. 으레껏 하고 있던 군사첩보 수집 및 무장공작대와 간첩침투작전을 수행하다가 그물에 걸렸다고 봅니다.

따라서 우리는 평화와 통일, 확고한 안보태세를 갖추면서 햇볕론을 펴야하는 것 등, 두 마리 토끼를 함께 잡아야 하는 어려움에 놓이게 됐습니다. 햇볕론을 너무 추진하다보면 헛발을 밟을 수 있고 바람론을 무작정 밀고 나가면 아무것도 해결하지 못합니다. 실로 안타까움 속에 있는 것입니다.

그러니 평화도 이루면서 조금씩 통일로 다가가는 지혜가 요구됩니다. 햇볕이 곧 통일이라고 성급하게 생각하지 않는 의연함이 필요합니다. 그렇게 될 때 평화와 통일을 함께 달성할 수 있을 것입니다.(1998.6.27)

2) 한반도 위기설

금년 봄이 위기라는 말을 가끔 듣게 됩니다. 한반도 위기설은 우리나라 안에서보다도 바깥 특히 일본에 널리 퍼져 있습니다. 그러면 과연 한반도가 금년 봄에 위기에 처할 것인지 아닌지에 대해서 생각해 보기로 합니다.

한반도 위기설은 북한변수, 미국과 일본변수 그리고 남한변수라는 세 가지 상황분석으로 찾아볼 수 있습니다.

먼저 북한변수를 가지고 생각해 보기로 합니다. 북한은 지난 12월 한 달 내내 집회와 보도를 통해서 한·미 양측이 전쟁도발을 계획하고 있다고 대대적으로 선동, 선전하면서 전쟁의욕을 고취한 바 있습니다. 이것은 분명히 전시에 대비한 주민동원의 한 방법이라는 면에서 긴장적 국면입니다.

또 지난해부터 북한은 사상강국, 군사강국을 우선적으로 중시하는 강성대국노선을 분명히 하고 있습니다. 그러면서 금창리 지하시설과 미사일 개발을 계속 하고 있는 것입니다.

한편 미·일 변수에서 볼 때 미국의 대북한정책이 전보다 상당히 차가워졌습니다. 미국은 연변 핵시설에 대한 사찰에 북한이 소극적이었던 것에 불만이었는데 다시 금창리 지하시설에 대한 사찰을 피하고 있는 것 때문에 대북정책을 재검토한 것입니다. 북한이 금창리 사찰을 계속 기피한다면 미국의 대북 중유제공과 식량 등 경제지원은 기대하기 어려울 것입니다. 뿐만 아니라 최악의 상황인 무력수단의 사용도 배제할 수 없다고 봅니다.

또 미국 군사실무진에서 지난해에 한반도 통일작전계획을 세운 것으로 알려지고 있습니다. 남침과 동시에 전방의 북한군을 괴멸시키고 원산, 평양에 상륙 반격 북진으로 통일을 한다는 소위 '5027' 작전계획이 보도됐습니다.

일본변수에서 볼 때도 한반도 긴장이 느껴집니다. 일본은 지난 가을 장거리 미사일의 일본영공 통과에 격분해서 북한에 대한 경수로 분담금 10억 불 제공을 거부하고 있습니다. 뿐만 아니라 한반도 유사시 유엔을 통한 참여를 분명히 하고 군비증강을 가속화하고 있습니다.

한편 남한변수를 보면 대량실업에 따른 사회불안 증가와 여야간 및 내각제 논의를 둘러싼 여권 내의 분열조짐 등 힘의 분산요소가 많습니다. 이런 틈새를 북한이 악용할 수도 있다는 점에서 위기요인이 생깁니다.

물론 미국이 유사시 핵우산제공을 천명하고 한·미·일 3국이 발 빠르게 움직이고 있기는 합니다. 그러나 남북화해와 포용을 추구하는 우리 정부는 상황의 복잡성으로 모순 속의 고민을 더하게 되었습니다. 철저한 안보 속의 대북화해가 더욱 요구되었다는 말입니다. 춘계위기설에 대해 말씀드렸습니다. (1999.1.30)

3) 북한군함의 서해침범

오늘은 지난 6월 7일부터 수일간에 걸쳐 연일 북한군함의 서해침범을 한 것에 대해 생각해 보기로 하겠습니다. 먼저 남북한 쌍방이 모두 자기수역을 상대방이 침범했다고 주장하고 있는 점에 대해 말씀드려야 하겠습니다.

1953년 정전협정체결 당시 유엔 측은 국제적으로 인정되고 있는 3마일을 존중하고 북한육지로부터 가까운 곳에는 유엔 측의 활동수역으로 하지 않겠다는 뜻으로 '북방한계선'을 정했습니다. 남북 쌍방은 그 뒤 20년간 그 선을 충실히 지켰습니다. 그런데 1973년에 북한은 우리의 서해 5개 섬이 북한 관할수역 안에 있으므로 임검을 받으라고 주장하고 가끔 침범했습니다. 국제적으로 영해개념이 3마일에서 12마일로 바뀌는 추세에 맞추어 그런 주장과 행동을 보여온 것입니다.

그러나 12마일을 선언해도 분쟁 시는 협의토록 되어있고 이미 수십 년간 묵인되어 온 경계를 일방적으로 넘어뜨릴 수는 없습니다. 남북기본합의서에서도 현실적 분계선 준수를 뚜렷이 하고 있는 것입니다. 따라서 이번의 북한군함의 남하는 분명히 고의적인 침범인 것입니다. 일시적인 것도 아니고 며칠간 계속적인 월선을 하고, 경고에도 불구하고 장시간 머문 뒤 귀환하는 것 등에서 볼 때 고의침범이 뚜렷합니다.

지금 북·미간에 대화가 활발히 진행되고 김대중 행정부의 햇볕정책으로 한국의 대북지원정책이 계속되고 곧 남북차관회의가 예정되고 있습니다. 이렇게 화해분위기가 조성되고 있는데 저런 침범도발을 하는 까닭이 무엇일까 가늠하기 어렵습니다.

정부 발표에 따르면 북쪽이 어획량을 늘리기 위해서 무리한 어로작업 보호를 하는 것이거나 북방한계선을 무력화하려는 것이거나 관할해역을 넓히기 위한 협상용 행동일 것이라는 분석을 하다가(4차례 침입이 있은 10일까지는) 5차례 침범이 있은 뒤에는 북방한계선을 무력화시키려는 도발적 침범으로 단정하고 11일부터는 강력하고 행동적 조치를 취했습니다.

그런데 침범을 시작한 날이 김영남의 방중 귀국날과 맞아 떨어졌습니다. 외교군사 고위실무자들을 다수 대동하고 중국을 5일간 방문한 김영남이 방문 중 유사시 군사지원문제를 분명히 논의했을 것입니다. 양국동맹을 맺은 지 꼭 46년이 되고 한·미·일이 한반도 유사시의 계획을 확정 발표한 시기였기 때문에 그런 추측을 하게 되는 것입니다. 중국방문 때 유사시 지원을 요구하고 아마도 간접적으로라도 긍정적인 반응을 보였을 수 있습니다. 그것을 바탕으로 한국과 미국 그리고 중국을 시험해보는 것일지도 모릅니다.

그 가운데서 가장 중요한 시험은 한국에 대한 시험입니다. 현 정부는 햇볕정책을 유지하기 위해서 북한에 대해 자극을 주는 일체의 언행을 삼가해 왔습니다. 북한의 계속된 중상, 비방에도 불구하고 일관되게 북에 대한 혜택을 주었습니다. 그러한 인욕을 시험해보는 것일 수 있습니다. 사실 며칠간의 정부의 태도는 종래 정부들의 사건처리 태도와는 사뭇 달랐습니다. 극렬한 비난도 즉각적인 무력행사도 자제해 왔습니다.

그런데 이번 사건과 관련한 반응에서 세 가지 특이점을 발견할 수 있습니다. 하나는 국민의 동요가 전혀 없는 점입니다. 정부의 태도가 신중했기 때문인지 포용정책 때문에 전쟁위험이 없을 것으로 믿기 때문인지 아니면 안보불감증인지 모르나 주가도 안 떨어지고 달러사재기도 없는 평온을 유지했습니다. 다른 하나는 정부가 북한을 자극하는 언행을 삼가고 요란하지 않았다는 점입니다. 아마도 기본정책이 손상되지 않도록 하기 위해서라고 봅니다. 또 하나는 미국 국무부에서 매우 중요한 사건으로 여겨 기자에게 브리핑을 하면서 한국에서는 대수롭지 않게 생각하고 있는 듯 발표한 것입니다. 한·미간에 보는 강도가 달랐는데 이것도 종래와는 정반대의 현상입니다.(1999.6.12)

4) 북한의 미사일 개발

작년 8월 북한이 장거리 미사일을 발사하여 일본 상공을 지나 태평양에 낙하한 때부터 미국을 비롯한 많은 나라들이 북한의 미사일 개발에 관심을 크게 갖기 시작했습니다. 북한이 대포동 미사일을 인공위성이라고 말하고 있지만 많은 나라들이 그것들을 군사적 목적을 갖는 무기 개발의 일부로 보고 있기 때문에 관심이 큰 것입니다.

북한이 미사일 개발에 착수한 것은 1980년대 초로 추정됩니다. 그때는 지금 같은 경제적 곤경에 처해 있지는 않았지만 800만 달러가 매년 투입되는 개발 부담을 하면서 미사일 개발을 시작한 것입니다.

북한은 강력한 미사일 개발정책을 추진한 결과 소련제 SCUD-B미사일을 개량한 SCUD-C를 자체 생산했는데 이것은 사정거리 500km이고 700kg의 탄두를 탑재할 수 있습니다. 한국이 이제 겨우 300km 사정거리 미사일 개발을 할 수 있게 미국과 양해하고 있는 것에 비하면 상당한 선진개발인 것입니다.

사정거리 500km이면 전한반도가 사정권 내에 들기 때문에 한국은 북한의 SCUD-C미사일의 생산, 보유 자체가 위협이 됩니다. 이보다 단거리인 50~70km 사정거리의 FROG미사일도 수도권에 대한 위협이 될 것입니다. 노동 1, 2호나 대포동 1, 2호보다도 우리로서는 이들이 더 위협적인 존재가 되는 것입니다. 노동 1호는 1천km 사정거리 미사일로 한국은 물론이고 일본에도 위협적 존재가 되고 있습니다.

그런데 북한은 노동 미사일보다 더 개량되고 장거리 미사일인 대포동 미사일을 실험함으로서 한국보다도 주변국인 미·일을 긴장시켰습니다. 노동 1호에도 원자탄과 화생무기를 탑재할 수 있기 때문에 일본을 긴장시켰지만 대포동은 더욱 장거리 미사일이기 때문에 미국을 긴장시켰던 것입니다. 대포동 1호는 미국까지 이르지 못하지만 개량된 대포동 2호와 그 뒤에 나올지 모르는 신형은 미국까지 이르는 대륙간 미사일이기 때문에 더욱 그런 것입니다.

그 때문에 미국은 여러 이익제공을 미끼로 미사일 개발을 막으려 하지만 북한은 인공위성 개발이라는 구실과 미사일 개발은 주권국의 권리라는 이유를 들어 미국의 뜻에 따르려 하지 않는 것입니다. 미국은 북한이 미사일을 생산하여 이란과 리비아 등 중동지역의 친미적이지 않은 나라에 계속 수출하는 것에서도 우려를 나타냅니다.

실로 북한의 미사일 개발과 실험 및 수출문제는 우리의 중요한 문제이면서 세계적 문제가 되고 있는 것입니다.(1999.8.21)

5) 북한의 서해경계선 무효선언의 부당성

북한이 '서해 해상분계선'을 일방적으로 발표하고 우리의 북방한계선에 대해 무효선언을 한 것의 부당성을 말씀드리겠습니다.

북한은 지난 9월 2일 인민군 총참모부 발표를 통해서 지금까지 서해상의 군사분계선으로 유지되어 왔던 '북방한계선'의 무효를 선언했습니다. '북방한계선'은 북한영해 안에 '제멋대로 설정한 미군 측의 강도적 선'이기 때문에 무효라는 것입니다. 그와 더불어 북한의 새로 설정한 '서해 해상분계선'을 발표하면서 그것을 수호하기 위해 온갖 방법을 행사하겠다고 위협했습니다.

북한이 새로 선포한 '해상분계선' 안에는 우리 해병대가 관할하고 있는 백령도, 대청도, 소청도, 연평도, 우도 등 이른바 '서해5도'가 포함되어 있는 매우 넓은 수역입니다. 도저히 협상할 수 없을 정도의 넓고 중요한 지역을 차지하겠다고 하면서 자위권 발동 운운하기 때문에 우리의 관심을 끌게 하고 있습니다.

북한의 일방선언과 주장은 다음과 같은 이유로 억지인 것입니다.

첫째, 정권협정 체결 당시에 서해5도와 주변수역은 우리 측이 장악했고 당시 관할구역 책정을 할 때 장악한 쪽에서 관할토록 했던 것입니다.

둘째, 해상수역에 대한 경계선을 쌍방이 뚜렷이 합의하지는 않았지만 5개 섬을 기준으로 우리 측이 '북방한계선'을 정하여 관할한지 수십 년이 지났는데 북한은 별다른 이의 없이 그 선을 묵시적으로 인정해 왔습니다.

셋째, 1992년 남북한이 '기본합의서'에 조인할 때 '지금까지 관할해온 구역'을 인정하고 추후 협의하기로 했으므로 이때의 북측은 북방한계선을 인정한 것이라고 재론하려면 남북 당국간 회담을 해야 합니다.

넷째, 1993년 한국이 '비행정보구역'을 공시할 때 북방한계선을 기준으로 하여 공시하면서 이의가 있는 인접국에게 이의를 제기토록 했으나 북한이 이의를 제기하지 않아서 우리 측 안대로 '국제민간항공기구'에서 공고하여 지금 시행 중입니다.

이렇게 볼 때 북한이 지금 이의를 제기할 수 없고 또 이의가 있다면 기본합의서에 조인한 대로 한국 당국과 협의할 일이지 일방적으로 무효선언을 하고 자기 마음대로 새 경계선을 긋는 것은 국제관례와 국제법에 분명히 어긋나는 것입니다.

그러면 분명한 억지인데도 떼를 부리는 것은 무엇 때문인가.

미국과의 협상에서 부분적으로나마 수용되면 좋고 또 다른 반대급부를 얻거나 이 지역을 분쟁지역으로 만들어 미군철수, 평화협정체결 등에 활용하려 하는 것이라고도 봅니다. 아니면 한국이 분쟁을 꺼려 실제로 남방한계선까지 북한어선의 어로를 묵인하면 경제적 이득을 볼 수 있고 경우에 따라서는 국지적 충돌에서 지난번의 패배를 만회할 기회를 가지려는 것인지도 모릅니다.

어떤 목적이든 우리는 단호히 평화와 안보체제를 유지해야 할 것이지만 지나친 위기감을 느낄 필요도 없다고 봅니다.(1999.9.18)

6) 러시아와 북한 간의 신조약 체결

러시아 이바노프 외무장관이 북한을 방문하여 9일 신조약을 맺었습니다. 이것은 중요한 뜻을 지닙니다. 러시아가 한반도 운명에 큰 영향을 줄 수 있는 존재이기 때문입니다. 구체적 의미를 생각해 보겠습니다.

첫째, 선린협력조약을 맺어 소원했던 양자가 협력자로 회복된 점입니다.

러시아와 북한은 1961년 '우호협력호상원조조약'을 맺은바 있으나 10년 전 한·러 양국 수교 후에는 이 조약은 없어지고 뜸한 관계가 됐던 것입니다. 그런데 이번에 협력조약을 새로 맺음으로써 양자관계는 상당히 가까워지게 됩니다.

둘째, 러시아가 한국 쪽으로 기울었었는데 이제 남북한에 대해 균형 있게 대할 것임을 뜻합니다.

1990년 한·소수교 이후 두 나라 정상은 여섯 차례나 만났습니다. 그러나 북한과 러시아의 고위층 접촉은 그동안에 없었습니다. 러시아가 10년 동안 완전히 남쪽에 기울었음을 나타냅니다. 그러던 러시아가 외무장관을 보내 선린조약을 북한과 맺었다는 것은 한국 쪽에 무조건 기울지 않겠다는 것을 나타내는 것입니다.

셋째, 21세기의 아시아질서 재편과정에서 러시아도 큰 몫을 해야 하겠다는 의지의 간접표명이라고도 볼 수 있습니다.

현 아시아의 질서는 미국의 유일적 패권과 그에 도전하려는 중국이 경제성장을 바탕으로 군비확충을 계속하고 있습니다. 그리고 미국과 일본이 주도하고 있는 전역미사일 방어체제가 북방 세 나라를 겨냥하고 그에 맞서 러·중·북한이 반대전선을 형성해가고 있는 것입니다.

또한 한반도문제 논의과정에서 러시아는 빠져 있습니다. 이런 상황에서 러시아도 20세기 때와 같이 21세기에도 강자로서의 목소리와 역할을 하려 합니다. 이를 위해서 북한과 다시 손을 잡았다고 생각됩니다.

이런 점들을 고려할 때 우리는 러시아가 우방인 듯 착각하는 어리석음을 저지르지 말아야 합니다. 그렇다고 멀리 할 필요도 없습니다. 러시아는 멀지도 가깝지도 않은 나라임을 이 기회에 분명히 알게 되었으면 합니다.(2000.2.12)

7) 정주영 회장의 방북

오늘은 세간의 화제가 되고 있는 현대그룹 정주영 명예회장의 북한 방문 문제에 대해 생각해 보기로 하겠습니다.

정 회장은 북한에 대해서 특히 그의 고향인 강원도 통천군민을 위해서 옥수수 5만 톤과 소 1천 마리를 주겠다는 기발한 제안을 했고 그것이 지금 실현되고 있습니다.

소를 판문점을 통해서 인도하고 방북을 하겠다는 이쪽의 요망을 수용하는데 북한은 상당히 주저했지만 결국 실현되기에 이른 것입니다. 휴전체제 파기를 선언한 북한으로서는 판문점 통과를 명분상 받아들이기 어려웠던 것입니다. 그러나 고민 끝에 결국 실리를 택했다고 봅니다.

그러면 왜 실리를 택할 수밖에 없었을까?

첫째, 1천 마리의 황소와 5만 톤의 옥수수 및 50대의 트럭은 곤궁한 북한에게는 엄청난 횡재가 아닐 수 없었기 때문입니다.

지난 1년간 적십자사를 통해 민간단체들이 북으로 보낸 식량이 10만 톤 정도인데 그 반에 이르는 5만 톤을 보낸다는데 주저할 수야 없지 않았겠습니까?

게다가 생산수단인 소 1천 마리와 수송수단인 트럭까지 받을 수 있다는 것은 분명 횡재인 것입니다. 일백 몇 십억 원, 즉 1천 만 달러의 돈을 앉아서 버는 행운이었습니다.

둘째, 현 정부가 정경분리 등 이른바 햇볕정책을 추구하여 지난 정부보다 유연하기 때문입니다.

김대중 정부는 정경분리 원칙을 천명했습니다. 이 원칙은 두 가지 내용을 담게 됩니다. 정부가 민간수준의 경제교류협력을 제약하지 않겠다는 뜻을 포함합니다. 그리고 정부도 정치문제와 경제문제를 구분하여 처리하겠다는 의사표명이기도 합니다.

따라서 북한은 민간수준의 관계니까 부담을 덜 느끼게 됐다고 봅니다. 오히려 민간과의 협력으로 남한당국을 고립시킨다는 기본전략이 작용했는지도 모릅니다.

셋째, 미국의 대북지원이 제한적이며 미지근하고 조건적이기 때문입니다.

북한의 강력한 요망에도 불구하고 미국은 대북경제제제를 완전히 풀지 않았으며 거리를 두고 있습니다. 민간차원의 구호적 성격의 지원과 거래만을 용인하려 할 따름입니다. 이 정도로서는 북한의 식량난과 경제난이 극복될 수 없습니다.

그러니 조건 없는 정 회장의 선물을 마다할 필요가 없었던 것입니다.

어떤 이유에서건 간에 북한이 판문점을 통해 남쪽의 물품과 사람들을 받아들인다는 것은 수년간 고수한 휴전체제 불인정 정책의 변경을 가져오는 것이 됩니다. 그런 점에서 정 회장의 방북은 남북교류협력의 틀을 새로 짜는 결과를 낳게 할 것입니다. 평화와 통일을 바라는 불자 여러분, 실향민 여러분! 남북관계가 금년 하반기부터는 새롭게 전개되어 우리들의 소원이 하나씩 풀려가기를 기대해 봅니다.(「불교방송」, 1998.6.20)

8) 대북정책 전개의 전제

현 정부는 북한에 대해 햇볕론과 포용론을 내세우면서 화해·협력을 꾀해왔다. 그 결과 금강산 관광과 약간의 남북협력이 이루어지기도 하였다. 철저한 장벽에 작은 구멍이 뚫리게 된 것이다. 그리하여 적지 않은 사람들의 비판과 반대에도 불구하고 화해협력정책은 장기적 시각에서 또 기본구상에서 긍정적인 것이라는 말을 듣고 있다고 본다.

그런데 서해에 대한 북한군함 침범도발로 과연 지금과 같은 대북정책을 지속해야 할 것인가에 대한 의문이 제기되고 있는 것이다.

정책기조를 유지한다고 해도 구체적인 정책전개에 있어서는 신중해야 할 것 같다. 그 경우 전제적으로 고려되어야 할 사항이 있다.

무엇보다도 먼저 우리가 지향해야 할 바를 뚜렷이 인식하고 그에 바탕을 둔 정책전개를 해야 한다. 우리의 장기적이고 높은 목표는 자유민주복지의 통일국가를 이룩하는 것이다. 그리고 중간목표는 평화공존교류의 남북관계를 확립하고 북한의 개혁·개방을 유도하겠다는 것이라고 생각한다.

이러한 목표는 두 가지 문제를 원천적으로 안고 있다. 하나는 북한의 목표와의 조화이고 다른 하나는 평화와 통일의 조화문제이다.

북한목표와의 조화를 위해 북한존재에 대한 명시적 인정과 우리 목표에 대한 불표명이다. 햇볕론이 흡수통일을 뜻하는 것이라고 공언하면서 북한의 수용을 기대하는 어리석음을 하지 말아야 한다.

또한 평화와 통일은 반드시 동시적으로 추구되어야 한다. 그것들은 동전의 앞뒤와 같아서 선후가 있는 것이 아니다.

화해공존이라는 평화를 추구하면서 동시에 교류라는 통일노력을 해야 한다. 화해를 너무 강조하다보면 대북(공존)정책만 있고 통일정책은 없다는 비판을 받을 염려가 있는 것이다.

다음으로 중요하게 고려할 것은 북한의 목표를 전제로 하는 정책전개를 해야 한다는 점이다. 북한의 장기적이고 높은 목표는 북한 주도의 '통일조선'이고 중간목표는 북한의 강성대국화일 것이고 당면목표는 북한체제의 유지와 남한의 혼란(붕괴)이라고 본다.

따라서 북한은 체제위협이 될 수 있는 개혁·개방목적의 대북정책에 거부적이고 체제유지에 도움이 되는 민간차원의 경제협력과 미국과의 개선에 관심을 쏟게 되는 것이다. 그리고 한국을 어렵게 하기 위한 통미배남(通美排南) 전술을 구사하면서 한국민을 분열시키는 노력을 하고 있는 것이다.

이러한 목표가 바뀌지 않는 한 우리의 화해협력정책은 기대만큼의 효과를 내지 못하는 것이다. 이 때문에 성급한 기대와 한탕주의는 금물이다.

끝으로 고려할 것은 지금의 남북관계를 '불신에 기초한 관계'라고 겸허히 받아들이면서 정책전개를 해야 한다는 점이다. 우리민족은 1950년대의 '전쟁분립'의 최악의 단계를 거치고 아직도 '냉전분열' 상태에 있기 때문에 상호불신의 담 속에 사로잡혀 있다. 이 상태를 극복하여 '공존교류'와 '화해협력'의 단계를 거쳐 평화통일로 가야한다.

따라서 현 단계에서는 남북 간의 대화나 관계전개가 불신 속에서 이루어진다는 것을 인식할 필요가 있다. 서로 바라는 것이 단계별로 분명히 연계되는 철저한 상호주의원칙이 요구되는 까닭이 여기에 있는 것이다. 북쪽에서 바라는 것을 무조건 제공하면 북쪽도 우리가 원하는 것을 줄 것이라고 생각하여 행하는 정책전개는 모험을 각오해야 하고 정치적 부담을 안아야 한다.

이러한 기본 고려를 전제로 하더라도 구체적 정책전개에는 적어도 두 가지 전술적 자세가 필요하다. 하나는 '조용한 행동화'이다.

북한과 같이 목표 집착적이고 폐쇄적 정권을 상대로 할 때는 공인이 희망적 낙관론을 펴거나 물밑 교섭을 과신하여 공개할 경우 득보다 잃은 것이 많음을 알아야 한다.

다른 하나는 조급함을 가져서는 안 된다는 것이다. 많은 정치인과 공무원은 속성상 재임 중의 공적에 집착하는 단점이 있다.

남북관계만큼 복잡하고 풀기 어려운 사안도 없을 텐데 재임 중 너무 많은 것을 얻으려고 하다보면 무리수를 둘 수도 있다. 평화통일로 가는 길목에 한두 개의 징검돌을 놓겠다는 자세가 요구되는 것이다.

서해의 긴장에도 불구하고 달러 값이 치솟지 않고 사재기가 없고 주가가 폭락하지 않는 것과 금강산 관광만으로 대북정책의 성공을 말할 수는 없지 않은가.

9) 북한을 바로 알자

서해 연평도 근해에서 있었던 교전은 여러 가지를 생각케 하는 사건입니다. 가장 중요시해야 할 것은 북한에 대한 올바른 인식입니다. 한국과 관련한 북한의 정책 내지는 의지가 무엇이고 군사력에 대한 평가일 것입니다.

북한도발은 우리의 입장에서가 아니라 북한의 입장에서 생각할 때만 이해할 수 있을 것입니다.

북한이 추구하는 높은 목표는 북한식 사회주의를 한반도에서 실현하는 것입니다. 이를 위한 당면목표는 북쪽에서 체제를 유지하면서 강성대국을 건설하는 것이고 남쪽에서 한국의 힘의 약화 및 분열로 한국체제를 넘어뜨리는 것입니다.

북한체제 유지를 위해 정경분리에 따라 우리자본과 경제지원을 적극 받아들이고 있습니다. 서해에서 교전이 있던 와중에도 금강산 관광과 비료수송의 안전을 보장해 주었습니다.

강성대국 건설을 위해 식량문제 해결을 덮어둔 채 미사일 개발과 막대한 군대유지를 하며 사상교육을 계속하고 있습니다. 그러면서 미국과 교섭하여 체제유지 보장을 확실히 하려 애쓰고 있는 것입니다.

한편 또 다른 목표인 한국혼란의 목표를 달성하기 위해 한국 내부의 분열을 꾀하고 있습니다. 당국간 대화보다 민간교류 협력만을 좋아하는 것이 바로 그것입니다.

또한 정부와 민중 간의 분열입니다. 북한에 비적대적 태도를 보여온 현 정부에 대해서도 과거의 정부에 대해 그랬듯이 비방과 중상을 계속하면서 적대시하고 있습니다. 그와 더불어 학생, 근로자들을 선동하며 혼란을 부추기고 있는 것입니다.

그리고 한반도 문제를 한국당국과 해결하려 하지 않고 미국과 해결하려는 통미배남(通美排南) 전술을 전개하여 한국을 어렵게 하려 합니다.

이러한 입장에 있는 북한을 우리가 원하는 방향으로 바꾸기는 쉽지 않습니다. 북한식으로 변할 따름이라는 것입니다. 실속을 챙겨 체제유지를 하면서 변하겠다는 얘기가 됩니다.

따라서 우리의 대북자세는 너무 서둘거나 혜택을 계속 주면 반대급부가 그대로 올 것이다라는 안이한 기대에서 벗어나 상호주의 원칙에 따르는 조용한 단계접근을 해야 합니다.

한편 북한군사력이 수에 있어서는 우리를 훨씬 앞서지만 질에 있어서 너무 구식이고 뒤진다는 점에 대한 확실한 인식이 필요해졌습니다. 이것은 대북 패배의식을 씻고 자신감을 갖는 중요사항입니다. 그렇다고 군사도발을 할 능력이 없다고 이해하는 것도 잘못일 것입니다. 자신감과 더불어 경계심도 함께 갖는 균형적 태도가 요구되는 것입니다. 그래야만 적절한 대비를 할 수 있을 것이기 때문입니다.(1999.6.19)

10) 탈북 난민문제

오늘은 유엔기관이 탈북자를 난민으로 인정한 것과 관련하여 그들에 대한 처리에 대해서 말씀드리겠습니다. 탈북자란 북한에서 살 수가 없어 주로 중국이나 러시아로 탈출한 북한동포를 말합니다.

그들 나라에 흩어져 있는 탈북자 수는 우리 정부의 추산으로 1~3만 명에 이르고 민간기관에서는 5만에서 10만 명에 이른다고 보고 있습니다. 결코 적지 않은 우리 동포가 불안과 공포 그리고 기아에서 고통을 받고 있습니다.

이들이 탈북한 동기는 각양각색입니다. 러시아 탈북자 중 상당수는 근로자나 파견공직자들입니다. 어떤 이는 북한체제에 염증을 느껴 탈북했고 어떤 이는 식량난과 생활고에 못 견뎌 탈북했습니다. 모두가 북한의 현실에 적응할 수 없어 나온 동포들입니다.

이러한 탈북자들인데도 그동안 이해당사국들의 입장이 매우 달랐기 때문에 그들의 문제가 깨끗이 처리되지 못하고 오늘에 이른 것입니다.

먼저 가장 많은 탈북난민들이 몰려있는 중국의 입장을 보겠습니다. 중국은 탈북자에 대해서 대다수 탈북자는 친인척 방문자이고 정치적 난민은 없다고 말합니다. 정치적 난민이 아니고 불법 장기체류자이기 때문에 중국과 북한 간에서 해결할 문제이지 한국 등 외부의 간섭을 받을 문제가 아니라고 주장합니다. 정치적 난민 또는 망명자가 아닌 북한국적의 불법 장기여행자라는 것입니다.

이에 대해서 인권단체들은 북한체제에 불만을 가지고 돌아가지 않으려는 사람은 물론이고 식량난 때문에 안 가려는 사람들도 사회주의 체제 및 김정일정권의 정책적 실패에 따른 것임으로 탈북주민을 정치적 난민으로 보고 국제적 보호를 해야 한다고 말합니다.

한국정부 당국은 탈북주민에 대해 소극적인 태도를 보였습니다. 러시아나 중국, 특히 중국을 자극하여 국익을 손상할지 모른다는 우려 때문입니다.

유엔기관도 지금까지는 탈북자를 '정치적 난민'으로 공식인정하지 않았습니다. 따라서 그들은 중국이나 러시아 당국에 발각되면 체포되어 북한으로 강제 송환되는 운명에 있었습니다.

그러던 차에 한국의 민간단체인 '자유민주민족회의'가 유엔난민 고등판무관에게 그들을 '탈북난민'으로 인정해줄 것을 결의, 요청했는데 답변서에서 탈북자 중 일부에 대해 '난민'이란 표현을 쓰면서 중국 당국과 협의하고 있음을 인정했습니다.

극소수의 탈북자에 대해서만 유엔난민 당국이 면담하고 처리하려는 듯 합니다. 그러나 상당수 아니 대부분이 난민으로 인정되어야 합니다.

모두가 북한체제에 견디지 못하고 탈북한 사람들이기 때문입니다. 그리고 정부당국도 러시아나 중국의 눈치를 보려하지 말고 보다 적극적으로 인도주의에 입각해서 탈북자의 인권을 보호해주는 노력을 해야 할 것입니다.(1999.10.16)

제2장
한반도의 특수성과 한국의 위치

1. 남방삼각관계와 한국

1) 4강의 철학과 한국

(1) 서언

어떤 나라든 자국의 안전보장문제를 생각할 때는 대체로 세 가지 측면을 고려하게 된다. 하나는 자국에 이해관계를 가지는 나라의 입장과 태도이고 다른 하나는 적대국 또는 상대집단의 의도와 능력이며 또 다른 하나는 자국의 상황이다. 작은 나라일수록 관계국의 태도를 주목하게 마련이고 큰 나라일수록 그것을 무시할 수도 있다.

우리나라의 경우 우리와 이해관계를 갖는 미국을 비롯한 4강의 입장과 태도를 중요시하지 않을 수 없다. 해방 후의 역사과정에서 그들이 한반도문제에 너무도 깊이 개입되어 있고 또 현실에 있어서 이해관계를 크게 하고 있기 때문이다.

4강의 움직임을 본다고 하더라도 그들 각국의 개별적인 이해와 정책이라는 각도에서 보는 방법이 있을 수 있고 그들 상호관계라는 면에 치중하여 볼 수 있다. 또 그들 국가가 취하고 있는 구체적인 행동의 사례에 입각하여 볼 수도 있고 기본적인 철학에 치중할 수도 있을 것이다.

여기서는 4강의 기본적인 사고를 때로는 그들 상관성하에서 때로는 개별적 입장에서 살펴봄으로써 한국안보의 위치를 점검하려는 것이다.

(2) 미·중·소의 기본 3각관계와 한국

1970년대에 있어서 세계사적인 의의를 갖는 사건을 든다면 미·중의 화해일 것이고 그에 따르는 국제적 낭자인 중공이 세계가족 속에서 큰 역할을 하게 되었다는 점이다. 중공이 미국과 화해하기 전까지는 적어도 형식에 있어서는 낭인에 지나지 않았다. 그러기 때문에 세계 질서의 형성에 있어서는 중공이 큰 역할을 할 수 없었던 것이다. 그러던 것이 '닉슨' 대통령의 중공 방문을 계기로 하여 미국과 중공의 간접전쟁이 마무리되면서 중공의 세계정치에 있어서의 비중은 크게 달라진 것이다. 그에 따라 미국과 소련 및 중공의 3각관계도 근본에서부터 구조변화를 하고 말았다.

이제 3국구조의 특성 및 3국관계의 변화에서 야기되는 정책현상이 우리나라의 안보구조에 어떤 작용을 하게 될 것인가를 살펴보기로 한다.

먼저 3국구조의 특성은 무엇이며 거기에서 어떤 상황이 파생될 것인가를 살펴보기로 한다.

1950년대의 3국간 관계는 미·소 및 미·중공의 원거리성과 중·소의 근거리성으로 특징지을 수 있다. 북경과 소련이 밀착되어 있었다는 것이다. 뒤집어 말하면 소련의 권력체계 속에의 중공의 체계가 독자성을 갖지 못했다. 그러므로 이때의 힘의 충돌은 미국을 일방으로 하는 체계와 소련을 일방으로 하는 체계에서 나타났다. 이른바 양극체계의 역관계만이 있었던 것이다.

양국체계하에서의 국제질서는 어떤 균형세력이 존재하지 않기 때문에 언제나 충돌 가능성을 짙게 가지게 되고 그에 따라 한반도는 전쟁 속에 휘말리고 말았던 것이다. 균형시키는 세력이 없기 때문에 약소국의 선택은 단순화될 수밖에 없었다. 미국이나 소련과의 안보협력체제를 갖는 것만이 유일한 안보의 길이었다.

또한 1950년대의 상황에서는 균형자와 비슷한 위치를 국제연합이 차지함으로써 국제분쟁을 해결하는데 도움을 주고 있었다. 미국과 소련이 참여하고 있기 때문에 제3자적 균형자일 수는 없었으나 국제연합은 양극의 충돌을 예방하고 해결하는데 있어 적지 않은 구실을 할 수 있는 입장에 있었다. 그에 따라 약소국은 강대국에 의존하면서도 국제연합에 안보협력을 구하는 경우가 많았다.

1960년대는 3국간의 관계가 새로운 정립을 향하여 동요하고 있던 시대라고 할 수 있다. 이때의 3국구조는 중·소의 근접성이 원격화 하고 미·소의 원격성이 근거리화 했다는데 특징이 있다고 말할 수 있다. 즉 미·소의 화해와 중·소의 대립이 일어났다는 것이다.

1960년대의 이러한 3국구조는 미·소전의 위험에서 미·중 및 중·소전의 위험으로 상황 변화를 시켰다. 그리고 단색적인 공산권이 쌍색화 했다. 그에 따라 공산국과 중립국에서는 중공과 소련 중에서 우방을 새로이 선택하는 현상이 일어났다. 그러는 과정에서 그들 약소국은 중공이나 소련으로부터의 큰 지원을 받을 수 있었다. 북한도 역시 그러하였다. 그러기 때문에 1960년대 말에는 북한으로부터 가하여 오는 위협량이 매우 컸고 그에 따라 우리의 안보와 한반도에서의 평화는 큰 문제를 안게 되었던 것이다.

1970년대의 3국구조는 등거리성을 보이고 있다. 등거리화에 따라 3국간에는 군사적 안정화가 이루어지게 되었다. 즉 이들 강대국 간에는 전쟁이 일어날 수 없게 되었다는 것이다. 중소 국경에 1백 70만의 군대가 집결하고 있다고 하더라도 양국간에 부분적인 충돌이 있을지 몰라도 그것이 전면전으로 발전하지는 못할 것이라는 것이다. 미·중공 간이나 미·소간에서도 역시 전면전은 일어나기 어렵게 되었다.

이러한 3국간의 안정은 중소국 간에 두 가지 중요한 사태를 일으키게 한다. 하나는 현상 고정화이다. 현상 고정화가 전쟁의 동결이기도 하다는 점에서는 중소국 간에서 전쟁위험은 사라졌다고 볼 수 있다. 그러나 현상을 그대로 받아들일 수 없는 국가와 지점에서는 전쟁위험이 완전히 사라질 수 없는 것이다. 불안한 분단국이나 중동지역 등이 그러한 곳들이다. 따라서 한반도의 경우는 쌍방이 대화를 통한 해결의 자세와 현상을 바탕으로 하는 문제 해결을 꾀할 때면 평화가 가능할 것이다.

3국구조의 안정화는 다른 각도에서 보면 3국간의 외교경쟁을 가열시킨다. 강대국 간에 안정이 이루어지면서 미국의 영향력이 줄어들자 그 영향하에 있던 중소국들이 봄볕을 본 병아리처럼 미국의 품에서 이탈하게 된다. 미국의 품을 떠나는 중소국을 중공과 소련이 장악하려 하고 미국은 그것을 계속하여 잡아두려 하는데서 외교전이 그들 사이에서 가열된다.

외교전쟁은 중소국 간에 긴장을 촉진하게 된다. 특히 적대성이 강한 양국을 미국이나 소련이 각각 대립적으로 지원할 때는 전쟁이 일어나게 되는 것이다. 중·소 외교전이 중소국의 군사전을 가져오게 한 사례는 인도와 '파키스탄' 간의 전쟁('뱅갈' 독립전쟁)이었고, 미·소 외교전이 중소국 간의 군사전으로 발전한 사례는 중동전에서 볼 수 있다.

3국간의 외교전쟁이 가져오는 여파는 한반도에서 있을 수 있다. 그러나 외교전 자체가 체제 내적이기 때문에 다른 곳에서보다는 전쟁 위험성을 덜 지니게 된다고도 볼 수 있다. 한반도에서는 가령 평양을 사이에 두고 미·소간이나 미·중공 간에 외교전이 일어날 수는 없는 것이다. 반대로 서울을 두고 그들 사이에 외교전이 있을 수도 없다. 결국 평양을 사이에 둔 중·소의 갈등이 있을 뿐이다. 서울을 둘러싼 미·일의 외교전인 싸움은 적어도 1970년대에 있어서는 일어나기 힘들 것이다. 평양을 둘러싼 중·소간의 외교전쟁은 구체적으로 어떤 형태로 나타날 것인가? 말할 것도 없이 평양이 요구하는 것을 경쟁적으로 제공할 수밖에 없을 것인바 바라는 것 가운데서 가장 중요한 것은 현대적 군비일 것이다. 1970년대에 평화기운과 대화가 진행됨에도 불구하고 북한이 그 전보다도 훨씬 군비를 강화할 수 있었던 것은 바로 중·소 경쟁에서 결과된 것이라고 말할 수도 있다. 평양에 군비가 증강되면 말할 것도 없이 우리에게 가해오는 위협량은 증대될 것이다.

(3) 4강의 한반도 균형동결관

한반도에서 4강은 정치적으로 또는 경제적으로 이해를 크게 달리하고 있으나 또한 유사이익을 갖기도 한다. 대립(상충)점이라는 면에서만 본다면 한반도에는 갈등이 그칠 날이 올 수 없을 것이다. 그러나 반대의 면을 찾는다면 평화의 계속이 가능할 수도 있다.

이익의 유사성은 따지고 보면 이익의 상충성을 바탕으로 하여 나오게 된다. 그러기 때문에 한반도를 둘러싼 4강은 심한 이해의 상충작용을 해오다가 이해의 유사성 발견의 단계로 역사적인 진행을 하고 있다고도 볼 수 있다. 그러기 때문에 우리는 먼저 4강의 이해의 상충점 또는 특징을 살필 필요가 있다.

미국의 입장에서 보면 남한에서 그의 정치적 영향력을 유지하는 것이 중요한 이익이 되고 있다.

미국은 해방, 미군정 실시, 6·25를 통한 남한지원, 그 후의 원조계속 등의 역사를 거쳐오는 동안에 정치적 영향력을 확보하고 있고 그것의 유지에 노력하고 있다. 그러한 역사과정을 거치는 동안 남한의 모든 정치세력은 미국에 정면으로 반대할 수 없는바 이것이 미국의 이익이 아닐 수 없는 것이다.

정치적 영향력은 경제적·문화적 이해를 남한 내에 크게 갖게 하였다. 특히 미국식의 '이데올로기'와 제도가 남한에서 전면 거부되지 않는다는 것은 미국에게 있어서는 중요시하는 것이지 않을 수 없다. 대부분의 다른 이익은 거기에서 파생될 수 있기 때문이다.

앞의 이익들을 유지하고 촉진하기 위해서 미국은 두 개의 크게 다른 길을 놓고 선택할 것이다. 하나는 미군의 주둔과 남한에 대한 제원조 및 압력작용이라는 직접적이고 적극적인 선택지가 있고 다른 하나는 앞의 제이익을 송두리째 없애려는 위험을 제거하여 이익을 지키는 간접적·소극적인 선택지가 그것이다. 미국은 지금 앞의 길보다도 뒤의 길로 점차 가고 있음이 분명하다. 그러나 가까운 장래까지에는 두 개의 방법을 병행할 것으로 보인다.

또한 미국의 입장에서 보면 남한에 자유정부가 존재함으로써 미국의 주된 활동무대인 태평양의 안전을 유지할 수 있다. 이 점에서도 미국은 남한에 대한 군사적·경제적·정치적 지원을 하지 않을 수 없다.

미군주둔은 여러 측면에서 미국의 이익을 지키는데 도움이 된다. 한국정부와의 상관관계에서 유리한 입장에 있을 수 있어 그의 영향력을 지키게 된다. 상당기간 동안은 일본이 경제에 이은 정치의 진출을 할 수 없게 할 수 있다. 북한의 전쟁 도발을 억제하여 현상 안정 속에 있을 수 있다. 또 소련의 태평양 진출을 견제할 수 있다. 이러한 부수효과들이 있는 한은 미군이 곧 철수할지도 모른다는 생각은 정확한 판단에 기초를 두었다고 보기 어렵다.

소련의 입장에서 보면 북한에 공산정권이 존재함으로써 동해를 장악할 수 있고 그에 따라 극동의 소련 영토를 보전하고 중공에 대한 포위망 구축의 기점과 대미 견제기점을 확보할 수 있다.

소련이 한반도를 통하여 이러한 이해를 갖기 때문에 정책 선택은 자연히 미국이 취한 것과 비슷한 행동을 취하게 된다. 다만 군대의 주둔만은 지리적 근접성, 중공과의 관계 등으로 인해서 미국 방식을 쫓지 않고 있는 것이다.

중공의 경우는 소련보다도 더 긴박한 이해관계가 한반도에 있다. 중공으로 보면 어느 의미에서는 한국 분단이 중공의 안전에 도움을 주고 있다고 생각할 수 있다. 중공에게는 만주의 안전이 중요한바 압록강과 두만강까지의 적대세력 진출이 없기 때문에 이익이 되고 있다고 하겠다.

따라서 중공은 소련과 비슷한 조치를 취하게 되며 해양세력의 진출을 크게 견제하게 된다. 그런데 중공으로서는 일본의 한반도 진출을 가장 경계한다. 지난날의 역사에서나 또 앞으로의 역사에 있어서도 일본은 중공에게 있어서 가장 경계대상이 되지 않을 수 없다.

일본의 경우도 상대적으로는 다른 국가들과 같은 입장에 있다.

앞에 지적했듯이 4강은 각기 자국의 이해를 한반도에 크게 가지고 있다. 그러기 때문에 이 지역을 어떤 한 나라도 독점적으로 장악할 수 없는 것이다. 이러한 상황하에서는 기본적으로 한반도를 완충지대로 두려는 사고가 탄생하게 되어 현상의 균형적 동결을 결과하고 있다고 하겠다. 현상의 균형적 동결은 국제조류 속에서 전쟁을 예방하면서 자기 이익을 보존하는 방식으로서 불가피한 것이다. 따라서 균형적 동결이라는 지금의 상황전개는 현실적 산물인 것이고 시대성을 지닌다고 할 수 있다.

아마도 지금 4강간에 잠정적으로 받아들여지고 있는 균형적 동결 개념에 의한 한반도 문제의 처리방식은 상황변화에 따라서는 긴장축소를 위하여 중립지대화(앞에서 논급) 또는 강대국 보장으로 탈바꿈할 듯도 하다. 이러한 방식들은 어떤 국가도 한반도를 독점지배할 수 없다는 철학이 전제되기 때문에 쉽사리 포기될 수는 없을 것이다.

(4) 미·일의 철학과 한국안보

우리나라의 안전을 보장하는 국제지원력 중에서 가장 두드러진 국가는 미국과 일본이고 그들 사이에 맺고 있는 안보협력체제이다.

한반도에서 6·25와 같은 사태가 다시 일어난다고 가정할 경우 미국과 일본 이외의 협력을 기대하기는 어렵다. 설사 군대를 파견해주는 국가가 있다고 하더라도 그것은 명분 이상의 것이 되지는 못할 것이며 재정 및 물자지원의 경우도 대세의 큰 영향을 주지는 못할 것이다.

그러기 때문에 우리는 우리에 대한 안보지원 국가로서 미국과 일본에 크게 관심을 쏟게 되는 것이고 그들 사이에 맺고 있는 미일안보체제를 중요시하게 되는 것이다.

만약의 사태에 대해서만 미국이나 일본이 중요시되는 것은 아니다. 양국은 현실적으로도 우리의 안보를 뒷받침하는 큰 기둥이 되고 있는 것이다. 미국은 군사 면에서 방위를 담보하는 하나의 기둥이 되고 있고 일본은 경제협력을 통하여 간접적으로 우리의 국방을 부분적이지만 담당하며 미일안보체제를 통해서 간접동맹국이 되고 있는 것이다.

미국과 일본이 우리의 안보에 있어서 이러한 중요성을 갖기 때문에 우리는 이들 나라의 태도를 중요시하게 되는 것이다. 그 가운데서도 미국의 국제문제에 대한 철학과 접근태도 및 한국관은 우리로 보아 깊이 생각케 하는 요소가 아닐 수 없다.

지금 미국의 대외정책을 결정하는 고위층의 세계관은 상관성 이론과 대국주의로 요약할 수 있다. 상관성 이론은 한 지역에서의 안정은 다른 지역에서 안정을 가져오고 한 지역에서의 긴장은 다른 지역에서의 긴장을 가져온다는 생각이다. '닉슨 독트린'에 따라 세계에서의 역할을 줄여야 하는 미국 입장에서는 이러한 이론은 결국 극화를 위한 '체계적 조치'를 하게 하는 것이다. 월남의 분쟁이 다른 분쟁을 유발할지도 모르기 때문에 그것을 끄기 위해서 미국은 다른 곳의 안정을 찾았던 것이며 그 결과는 중공과의 화해였다. 미·중 해빙에 의한 안정이 원인이 되어 월남에서의 안정이 결과될 수 있었다.

같은 방식으로 미국은 한반도에서의 안정을 추구하고 있다고 생각된다. 1971년 초여름에 당시 주한미국대사가 한국에 대한 '중립화 고려'를 말한 적이 있다. 이 중립화는 중립정권에 의한 통일이 아니고 남북이 지금 맺고 있는 방위조약을 무실화하는 것을 뜻한다. 중·소의 북한에 대한 군사지원의 중지와 미국의 남한에 대한 똑같은 조치를 말한다. 이렇게 함으로써 한반도에서의 안정을 이루고 이 안정을 바탕으로 다시 중공이나 소련과 세계적 안정을 이루고 싶은 것이 미국인 것이다.

이렇게 되면 우리는 안보상에 두 가지 엇갈리는 사태를 맞이하게 된다. 하나는 미국과 그 상대인 중·소가 협동하여 한반도에서의 안정(현상유지)을 추구하면 전쟁의 가능성이 훨씬 줄게 된다는 점이다. 이 점에서 보면 평화와 그에 따르는 안보에 대한 위협의 체감현상이 나타날 것이다. 다른 하나는 북한보다 훨씬 불리하게 장래를 맞게 된다는 점이다. 국방면에서 대외의존성이 높은 우리는 미국의 지원이 급격히 줄 경우 안보역량에 큰 타격을 받기 때문이고 국방지리적으로 우월한 군사력이 있어야만 방위가 가능한 우리의 처지로서는 크게 불리한 사태에 처하게 되는 것이다.

미국의 세계문제를 생각하는 또 하나의 특징적인 철학은 대국주의이다. 이 대국주의에 따라 중소국의 운명이 결정될 수도 있기 때문에 우리의 관심은 더욱 커지는 것이다.

미국은 소련 및 중공과의 막후접촉을 통해서 월남과 '라오스' 문제를 해결하였고 중동전쟁을 정지시켰으며 한반도에서의 현상동결에 작용하고 있는 듯하다.

그런데 대국주의에는 두 가지의 개념이 포함된다. 하나는 중소국에 대하여 대국이 그의 영향력을 지키고 행사한다는 것으로서의 의미이고 다른 하나는 대국이 중소국의 분쟁에서 하나의 조정자로서의 역할을 한다는 것의 의미이다. 이 두 개의 뜻이 대국주의라는 용어 속에는 포함되어 있다고 할 수 있다. 전자적인 측면이 너무 두드러지게 나타날 때는 대국이 중소국에게 장비지원을 강화하면서 정치적 이익을 추구하는 현상이 일어나 오히려 긴장의 확대를 초래하게 된다. 이른바 최대개입이 그것이다. 소련은 1960년대 중기에 중동으로의 진출을 위하여 그곳의 '아랍'에 대한 대국주의를 나타내 '이스라엘'과 '아랍'의 전쟁을 결과하고 말았다. 인도와 '파키스탄'의 전쟁이나 1973년의 중동전쟁이나 월남전, 한국전 등은 모두 대국주의적 철학에 바탕을 둔 최대개입 때문에 일어났었다고 해도 과언이 아닐 것이다. 이 대국주의가 한반도에서 아직도 적용되고 있다는데 우리 안보상의 도전요인이 있다고 보아야 한다. 소련과 중공은 서로 북한지역에서 자국의 영향력을 크게 하기 위하여 경쟁적으로 평양에 대한 장비지원을 하고 있는바 이것은 바로 한반도에서의 긴장을 높이는 요인이 되고 있는 것이다.

한편 조정자로서의 역할을 수행하려는 대국주의도 우리의 운명에 적지 않은 작용을 할 것이다. '키신저'의 중공 방문 도중에 한반도 문제가 거론됐을 가능성은 크다. 남북대화나 '유엔'군(미군), 평화보장 등이 논의됐다고 한다면 그것은 분명히 대국의 작용이 우리의 운명에 큰 작용을 함을 보인 예라고 할 수 있다.

조정 지향적 대국주의는 명분면에서는 비록 그것이 중소국으로부터 쉽게 받아들여질 수 없을지 모르나 실제면에서는 중소국에서 전쟁을 예방하고 분쟁을 해소하는 요인이 된다는 점에서 긍정적으로 받아들여질 수도 있다.

(5) 맺음말

이상에서 4강구조 속에서의 한국의 안보여건을 살펴보았다. 그 결과는 미·중·소가 군사적 안정을 이룸에 따라 한반도에 대한 중·소의 외교전이 증대하고 그로 인해서 북으로부터의 위협이 증대할 것이라는 점을 알게 되었다.

그리고 4강은 한반도를 어느 한 나라의 영향하에 독점시키는 것을 인정하지 않으려 하고 그로 인해서 균형적 동결상태를 추구하게 될 것이라고 보았다. 미국의 대국주의 사상은 미국에만 그치는 것이 아니고 중공이나 소련 심지어 일본에서도 볼 수 있는 것으로서 한반도의 운명을 우리의 뜻과는 달리 그들이 요리하려 할지도 모른다는 점을 알았다.

이러한 안보상황은 우리로 하여금 더욱 새로운 생각을 하게 한다. 북에서 가해오는 위협을 둔화시키기 위해서 남북대화를 지속할 수밖에 없고 북으로부터의 위협을 발생케 하는 근원지에 대한 새로운 접근을 하게 된다. 즉 중공과 소련과의 새로운 관계수립을 하지 않으면 안 된다. 그러면서도 역사의 진행에 적응하는 국내적 태세를 갖추지 않으면 안 되는 상황에 처하여 있는 것이다.(『자유공론』, 1974.1)

2) 미국은 믿을 수 있는 우방인가

미국은 미·북 관계개선을 위해서는 남북 관계개선이 필수적인 요소임을 누누이 천명해 왔다. 그러한 천명에도 불구하고 미국은 한국을 돌려놓고 북한과 대화하거나 북한에 호의를 표시하고 있다. 여기서 적지 않은 식자들은 과연 미국을 우방으로 믿을 수 있겠느냐는 우려를 나타내고 있다.

사실 미국은 근년에 와서 한국의 뜻과 상당한 거리가 있는 대북자세를 취해왔다. 이른바 핵무기협상에 있어서도 우리를 소외시켰고, 타결된 내용은 우리의 바람과는 너무 거리가 있는 내용들이었다. 북한 경수로 건설의 대부분의 돈을 우리가 내면서도 우리 이름은 내놓을 수 없는 것으로 정해놓았다.

북한이 심각한 식량난과 경제난에 봉착해 있으면서도 한국에는 손을 벌리지 않고 미국의 도움을 바라고 있는데 미국이 한국의 어깨너머로 북한의 뜻에 따라가려는 듯한 태도를 보이고 있다. 한국전쟁 때 사망한 미군유해 송환을 명분으로 북한대표단을 하와이로 초청해 교섭을 벌이는 일까지 있었다. 공식적인 회담대표를 초청해서 회담을 한다는 것은 외교적으로도 의미가 주어질 수 있을 뿐만 아니라 그 자리에서 관계개선 등 매우 정치적인 문제까지도 논의됐을 것이라는 보도 때문에 더욱 우려를 갖게 한다.

그러면 왜 미·북 접근이 가능하고 또 이루어지고 있는 것인가.

북한으로서는 미국과 직접 접촉하여 현안들을 해결하면 한국을 고립시키면서 바라는 목적을 달성할 수 있다.

북한으로서는 식량은 말할 것도 없고 자본과 기술 등을 남한으로부터 받아들이는 것이 가장 경제적이고 편리하다.

그러나 한국으로부터 원조를 받는다는 것은 북한정권으로서는 치명적인 손상이 될 수도 있다. 주민에 대해 설명할 수 없는 체면손상을 입어 정권유지가 어려워질 수도 있다. 그러니 미국에 손을 내밀게 되는 것이다.

또 세계 최강국인 미국과 대등한 교섭을 계속함으로써 국제지위를 격상시키고 핵심고리를 풀어 서방국가들로부터의 협력도 기대할 수 있다고 보기 때문이다. 핵문제에서 볼 수 있듯이 미국과 해결하니까 서방국가들이 한반도에너지개발기구(KEDO)에 참여하면서 북한에 원자력발전시설을 제공한 것이 그 예가 된다.

한편 미국은 북한의 곤궁과 내부 혼란 시에 남침 가능성이 있다는 우려 때문에 개방을 유도하기 위해서는 북한이 원하는 대로 따라가면서 접근하려는 생각인 듯 하다. 미국은 한반도의 통일보다는 안정에 비중을 두고 있다. 북한이 붕괴되어 남한에 흡수되는 과정에서 일어날지 모르는 위험을 두려워하는 것이다. 북한주민의 대탈출도 같은 맥락에서 바라지 않고 있을 것이다.

또 미국은 현 상태하에서 한반도 문제를 다루는 것이 편리하다고 생각할 것이다. 남북한 모두를 조정할 수 있다고 생각할 수 있기 때문에 한국을 부분적으로는 견제하면서 북한을 고무할 수 있는 방안들을 채택하고 있다고 생각된다.

미국의 대북접촉과 진전은 다가오는 미국 대통령 선거와 관련하여 놀랄 정도로 이루어질 수도 있다. 대통령 선거에 크게 활용할 수 있기 때문이다.

이렇게 미국과 북한은 서로의 이익이 있어 접근을 서두르고 있다. 미국은 한국과 '인식을 같이' 하면서도 실익을 얻기 위해서 남북 관계 개선 전이라도 북한과 모종의 흥정을 할지도 모른다.

그러나 미국은 목전의 작은 실리를 위해 대의명분을 잃는 우를 범해서는 안 될 것이다. 진정한 우리의 우방으로 인식되기를 바라기 때문이며 장기적으로는 더 큰 손실을 볼 것이기 때문이다. 그리고 북한은 적화통일의 망상에서 벗어나 주민을 살리기 위해 한국과의 관계개선에 적극 나서야 할 것이다.(『자유공론』, 1996.3)

3) 한·미·일 공조는 유지될 것인가

한국과 미국 그리고 일본의 당국자들은 제주도에서 모임을 갖고 4자회담을 중심으로 한 대북자세에 대한 의견을 조정하였다. 발표된 바에 따르면 북한이 미국에 요구한 4자회담의 진의와 목적설명에 대해서는 회담을 한·미 양국이 공동으로 제의했으므로 설명을 하게 되면 두 나라가 공동으로 해야 한다고 했다.

이 부분이 중요한 대목이다.

북한은 4자회담 문제가 제기되기 전에 휴전체제의 대체를 위한 평화협정의 체결을 미국에 끈질기게 제안해 왔다. 그것은 말할 것도 없이 한반도 문제에서 남쪽을 배제하려는 의도를 드러낸 것이다. 그리고 그 명분을 휴전조인 당사자론에서 찾고 있다.

한국이 조인당사자가 아니더라도 현실적으로 한반도의 평화문제는 남북 간 문제라는 성격이 강하여 한국이 참여해야 한다는 주장에 대해서 북한은 남북한은 화해와 협력에 관한 협정을 맺었다는 것을 핑계로 한국배제를 분명히 하고 나섰다.

이렇게 북한이 한국배제를 강력히 밀고 나오자 한·미 양국은 4자회담이라는 제의로 북한의 한국배제 기도를 봉쇄하는데 힘을 같이 했다. 한·미 양국의 반격에 명분을 찾지 못한 북한은 제의의 목적을 미국에게 물어 한국배제를 다시 시도했고 한·미 양국은 이번의 공조발표로 쐐기를 박았다. 그리고 이 작업에 일본도 도움을 주었다.

그러면 과연 북한을 상대로 하는 세 나라의 동일보조가 계속될 수 있을 것인가. 순조롭다고만 하기는 어려울 것이다.

그동안에도 미국은 수교문제(대표부 설치문제), 쌀 지원문제, 핵문제, 미사일문제 등과 관련하여 우리의 희망보다 앞서 갔고 우리의 어깨 너머에서 북한과 접촉하였다. 제주도에서 실무당국자 간에 공조를 다짐하고 있는 와중에도 북한에 대한 지원을 말하고 있었던 것이다.

겉으로는 우리와 공조하면서 북쪽과 물밑접촉을 하고 있다는 느낌이다. 이중전략을 구사하고 있는지도 모르겠다. 그것이 떼쟁이를 달래기 위한 전술이면 별문제지만 남북쌍방에 이중플레이를 하는 것이라면 문제가 아닐 수 없다.

일본의 경우는 더욱 그러하다. 대북접근에 있어 최근 일본은 미국을 뒤쫓고 있는 것에 대해 매우 난감해 하는 느낌이다. 전에는 일본과의 접근이 더 깊은 것으로 생각되었으나 지금은 뒤지고 있는 것이다.

그럼에도 불구하고 종래의 행태를 보아 일본은 한국과의 공조에 덜 신경을 쓸 것으로 보아야 한다.

미국이든 일본이든 그들 나름의 국가이익이 있어 그것이 우리의 이익과 맞을 때는 공조가 유지될 것이고 상충할 때는 공조가 무너질 것이다. 미국과 일본이 때로는 북한카드를 사용하여 한국에게 압박을 주고 한국으로부터 보상이익을 챙기려 할 때도 분명히 있다고 본다. 그리고 어떤 때는 그 반대일 수도 있다.

그러니 공조가 항상 가능하고 지속될 수 있다는 생각은 아예 말아야 할 것이다. 그럼에도 불구하고 보다 큰 것을 얻기 위한 공조노력은 불가피하다. 무조건적인 우방의 시대가 가고 조건적인 우방의 시대가 왔기 때문이다.

때로는 보다 큰 국익을 지키기 위해서 미·일과 대립을 각오한 꿋꿋한 자세가 요구된다. 그들의 뒤만 쫓아다닐 수만은 없지 않은가. 그러나 또 때로는 유연한 자세가 요구되기도 할 것이다. 그들은 아직은 큰 줄거리에서 본 국익을 추구하는데 도움이 되는 나라들이기 때문이다.

이렇게 미국과 일본은 우리에게 있어 중요한 우방이기는 하지만 무조건적인 우방은 아니다. 그러기에 한·미·일 공조는 기본 틀에서는 유지되겠지만 여러 작은 문제들을 안게 될 것임을 알아야 한다.(『자유공론』, 1996.6)

4) 다시 안보 시들증인가

올해는 유난히도 안보와 관련된 큰 사건들이 많이 일어난 것 같다. 북한 고위당국자들은 종래에 주장했던 '전쟁불가피론'을 금년에 와서 더욱 강조하고 있다.

국내적으로는 연세대에서 있었던 한총련의 친북 구호하의 폭력시위 사태로 온 국민이 경악한 바 있다. 가을이 되면서 '북한 무장공비' 사건이 일어나 국민뿐만 아니라 세계가 놀랐다.

이러한 일들로 해서 잠시나마 정부와 여야정치인은 물론이고 국민 모두가 안보에 대한 경각심을 새롭게 했다. 정부와 여당은 야당의 협력을 구했고 야당도 흔쾌히 지원할 것을 약속했다. 통일교육법 제정, 전투력 증강 예산 확보, 안기부법 개정 등의 준비를 발표했다.

하루가 멀다 하고 나오는 당국의 발표에 국민들은 불안과 우려를 씻으며 안보 통일문제에 대한 재인식을 하였다. 그러나 말로 발표된 것들이 어떻게 구체화되는 것인지를 알지 못하는 국민들은 매우 궁금해 한다. 긴장은 잠깐이고 여야 할 것 없이 중진 지도자들이 '차기'에 너무

관심을 쏟는 것 아닌가 하는 생각도 할 것이다.

심지어 일부 사회지도층 인사 중에는 다른 시각에서 상황을 흐려 놓으려 하고 있을 정도이다. 다시 안보불감증에 빠지는 것이 아닌가 하는 우려의 목소리가 일고 있는 것이다.

특히 북한의 내년 장거리 미사일 실전배치설과 한반도 핵전쟁 가능성 등의 문제가 제기됐는데도 지도층에서 적극적 대처를 하지 않는 듯하여 안타깝다.

북한이 내년에는 1천km 사정거리의 미사일을 실전에 배치할 가능성이 있다고 국방장관이 국회에 보고한 바 있다. 1천km면 신의주에서 부산을 직접 공격할 수 있으니 실로 가공할 일이 아닐 수 없다. 부산, 울산, 포항, 광양 등의 공업시설은 물론이고 원자력 발전소를 공격하여 폭파시킬 수 있으니 앉아서 원자탄과 화생무기의 세례를 받게 되지 않겠는가.

이런데도 정부는 구체적 대응을 보이지 않고 여론지도층이나 정치지도자들도 별 의견을 내놓지 않으니 안보시들증으로 다시 되돌아 간 것이나 아닌지 걱정이다.

더욱 놀라운 것은 와인버거 전 미 국방장관이 '다음번 전쟁'이라는 가상소설에서 몇 년 뒤 한반도에서 핵전쟁이 일어난다는 상황을 설정하고 있다는 것이다. 북한의 공격(핵 등)으로 서울 북방 전선이 붕괴되고 서울은 나흘 만에 점령된다는 것이다.

북한 당국자의 '서울 불바다' 운운과 '백배 천배 보복' 운운의 말을 들어온 국민들은 핵공격이나 화학·생물 무기의 공격 예상에 불안해 할 수밖에 없는데도 소설이기 때문에 설마 하고 있는 것이다.

그러나 저자가 전 미 국방장관이니 우리 당국자나 여론지도층은 소설의 비현실성을 설명해주어 불안을 없애 주어야 마땅하지 않은가. 그리고 그것이 현실성이 있는 것이든 없는 것이든 전 미 국방장관으로서 적어도 한반도가 위험지대임을 알리는 메시지로 보아야 한다.

  따라서 다시 고개를 들기 시작한 환상적 통일관과 안이한 대북 및 안보관은 경계되어야 한다. 적어도 북한의 비정상적 대남자세가 바뀌고 남북공존관계가 구체적으로 현실화될 때까지는 통일 안보문제에 대한 불감증이 다시 생겨서는 안 되기 때문이다.(『자유공론』, 1996.11)

5) 북·일 관계개선과 한국

  북한과 일본은 2000년대에 정상적인 관계를 갖고자 지난해 말 평양에서 고위급 정치회담을 가졌다. 일본의 전 총리를 비롯한 각 당 중진들과 북한의 고위급 정치인들은 조속한 시일 내에 관계 정상화를 위한 국교정상화 회담을 갖기로 하고 식량지원 등 경협에도 합의했다.

  지난 얼마간 북·일 관계는 크게 악화되어 있었다. 그런데 일본이 북한과의 관계개선에 적극 나서게 된 배경은 무엇 때문인가. 그것은 말할 것도 없이 미·북 관계가 진전되는 데 대한 두려움 때문이다. 일본은 미·북 관계를 고려할 때 속히 북한과의 관계개선을 위한 조치를 취하지 않으면 대북 관계개선에 있어 다른 나라에 뒤지고 그에 따라 얻을 수 있는 실리를 놓칠까 염려한 것이다.

  어떻든 북·일간의 국교정상화 회담이 열리게 되고 쌍방관계가 달라질 조짐을 보였다. 그럴 경우 우리는 어떤 영향을 받게 될 것인가.

  북·일간의 관계정상화가 공식적으로, 그리고 본격적으로 논의되기 시작한 것은 1990년 9월이다. 이때 일본 자민당 부 사무총장과 사회당을 포함한 각 정당소속 의원들로 구성된 대표단이 북한을 방문해 관계 정상화를 논의한 바 있다. 일본 의회의 이러한 노력으로 1991년 1월 베이징주재 양국 대사관에서 정상화 협의가 구체적으로 진행되기에 이르렀다.

  그러나 1992년에 이르러 북한은 일본과의 수교에 앞서 미국과의 관계개선이 중요하다고 생각해서 정책 우선의 방향을 미국으로 돌렸다.

미·북 쌍방의 필요에 의해서 접촉이 있게 되고 종국에는 1994년 제네바 핵합의를 이끌어냈던 것이다. 미·북간의 접촉이 활발히 진행되는 동안 북·일 관계는 진전이 뜸할 수밖에 없었다.

그러다 1998년 8월 31일 북한의 대포동 미사일이 발사돼 일본영토를 통과하는 사건이 일어났다. 일본은 즉각 KEDO사업 지원 중단, 대북식량 지원 중단, 양국 전세기 직항노선 폐쇄 그리고 대북정상화 협상 연기 등 일련의 강경조치를 취했다. 지난해 봄 북한 간첩선으로 추정되는 선박의 일본영해 침범이 있자 쌍방관계는 더욱 악화되었다.

잔뜩 화가 나 있는 일본의 마음을 돌리게 한 것은 한국과 미국의 대북화해정책 및 3국 공조를 위한 노력으로 보인다. 한국과 미국이 대북포용정책을 추진하는 상황에서 일본만 빠지거나 처지게 될 때 입는 손실을 일본이 생각했을 것이다. 1999년 초겨울 일본 고위 정치인들의 방북과 그에 따르는 국교정상화 회담 재개합의가 나오게 된 바탕이 여기에 있다.

북·일 국교정상화 회담이 재개된다고 해도 쉽게 문제가 풀릴 수는 없다. 단순히 북한과 일본의 관계에서만 처리될 수 있는 문제가 아니기 때문이다. 일본의 경우 한·일 기본조약을 고려해야 하고 미·일 안보조약을 생각해야 하며 일본 자체의 국익도 고려해야 하는 3중의 어려움이 있는 것이다.

한국과의 관계를 고려할 때 일본은 한국의 '유일 합법성'에 대한 조약상의 문제, 배상 문제, 재일동포 문제, 한국의 대북포용정책 등과의 조정이 필요하다.

그리고 일본의 대북정책이 미국과 한국을 고려하지 않고 독립적으로 수립된다면 미·일 안보체제 내에서 미국과의 우방관계를 유지한다는 기본 국책을 버리는 것이 되고 그것은 매우 심각한 결과를 가져오게 된다.

한편 일본이 미국보다 앞서 북한에 진출하기 위해서 조기에 관계정상화를 서두르게 된다면 일본의 국익이 상당히 손상 받을 수밖에 없다. 북한에 유리한 조건들을 수용해야 하기 때문이다.

이렇게 일본의 대북관계정상화 추진에서의 딜레마는 북한은 물론이고 한·미·일 세 나라와의 입장 조정과 균형까지도 고려해야 하는 어려움이 있다.

북한도 역시 반대의 입장에서 비슷한 고민에 빠지게 된다. 특히 미국과의 관계를 고려하게 된다. 일본과의 정상화와 미국과의 정상화는 깊은 연관이 있고 첫 단추가 하나의 모형이 되기 때문이다. 뿐만 아니라 북한은 북한 나름의 '유일 주체성'을 강조하기 때문에 한국과의 관계가 큰 걸림돌이 될 것이다.

여러 어려움에도 불구하고 북·일간의 국교수립이 2000년대에는 이루어질 것으로 보인다. 미·북간의 국교수립 역시 그럴 것으로 생각된다. 한반도 주변국의 남북한에 대한 교차승인이 이루어질 날이 멀지 않았다는 것이다.

그렇게 되면 우리는 몇 가지 문제에 봉착하게 될 것이다. 첫째, 단기적으로는 한반도의 안정과 평화정착에 기여할 것이지만 장기적으로 통일에 오히려 도움이 안 되거나 늦어질 수도 있다는 점이다. 교차승인은 한반도의 '안정 분단'이 제도화되는 것을 뜻하기 때문이다.

둘째, 미·일의 일방적 협력과 지원을 받아온 한국의 위치가 달라진다. 미국과 일본이 한국과 맺고 있는 조약을 유지할 수 있게 된다고 해도 한국 쪽에 일방적으로 손들어 주거나 기울 수는 없게 되기 때문이다.

셋째, 앞의 것과도 관련되는 것이지만 한반도 유사시 미·일의 대 한국 지원이 제약을 받을 것이다. 교차승인 자체가 한반도의 안정분단을 전제로 하는 것이기 때문에 '유사시'의 상황이 예방될 수 있다고 생각할 사람도 있겠으나 어느 시대 어느 곳에서나 '유사시'의 안보 위험상황은 일어날 수 있는 것이다.

넷째, 미·일의 대북 관계개선과 수교가 과연 북한을 개혁·개방으로 인도하게 될지에 대한 확신이 없다는 점이다. 어떻게 보면 북한은 미국과 일본을 경제적 이익을 위해 이용만 할 가능성도 없지 않다.

다섯째, 북·일 수교는 일본의 바람이 한반도 남쪽뿐만 아니라 북쪽까지 미치게 됨을 뜻하므로 통일 등 민족운명 결정에 더욱 복잡한 구조가 생길 염려가 있다.

이러한 문제점들이 있음에도 불구하고 북·일 수교는 우선적으로 중요시되고 있는 한반도와 동북아의 평화에 단기적으로나마 기여할 수 있는 등의 긍정적 측면도 없지 않다. 따라서 부정적 요소들은 수교의 속도를 가지고 상당부분 해소해 나갈 수 있도록 한·미·일 협력으로 조절해야 할 것이다. 그러면서 우리 문제를 우리가 주도적으로 해결해 가려는 자세와 노력을 기울여야 할 것이다.(『자유공론』, 2000.1)

6) 남북관계: 불안한 평화구조

한반도 상황은 완전한 평화상태라고 볼 수 없다. 그렇다고 완전한 전쟁상태도 아니다. 전쟁도 평화도 아닌 독특한 중간상태가 반세기나 지속되고 있는 것이 현금의 한반도 상황이다.

1950년 6월 일어난 6·25전쟁은 1953년 7월 맺은 정전협정으로 포화는 멈추었다. 그러나 이것은 군사적인 정전일 뿐이다. 정치적으로 전쟁을 완전히 종식시키는 후속조치를 취하지 못한 채 비정상적인 상황이 지속되고 있는 것이다.

이 같은 이상한 체제가 장기간 지속된 역사의 유례를 찾아볼 수 없다. 즉, 현재의 상태는 완전한 평화상태로 진행되던가 다시 전쟁상태로 바뀔 수 있다는 것이다. 우리는 현 상태가 완전한 평화 쪽으로 진행되기를 바랄 뿐이다.

그렇다면 한반도에 다시 전란이 일어나지 않도록 전란을 억제하거나 평화를 촉진시키고 있는 요인은 무엇인가? 국제상황, 남북상황, 남북의 내부상황 가운데 중요한 평화유지 요인을 생각해 보기로 한다.

남한에는 지금 6·25 이후 계속 미군이 주둔하고 있다. 주한미군은 한반도 평화를 확보하는 '유엔군'의 성격을 지니고 있다. 또한 미군은 한미 방위조약에 따라 한국의 방위를 담보하는 '동맹군'으로서의 성격도 지니고 있다. 이중적 성격을 지닌 외국의 주둔군인 것이다.

따라서 유엔군의 성격을 갖고 있는 미군 주둔지인 남한을 북한이 공격하기는 쉽지 않을 것이다. 유엔을 명분으로 하는 대반격군을 모아 북한을 궤멸시킬 것이기 때문이다. 그리고 실제면에서도 특히 북한이 남한을 공격할 경우 세계최강 미국의 자동개입을 초래하게 된다. 현 부시 행정부는 북한을 '악의 축'의 하나로 보고 있어 북한이 전쟁도발이라는 자멸의 길을 택할 수는 없을 것이다.

1950년 6월의 남침전쟁은 미국의 한국방위 포기라는 호조건 아래 감행되었다. 즉, 미국은 1950년 초 알류산-일본 오키나와-필리핀을 연결하는 소위 AJO 방위선을 발표하였다. 한국과 대만 방위를 포기했던 것이다. 때문에 한반도 공산화를 꿈꾸던 소련과 북한으로 하여금 남침할 생각을 갖게 했다. 적지 않은 사람들이 이 같은 분석을 하고 있는 것이다.

그런데 지금은 미국이 한국방위를 형식면에서는 한미 상호방위조약을 통해 보증하고 있고, 실질면에서는 군대 주둔으로 담보하고 있다. 미군 때문에 전쟁이 억지되고 있는 것이라면 미군철수 주장은 결과론적으로는 전쟁유발을 자초하는 것임을 알아야 한다.

국제정세 면에서 한반도 평화를 돕고 있는 또 다른 상황은 러시아와 중국이 북한을 부추겨 남침토록 하지 않는다는 점이다. 북한이 전쟁을 하려면 러시아와 중국의 지원이 절대적으로 필요하다. 재정, 무기, 전쟁물자 지원을 두 나라로부터 받지 않고서는 전쟁을 수행하기 어렵다. 1950년 남침전쟁이 가능했던 것은 소련과 중국의 물심양면의 지원과 병력지원이 있었기 때문이라는 것은 다 아는 사실이다. 소련과 북한의 합작과 중국의 협력으로 전쟁이 일어난 것이다. 그리고 전쟁 중 두 나라는 거의 전면적인 지원을 했다.

그러나 지금은 중국이 북한과 동맹조약을 맺고 있기는 하나 전쟁을 부추길 뜻이 없다. 러시아도 준동맹조약을 맺고 있지만 중국보다도 북한에 대한 지원에 소극적이다. 뿐만 아니라 이 두 나라는 한국과 수교를 맺고 있고 경제와 사회면에서는 북한보다 더 밀접하게 교류, 협력하고 있다. 따라서 러시아와 중국은 미·일과 마찬가지로 전쟁재발을 부추기기보다는 현 상태가 유지되도록 노력하고 있다고 보아야 한다.

북한은 지금 약 120만 명의 병력을 보유하고 있다. 남한의 70만보다 훨씬 많은 병력이다. 그리고 일반주민의 가난한 생활과는 달리 '선군정치', 즉 군대 우선주의를 택하고 있어 군대의 사기도 높은 편이다. 군사적으로는 충분히 공격해올 능력이 있다고 볼 수 있다. 뿐만 아니라 8개의 화학무기 공장과 상당수의 생물무기 생산시설을 가지고 있다. 이들 화생무기를 프로그 미사일이나 스커드 미사일 또는 거포(巨砲)에 장전하여 남쪽을 향해 동시에 발사할 수도 있다. 실로 가공할 위력이며 남쪽에 극심한 피해를 입힐 수 있는 전력이다.

이렇게 군사면에서만 본다면 남침전쟁을 다시 일으킬 마음이 생겨날 수 있을 것이다. 그러나 전쟁 수행력은 군사력으로만 평가될 수 없다. 충분히 경제적 뒷받침이 있어야 한다. 장비를 계속 보급하기 위해서이다.

제3장

군의 방위태세는 어떠한가

1. 한미 연합작전훈련의 특징과 목적

한국과 미국의 연합군은 1978년 3월 7일부터 17일까지 11일간의 연합작전 훈련을 실시한바 있다. '팀 스피리트(단체정신) 78'이라는 이름으로 실시된 이번의 작전훈련은 2월 28일 김해 공군기지에 제1진이 도착하면서부터 한반도에서의 작전훈련의 준비와 시행이 시작되었던 것이다.

한미간의 연합작전 훈련은 수년간 해마다 실시되어 왔다. 그리고 훈련내용에 있어서도 지난날의 그것에 비하여 큰 차이가 없다. 그럼에도 불구하고 이번에 실시된 훈련에 대해서는 그것이 실시되기 전과 실시되는 과정에서 또 실시 후에도 매우 큰 관심을 끌게 하고 있다. 그것은 훈련 자체가 갖는 어떤 특징이 있기 때문이기도 하겠거니와 주한미군 감축이 현실화되는 시기와 훈련시기가 시간적으로 보아 맞아떨어지기 때문으로 보인다.

사실 지난 1970년대 초에 미군의 1개 사단 철수가 실시됐을 때에도 '포거스·레티나' 작전과 같은 매우 중요하고도 큰 미군의 훈련이 실시된 바 있다. 그러한 선례에 비추어 이번의 훈련도 필시 철(감)군과 깊은 관련이 있을 것이라는 생각에서 관심이 커졌다고 보겠다.

그러면 과연 이번의 작전훈련은 어떤 목적을 가지고 실시된 것이라고 보아야 할 것인가? 감군과 관계가 있는 것인가? 아니면 무관한 것인가? 그 경우 무엇을 얻기 위해서 실시된 것인가? 이런 문제에 대한 해답을 얻기는 쉽지 않을 것이지만 적어도 어떤 유추에 의한 상정은 가능할 것이다.

그것을 알기 위해서는 이번에 실시된 훈련이 지니는 내용면의 특징을 살필 필요가 있다. 그 속에서 미국 또는 한미 양국이 얻고자 하는 목적이나 목표를 이해하는데 도움이 될 수 있는 요인을 찾아낼 수도 있기 때문이다. 그리고 이번 작전훈련이 미국주도로 이루어졌다는 점에서 미국의 극동전략을 간단히 살필 필요도 있을 것이다. 그것들을 기초로 하여 훈련의 의의를 생각해 보려는 것이다.

1) 훈련의 특징

우리는 훈련과 관련하여 시간이나 장소 등 환경적 요소와 규모나 성격 등 내용적 요소라는 측면에서 그 특징을 찾을 수 있을 것인바 그것을 열거하여 보자.

첫째, 시기적으로 보아 미 지상군 감축의 실시(한미연합사의 설치)에 앞서 행해졌다는 점이다.

미국은 카터 대통령의 구상에 따라 주한미군 철수정책을 1977년에 결정한바 있다. 비록 그것이 1978년에 이르러서는 '철수'라는 용어 대신 '감축'(3월 17일에 웨이크·포리스트 대학에서의 연설)이라는 말을 처음으로 사용하기는 했으나 한반도로부터의 지상전투군이 상당수 빠져나

가게 되어 있는 것이다. 철군정책과 관련한 제문제를 협의한 1977년의 한미안보협의회에서는 1978년에 제1진이 철군한다는데 합의하고 그 대신 한미연합사 설치와 장비지원 등의 '보완조치'를 하도록 되어 있다.

그런 점에서 볼 때 이번의 작전훈련은 분명히 금년에 개시될 철군과 깊은 관련이 있다고 보겠다.

둘째, 장소적으로 보아 훈련의 실시가 주로 수도북방에 초점이 두어지면서 행해졌다는 점이다.

군사지리적인 면에서의 한국의 가장 큰 취약점은 수도권이 휴전선에 인접해 있다는데 있다. 그 수도권은 한국 전체 국부의 약 반이 집중되어 있는 것이다. 따라서 수도권을 장악하는 것이 적군에게는 일차적인 목표가 된다.

그런데 이번에 실시된 작전훈련은 수도권을 확보하고 적을 격퇴하는데 중점을 두고 있다는 점에서 큰 뜻이 있다. 지난날에 실시된 '포커스 · 레티나' 훈련 때에는 미군이 강남지역 평야를 중심으로 하여 적을 저지하는 내용이었다. 그것은 수도의 일시적 포기를 전제로 하는 작전개념인 것이다.

수도권 북방을 중심으로 하여 작전훈련이 전개됐다는 것은 한미 양군의 작전개념이 수도사수임을 나타내는 것이며 철군이 있다고 해도 수도확보를 위한 지원이 있게 됨을 표시하는 것으로 받아들일 수도 있다.

셋째, 기간에 있어 11일간이 비교적 긴 것이었고 또 뜻을 내포하는 것이었다는 점이다.

전략단위의 한미연합작전훈련이 이번만큼 오랫동안 실시된 적은 없었다.

한반도에 예상될 수 있는 단기전을 완전히 끝내는 작전이었기 때문에 그만큼의 기간이 소요되었던 것으로 풀이된다.

전 1군단장(홀링스워드)이 9일 전쟁론을 전개한 것과 관련하여 생각할 때 이번의 작전은 전쟁의 발발로부터 결말까지의 기간을 11일로 잡고 그 모든 과정을 거치는 작전훈련임을 알리는 것이라고 보겠다. 따라서 앞에 지적한 수도권 사수개념과도 관련되는 것이다.

넷째, 규모에 있어서 매우 거대성을 보이고 있다는 점이다.

병력수만 보더라도 한국의 현역 및 동원예비군 및 미군(3만여)을 합하여 11만 8천 명에 이른다. 그리고 동원된 장비에 있어서도 제7함대의 항공모함(미드웨이호)를 비롯한 16척의 함정과 E111 전천후 요격기와 A7 근집지원기 등 2백 62대의 항공기 그리고 랜스 지대지미사일, 샤파랄 지대공미사일, 레드·아이 지대공 휴대용미사일 등의 유도무기 등 규모가 크고 새로운 것이 많았다.

이렇게 동원된 군사력의 질과 양의 규모는 매우 큰 것이었다.

규모가 이렇게 컸던 점으로 보아 이번의 작전훈련은 결코 전술적인 것이 아니며 전략수준의 것임을 알게 된다. 특히 유도탄 부대의 참여는 훈련의 중요성을 가중시킨 것이었다고 생각된다.

다섯째, 참가군의 성격에 있어서 복합적인 연합 및 합동군 작전이라는 점이다.

한국군과 미군이 같이 참여한 연합작전이며 육해공군과 해병대 및 예비군까지 참가한 합동작전이다.

연합작전에 있어서도 한국군과 미군이 별도의 작전체제하에서 연합하기보다는 일부의 미군이 한국군체제 속에서 연합작전을 했다는 점에서 뜻이 더 있다. 미 제25사단(하와이)의 일부와 제2사단(한국)의 1개 여단이 한국군 지위하에 배속되어 그 지휘를 받았던 것이다.

이러한 복합적인 군대의 참여 특히 한미연합군의 참여는 주한미군 제1진의 철수 전에 설치키로 한 연합사령부의 운영을 사전에 실험해 보는 것이었다고 평가된다.

여섯째, 훈련내용에 있어서 매우 다양성을 보였다는 점이다.

공수, 도하, 상륙 등의 수송작전, 소해, 대잠, 보급 등의 해상작전, 비상출격, 근접지원, 비상활주로 착륙, 공중공격 등의 공중훈련, 군수지원, 야전, 미사일전, 탱크전 등 지상전 훈련 등 매우 다양하면서 입체적인 것이었다.

그 대부분의 경우 한미 간의 연합작전이었다. 그런데 한미군으로 이루어진 특수부대(육·해·공)가 적의 후방침투에 의한 게릴라전을 분쇄하는 훈련을 실시했다는 것은 중요한 뜻이 있다고 보겠다. 그리하여 정규전과 비정규전, 육전과 해공전 등 모든 전쟁에 대비한 작전훈련을 실시했던 것이다.

2) 훈련의 목적과 의미

이번의 작전훈련은 한국이 남침을 받았을 경우라는 가상 상황하에서 한미 양군(연합군)이 어떻게 이를 방위하고 반격할 것인가를 점검하는 데 군사적인 목적이 있다고 알려지고 있다. 이 목적을 달성하기 위하여 ① 미국의 육해공군의 한국으로의 전략적 전개, ② 한미공군의 제공권 장악, ③ 한미연합 상륙작전, ④ 기동부대에 대한 군수지원 등이 훈련에서 실시되었다.

그러나 이번의 작전훈련이 지향하는 목적은 단순히 그러한 점에만 있었다고 보기 어려운 점이 없지 않다. 과연 이번의 작전훈련이 어떤 것을 목적으로 또 노리고 실시된 것인가? 그것이 어떤 의미를 갖는 것인가? 그런데 그것은 정치적 목적 및 의의와 군사적 목적 및 의의로 나누어 생각될 수 있을 것이다. 정략과 전략이 모두 포함되어 실시된 훈련이라는 것이다.

첫째, 한국방위에 대한 미국의 결의를 뚜렷이 함으로써 북한에게 경고적 효과를 내고 한국에게 심리적 안정을 가져오는 뜻이 있다.

미국의 주한군에 대한 감군정책은 기정된 것이다. 1950년의 한국전 이후 계속하여 한국에 대한 방위를 감당하여 왔던 미국이 그 실증과 담보로서의 주한미군을 철수한다는 정책이 결정되자 북한에서는 환영의 빛이, 남한에서는 불안의 빛이 감돌았던 것이 사실이다. 이 두 가지가 결합되어 북한의 남침을 유발할 수도 있다는 우려가 한국뿐만 아니라 미국이나 일본 등 다른 나라에서도 일고 있는 것이다.

이러한 상황하에서 미국으로서는 한국의 피침우려를 해소시키고 북한의 남침야욕을 약화시키는 조치를 취할 필요가 있었던 것이다. 이번의 훈련은 그것의 실증적 행동화이고 조치가 되는 것이다.

미국의 한국에 대한 방위결의는 철군협의를 했던 작년의 한미안보협의회에서 뿐만 아니라 지난 17일 카터의 연설에서 나타난다. 즉 그는 일본과 한국을 미국의 이해와 밀접히 연관되어 있는 지역으로 표현하고 '강대국의 사활이 걸린 이해가 교체되는 지역'이라고 표현하고 있다. 그리고 지난 2월 2일 브라운 국방장관도 1979년도 국방보고서를 통해서 한국방위결의를 뚜렷이 하고 있는 것이다. 즉 북한이 남침하면 9개 전투비행대대, 2개 해병상륙여단, 제7함대 소속의 전투함 25척 등을 즉각 동원하겠다고 밝혔던 것이다.

카터 대통령의 연설내용 및 브라운 장관의 보고서와 이번의 훈련을 통하여 미국은 북한의 남침야욕을 약화시키고 한국의 불안을 해소시키는데 도움을 주고 있다고 평가된다.

둘째 미국이 동북아에서의 이익을 계속 수호할 뜻이 있음을 밝혀 이 지역에서 계속 군사력을 증강시키고 있는 소련에 대해서 경고를 하는데 뜻이 있다는 것이다.

앞에서도 보았듯이 카터 대통령은 '한일지대'가 미국 이해와 밀접히 연관된 지역으로 '사활이 걸린 이해가 교차되는 지역'임을 역설하고 있다. 그러므로 미국은 '극동에서의 미국의 이익을 보호하고 동맹국들에 대한 공약을 준수하기 위한 역량을 유지하지 않으면 안 된다'고 강조하고 있다. 그리고 브라운 장관의 국방보고서에서도 소련이 극동함대를 계속 증강하고 있음으로 미국의 아시아 방위정책은 소련해군의 위협에 대항할 필요가 있고 동북아에서의 이익을 지키고 조약상의 임무를 계속 수행할 것임을 밝히고 있다.

카터 대통령 및 브라운 장관의 언명과 관련시켜 생각할 때 이번 훈련을 통해 미국에 대해 동북아(한국)는 한국의 이익지역임을 보여주고 또 소련의 세력증강을 경고하는 것이라고 평가된다.

셋째, 고정적 전진지상기지 위주의 전략에서 이동적 후방해양기지 위주의 전략으로 바뀐 미국의 전략을 점검하는 뜻이 있다.

1960년대까지 미국은 아시아 대륙의 주변에서 고정기지를 두어 공산세력과 대치하여 왔다. 그런데 미국은 1970년대에 들어와서는 지상군 중심의 전진적 고정기지 전략이 후퇴하고 해공군 중심의 후방적 이동기지 전략으로 바뀌었다. 지상위주 전략이 해상과 공중위주로 바뀌었음을 뜻한다. 그 일환으로 주한미지상군의 감축이 있게 된 것이다.

그러한 전략의 전환과 관련하여 지상전은 현지민이 감당하는 것을 원칙적으로 하고 미국은 해·공군 지원을 위주로 하는 전략개념을 세우고 있었던 것이다. 즉 미국은 한국에 대해 평상시에는 공군과 해군의 원격지원 전략에 따르고 미국의 이익이 결정적으로 손상되는 유사시에는 태평양사령부 예하 또는 본토의 군사력을 출동시켜 지원한다는 개념인 것이다.

이번의 훈련은 바로 그러한 개념에 따라 '유사시'의 미국의 지원방법과 형태를 보인 것이고 그에 따르는 전략의 실효성을 점검하는 것이라고 볼 수 있다.

넷째, 앞의 것과도 관련되는 것이지만 유사시(한국이 북한으로부터 남침을 받아 미국의 이익이 크게 손상될 우려가 있을 때)에 미국의 지원방법을 알리는데 뜻이 있고 한미 간의 연합작전능력을 향상시키는데 중요성이 있다.

앞에서도 지적했듯이 미국은 한국의 전략적 중요성을 재인식 및 재강조하고 있다. 그와 관련하여 한반도에 유사시에는 적어도 미국이 해·공군뿐만 아니라 부분적으로는 지상전투군까지도 재투입한다는 것이 이번의 훈련에서 밝혀졌다. 이것은 대한방위공약을 실증하는 중요성을 갖는다.

그리고 철군에 앞서 연합사령부를 설치하게 되어 있는데 그 지휘관 및 참모들의 작전능력을 향상시켜 주게 된다. 아마도 이번의 연합작전에 참여한 많은 장병이 연합사령부 및 그 부대를 구성하는 요원이 될 것이다.

이상에서 보았듯이 이번에 실시된 연합작전훈련은 과거에 실시됐던 것과는 많은 점에서 다른 특징을 지니고 있다. 기간이나 규모 및 내용이 매우 길고 크며 다양했다. 그리고 한강 이북에서 전면적·무한정적 작전으로 수행되었다. 전술이 운영되기보다는 전략이 운영되었던 것이다.

전략수준의 거대한 작전훈련이었기 때문에 그것이 노린 목적도 적어도 전략 및 정략적 수준의 것이었다. 한국방위에 대한 미국의 방법과 형태 및 의지를 뚜렷이 함으로서 감군 후의 오산을 막으려는 정·전 양략적인 목적이 있는가 하면 소련에 대한 경고와 일본 등에 대한 안심이라는 정략적인 것이 있었고 순전히 군사적인 목적도 있었다.

그런 점에서 이번의 훈련은 다목적적인 것이었다고 보겠지만 한반도와 관련된 각국에게 미국의 대한방위 결의를 뚜렷이 하고 전략수준의 연합작전능력을 높일 수 있었다는 점에서 한미 간의 '단체적 협동정신(팀·스피리드)'을 발휘하기에 충분했다고 생각된다. 그러나 그와 아울러 미국의 이익이 고정되는 것이 아니고 변화하는 것이라는 점과 관련하여 계산적 정책을 추구하는 미국의 대한지원이 불변의 것이 될 수 없다는 점을 간과해서는 안 된다고 본다. 따라서 우리는 미국과의 협력 속에서도 자결시대에 부응하는 자주국방을 계속 추구할 수밖에 없을 것이다.(『자유공론』, 1978.4)

2. 주변국의 군사정책

지금 전반적인 국제상황의 특징은 이른바 탈냉전에 따르는 대국 간의 평화와 공존이 확고히 뿌리 내리고 있으면서 군사문제보다는 경제적 이해에 보다 주요국이 더 관심을 가지고 있는 점에서 찾을 수 있다. 그러나 대국 간의 화해는 오히려 내부분열에 의한 저강도분쟁을 곳곳에서 야기시키고 있어 세계가 완전히 평화를 누리고 있다고는 볼 수 없다.

특히 한반도에는 탈냉전에 따르는 큰 변화가 일어나지 않고 있다. 남북 간의 긴장은 지속되고 있고 북한의 한국정부에 대한 적대적 자세는 오히려 강화되는 듯하다. 그리고 대국 간의 화해추세로 유럽에서는 군축이 상당히 이루어지고 있지만, 아시아에서는 화해에도 불구하고 군비증강이 계속되고 있는 것이다.

이러한 상황에서는 민족의 생존과 한반도의 평화 및 안전에 낙관적인 생각만 할 수 없게 되었다고 본다. 과연 주변의 중국이나 일본은 어느 정도와 어느 부문의 군비를 증강시키고 있는 것인가. 우리의 안보에 직접 영향을 미치는 북한의 군사력 증강의 특징은 무엇인가. 그리고 주변국 네 나라가 한반도에 대해 어떤 정책을 추구하고 있는 것인가.

이들 물음은 항상 제기되는 것이지만, 냉전이 지속되고 있는 한반도에서 또 주변에 강대국만을 가지고 있는 우리로서는 언제나 관심을 가지고 그 답을 얻어내야만 할 과제를 안고 있다. 이들 물음에 대한 보다 바른 답을 얻을 수 있다면, 아마도 한반도의 평화를 위한 방안을 모색하는데 도움이 될 것이다.

우리 한반도는 남방(해양)세력으로서의 미국과 일본, 북방대륙세력으로서의 중국과 러시아에 둘러싸여 있다. 이 가운데서 미국은 지리적으로 접해 있지는 않다. 그러나 미군이 남한에 주둔하고 있고 역사적·정치적·경제적 이해가 크게 얽혀있기 때문에 주변국이라고 보아야 할 것이다.

이들 네 나라가 모두 정치·경제·군사적으로 큰 비중과 영향력을 가지고 있기 때문에 우리의 운명을 생각함에 있어서는 그들의 한반도정책을 검토하지 않을 수 없다. 대한반도정책을 보다 구체적으로 분석하기 위해서는 이들의 남·북한 관계에 대한 이해관계를 진단·처방해야 하겠으나, 여기서는 그들 나라의 입장과 몇 가지 특징을 한반도정책 속에서 끄집어내어 제시하는데 그치기로 한다.

1) 미국의 입장과 정책

한반도의 운명에 가장 영향을 많이 주는 주변국은 적어도 현재로서는 미국이다. 따라서 미국의 한반도정책이 어떻게 전개되고 있으며, 앞으로 어떻게 전개될 것인가 하는 것이 한반도에게는 매우 중요한 관심사가 아닐 수 없다.

미국의 대외정책은 시계추와 같이 고립주의와 국제(개입)주의의 양축을 옮겨가면서 바뀌어 왔다. 냉전시대에는 대공봉쇄정책을 전세계적으로 펴 국제주의에 크게 의존했다. 그러나 탈냉전시대인 지금에는 유일적 초강대국으로서의 위기관리자의 역할과 지역분쟁의 해결을 위한 조정자로서의 역할을 수행하고 있다. 지역조정자가 되기 위해 미국은 지역중심의 방위전략에 따라 미국의 전진배치와 신속대응의 군사전략을 추구하고 있는 것이다.

그리고 군축, 핵무기 확산금지 등을 통해 평화장치를 만들면서 경제에 치중하는 대외정책을 추진하여 무역개방, WTO, 지적소유권 보장 등을 강력히 추진하고 있는 것이다. 해외주둔군의 비용부담을 현지 국가에 더 가중시키려는 것도 이와 맥락을 같이 한다.

한편, 소련의 해체에 따르는 유럽의 평화와 미국적 통일과는 달리 동북아에서는 중국의 변수 때문에 미국의 이 지역정책을 중국을 포위하기 위한 정책과 한반도의 안정화 정책으로 맞추어지고 있다. 베트남과의 협력, 대만과의 우의증진(이등휘 총통의 초청방미), 대북한 화해 등이 모두 이와 연관된다.

그러면 이러한 기본대외정책과 연관한 미국의 한반도정책은 어떻게 설명될 수 있을 것인가.

첫째, 미군을 계속 주둔시켜 한반도에서의 전쟁 재발을 막고 남한 내에서의 영향력을 계속 보유하는 정책을 취하고 있다. 그 경우 주둔비 부담에 대해서는 한국 측 부담을 계속 증대시켜 나갈 것이다.

둘째, 한반도의 평화정착과 남북관계의 진전을 위해서 남북 간의 직접대화를 지지하는 정책을 취하면서 남한정책에 지원을 계속할 것이다.

셋째, 핵확산방지를 위해 북한에게 제공키로 한 경수로 원자발전시설에 대한 지원과 관계개선을 위한 노력을 계속하면서 한국에 대한 부분적 희생(부담 등)을 계속 추구하고 있다.

넷째, 경쟁자인 소련의 해체에 이어 강국으로 등장하고 있는 중국을 견제하기 위해서 베트남, 대만과의 협력증진과 더불어 한국은 물론 북한에게까지도 우호 또는 관계개선을 추진하고 있다.

다섯째, 소련위협의 제거로 미국은 경제에 역점을 두는 정책을 지향하는 과정에서 대한통상압력(시장개방과 대미수출품 규제 등)을 강화해가고 있다.

2) 러시아의 입장과 정책

금세기에 와서 극동에 대한 보다 적극적인 소련의 관심은 결과적으로 한반도의 분열, 한국전쟁, 냉전질서의 형성 등으로 발전하도록 하는 중요한 원천이 되었다. 그러는 과정에서 소련은 북한을 일방적으로 뒷받침하고 한국과는 적대관계를 유지해 왔다.

그러던 것이 1985년 고르바쵸프가 등장하여 개혁과 개방을 제시하면서 대외정책의 기반이 송두리째 바뀌게 됨으로써 탈냉전에 따르는 쌍방관계 개선의 싹이 텄다. 88올림픽 참가가 있은 지 얼마 안 되는 1990년 9월 30일부터 러시아와 한국의 국교가 맺어지고, 30억 불의 대소경제지원과 급속한 유대관계의 증진이 이루어지게 되었다. 이제 러시아는 한국을 타도의 대상으로 보지 않으며 상당부분에 걸친 협력자로 생각하면서 오히려 북한과는 상당한 거리를 두는 노선전환을 한 것이다.

그러면 러시아의 한반도정책을 정리해 보도록 하자.

첫째, 북한과 맺은 동맹조약 내용을 폐기함으로써 러시아가 북한의 보호자로서의 역할을 포기할 뜻을 보이면서 북한의 군사행동화를 방지하여 한반도의 평화(긴장완화)를 추구하고 있다.

둘째, 한반도의 전쟁재발을 방지하고 긴장을 완화시키기 위하여 군축을 지지하고 한반도의 비핵화정책을 채택하고 있다.

셋째, 한반도의 평화통일을 지지하며 통일에 대한 한국의 정책에 호의적인 태도를 보이고 있다.

넷째, 냉전의 퇴조에 맞추어 한국의 경제지원을 지속시키기 위해서 한국과의 관계를 북한보다도 더 밀접화시켜 가고 있다.

3) 중국의 입장과 정책

역사적·지리적·문화적으로 어느 나라보다도 밀접한 관계를 유지해왔던 중국과 한국은 한반도의 분단 후 파행적으로 치닫고 말았다. 한국전쟁이 일어나면서 중국은 그 우방인 북한을 위해서 한국과 직접 총을 맞대고 싸우는 일까지 생겼다.

전쟁 후에도 냉전의 전개와 병행하여 중국은 북한에 대한 지지와 한국에 대한 비우호적 태도를 취해 왔다. 1972년 닉슨의 중국 방문과 일본과의 수교 및 1978년 미국과의 수교가 있었음에도 불구하고 탈냉전 기운이 본격화될 때가지는 한·중 관계가 계속 냉각된 가운데 유지되었다.

1980년대 말에 와서 경제적 교류가 활발해지면서 1992년 8월에는 한·중 수교가 이루어지고 이제 중국은 제3위의 교역국이 됐고 비적대적인 나라가 되었다. 세계 제1위의 병력과 제3위의 핵전력과 경제력(GNP 순위) 그리고 세계 최대의 인구를 가진 UN 상임이사국인 중국이 우리와 비적대적인 나라가 되었다는 것은 중요한 뜻을 지닌다.

그러한 중국이 취하고 있는 한반도정책은 다음과 같이 지극히 이해타산적임을 유의할 필요가 있을 것이다.

첫째, 한반도의 평화와 긴장완화가 중국의 안전과 경제발전에 기여할 것이라는 전제하에 북한과의 우호관계를 유지하면서도 한국과의 유대도 상당수준까지 유지해가고 있다.

둘째, 중국은 한국의 자본과 기술을 도입하고 교역을 증진시키기 위해서 적극적인 정책을 전개하고 있다.

셋째, 일본과 한국의 핵개발을 예방하고 중국 자체의 안전에도 기여하고자 북한의 핵개발에 반대입장을 취하면서 북한의 남침을 반대하고 있다. 그러면서도 북한의 핵문제와 관련하여 유엔에 의한 물리적 제재를 허용하지 않으려 한다.

넷째, 중국은 남한에 의한 통일을 바라지 않지만 북한에 의한 군사적 통일도 원하지 않기 때문에 남북한이 평화적으로 해결되기를 바라고 있다. 그러나 주변국 중에서 일본과 더불어 가장 통일을 원하지 않는 나라가 중국이라고 본다.

4) 일본의 입장과 정책

일본은 주변국 중에서는 한반도 문제와 관련하여 생각할 때 독특한 위치에 있다. 한반도를 침략하여 지배하다 패망한 나라였기 때문에, 다른 세 나라와는 비교할 수 없는 정치적으로 불리한 점을 가졌고 영향력이 적은 나라였다. 그러므로 한반도 운명 결정에도 가장 영향을 적게 줄 수 있는 나라로 생각되었다.

그러나 냉전기에 미국의 필요에 의해서 일본은 미·일 안보체제 속에서 공짜 안보를 통해서 경제대국이 되었다. 그리고 제2차 대전이 종료된 지 반세기가 지나면서 일본의 정치적 지위는 상당히 향상되었다. 경제력을 바탕으로 하는 정치적 발언권이 강화되었다. 따라서 특히 유엔 안보이사회 상임이사국 진출을 꾀하면서 경제대국에 걸맞는 군사대국화를 노리고 있어 일본도 한반도 운명 결정에 상당한 영향을 줄 수 있는 존재로 부상하고 있는 것이다.

사실 일본은 경제력을 기초로 상당한 군사력을 보유하면서 미국의 그늘에서 탈퇴한 독자적 행동을 자주 보이고 있는 것이다. 이러한 일본이 취하는 한반도정책을 다음과 같이 정리할 수 있을 것이다.

첫째, 남한의 미국 주둔을 계속 지지하여 한반도의 안정에 의한 일본의 안정을 도모하고 경제발전을 보장받는 정책을 유지하고 있다.

둘째, 미·일 안보체제의 테두리 안에서 그리고 유엔의 테두리 안에서 한국과의 협력을 유지하면서도 북한과의 관계개선을 꾀하고 있다.

셋째, 일본은 동북아 내지 태평양 지역에서 비군사적 역할을 강조하면서 경제협력을 통한 정치적 지위향상과 영향력 증대를 꾀하고 있다.

넷째, 북한의 위협을 제일의 위협으로 보고 있는 일본은 북한의 핵개발을 반대하면서 한반도 상황을 전제로 하는 안전보장정책(군사적 증강)을 추진하고 있다.

다섯째, 한국의 통일정책을 지지하면서 남북당사자 해결을 원하지만 기본적으로는 한반도가 분단되어 있는 것이 일본에게 있어 이익이 된다는 입장에서 정경분리 양각외교의 구체적 정책을 시현하고 있다. 뿐만 아니라 200해리 경제수역 선포와 관련하여 독도 영유권 시비를 제기함으로써 한국을 코너로 몰아넣으려는 속셈을 보이고 있다.

이상에서 주변 네 나라의 한반도에 대한 입장과 정책을 살펴보았거니와 그들의 정책은 기본적으로 우리민족의 이익이 아닌 그들의 이해관계를 바탕으로 수립되고 전개된다는 것이다. 네 나라의 이해가 공통되고 있는 것은 한반도의 현상유지(전쟁 없는 분할), 한반도의 안정과 비핵화(긴장해소와 남북한의 핵개발 방지), 남북당사자 간의 대화 등이다.

그러한 공통이해에 바탕을 두고 네 나라가 한국과의 관계에서 역점을 두고 있는 것은 경제적으로 보다 많은 이득을 보려는 것이다. 따라서 경제적 이해관계가 큰 한국은 이들에게 있어 매우 중요한 존재이고 함부로 대해서는 안 될 나라가 되겠다고 하고 있는 것으로 보인다.

5) 북한 군사력의 증강

탈냉전 등 1990년대 신국제질서는 북한에게는 최악의 안보환경으로 이해될 것이다. 강력한 동맹국인 소련이 붕괴하면서 러시아는 북한과의 동맹을 실질적으로 폐기하고 한국과 경제유대를 튼튼히 하고 있다. 다른 동맹지원국인 중국도 한국과 수교하고 경제교류 등 상당한 접근을 하면서 남북 등거리외교를 전개하고 있다. 사회주의권이 와해되고 있어 거의 고립된 상태에서 교조적 공산주의방식을 지키려 하는 북한은 힘겨운 씨름을 하고 있는 것이다.

여기서 북한의 안전을 담보할 수 있는 유일한 수단은 종래부터 우월하게 보유한 군사력을 보다 증강하고 핵개발 카드로 핵강국과 한국을 위협함으로써 생존을 보장받는 길 뿐이다. 그 결과 북한의 군비증강은 필연적이라고도 볼 수 있다.

남북한은 1980년대 중반 이후 긴장완화와 관련된 남북기본합의서에 서명했음에도 불구하고 빠른 속도로 군비를 증강시켜 왔다. 북한은 경제성장이 마이너스가 되고 있는데도 군사력 증강을 중단하지 않고 있다. 계속 신무기를 도입하고 생산하고 있는 것이다. 병력은 감축되지 않고 오히려 증가하고 있고, 자체생산하는 탱크, 장갑차, 야포의 생산도 늘고 있을 뿐 아니라, 중·장거리 미사일의 개발·생산에 박차를 가하고 있다. IISS의 자료에 의하면, 1986년과 1996년을 대비해 볼 때 병력은 84만에서 115만, 탱크는 3,300대에서 4,300대, 대포는 4,700문에서 9,200문, 전투함은 220척에서 약 600척으로 증강하였다. 공군기는 증강하지 않았는데 해군의 증강과 공격성 지상무기의 증강이 두드러지고 있는 것이다.

그런데 북한의 군사력 중에서 우리의 주목을 끌게 하는 것은 미사일과 장거리포 및 특수군단이나, 노동1호, 노동2호, 대포동1호 등 미사일은 한반도 전역뿐만 아니라 일본과 중국, 러시아 일부지역까지도 공격할 수 있는 능력으로 발전하였다. 장거리포인 170mm 곡사포나 240mm 방사포 등은 휴전선에서 수도권 일대에까지 공격할 수 있는데 그것이 1만문이나 되는 것이다. 탱크도 수천 대 보유하고 있다. 그런데다 특전요원들이 8만 내지 10만에 이르고 있다. 남한 인구의 절반밖에 안 되는 북한이 남한병력의 1.5배를 유지하고 있는 것이다.

서울까지 이를 수 있는 장거리포와 미사일로 특정지역을 집중공격하면서 우세한 병력과 기갑부대를 그곳으로 투입하고 특수부대를 그 후방으로 투입하여 서울을 수라장으로 만들고 점거할 전략과 능력을 갖추어 가고 있다고 생각된다.

이와 관련하여 북한군이 휴전선에 전진 배치된 가운데 비상경계를 지금 장기간 계속하고 있다는 점을 주목해야 할 것이다.

북한의 군사력 증강은 경제력에 기반을 둔 한국 군사력의 질적인 향상으로 시간이 갈수록 남북군사력 격차를 좁히게 되면 군사적 우위를 뺏길 염려가 있기 때문에 부단히 추진된다. 시간은 한국 측에 유리한 것이다. 경제력이 월등한 남쪽을 넘어뜨리고 북쪽이 원하는 통일을 할 수 있다고 기대되는 부분은 군사력 동원밖에 없다. 그러니 경제경쟁은 포기하고 군사경쟁에 치중하고 있는 것이다. 승산이 있다면 그 방법밖에 없다는 말이다.

이렇게 북한 군사력 증강은 우리에게 직접적인 위협요소가 되고 있으며, 북한이 거기에 전력투구하고 있는 한 우리는 한시라도 빨리 안보 불감증에서 벗어나고, 환상적 통일논리에서 깨어나야 할 것이다.

이상에서 주변국의 한반도정책과 중국·일본·북한의 군비 증강상황에 대해서 살펴봄으로써 우리의 안보환경을 가늠해 보았다. 주변국들은 모두가 한반도의 안정과 현상유지를 바라는 정책을 지향하고 있고, 특히 중국과 러시아 등 친북적인 국가가 남북한에 대해서 대등한 정책을 취하고 있음을 알 수 있다. 이 상황은 비록 통일에는 역기능을 할지 모르나, 한반도 평화정착과 안보에는 도움을 주는 환경들이라고 볼 수 있다.

그리고 중국, 일본, 북한 등은 각기 나름대로의 군비증강을 하고 있음을 알 수 있다. 특히 중국은 원양해군력 증강에 주력하고, 일본은 고도의 신예무기 보유에 주력하고 있다. 그리고 북한은 공세적 지상군사력의 대량보유로 선제기습과 장거리 로케트·미사일 보유로 일단 유사시의 화생방전 감행에 역점을 두고 있다.

주변국가의 군비증강은 신국제질서 형성 과정에서 불확실성의 시대상황과 불안에 기인한 것이다. 즉 군비증강이 상대방을 서로 자극하여 군비경쟁으로 발전되고 있는 현상이라고 본다. 중국과 일본은 러시아의 힘이 쇠퇴해지고 장차 미국세력이 빠질 때에 생기는 힘의 공백을 서로 다투어 메우기 위한 사전대비에 신경을 곤두세우고 있는 것이라고 본다.

북한은 신국제질서 형성에 동참할 능력과 의지가 없는바, 개혁·개방정책을 쓰지 않고 오히려 군사력 증강과 대남 고립화 및 대남 적대정책을 강화하고 있다. 세계에서 몇 개 안 남은 반동국가로 지목되고 있는 북한으로서는 군사수단으로만 한반도에서의 주도권을 잡을 수 있다고 판단할 것이다. 바로 이 점이 우리 안보와 연관하여 심각하게 생각할 사항이라고 본다. 병력의 전진배치, 군사력 증강, 대남 적대행위, 개혁·개방의 거부 등이 한국안보와 연관하여 무엇을 의미하는지는 분명하다. 때가 되면 군사수단으로 한반도 문제(통일)를 해결하겠다는 것이다.

뿐만 아니라 접경한 중국과 일본의 군비증강도 우리 안보에 역기능과 도전요인으로 작용한다고 보아야 한다. 그들의 경제성장의 지속과 그것에 바탕을 둔 군비의 급속한 증강은 우리에게 당장은 적대적인 정책을 펴지 않는다 해도, 잠재적인 적대국으로 안보의 고려대상일 수밖에 없기 때문에, 우리의 안보정책이 무조건 군축방향으로 선회할 수는 없는 것이다. 전방위(全方位)의 상황의존적 안보정책이 요구되는 이유가 여기에 있다고 하겠다. 오늘날 한반도의 의사(疑似) 탈냉전이 한반도의 평화와 우리의 안전을 보장할 수 없다는 것을 재인식할 필요가 있다.(『군사논단』, 1996년 봄호)

3. 남침가능성과 군의 준비

1) 북한의 남침 가능성은 없는가

지난 몇 년에 걸쳐 우리나라에서는 한반도에서의 전쟁위험에 대한 논의가 별로 없었다. 북한의 핵문제로 긴장이 있었을 때도 실질적인 사태의 심각성에도 불구하고 겉으로 나타난 전쟁불안 동요는 미미하였다. 아마도 이른바 '탈냉전'시대의 전개와 국력의 월등한 대북우위 때문에 전쟁이 일어날 수 없다는 믿음이 지도층이나 일반 국민의 머리 속에 박히게 되었기 때문인 듯하다.

그러면 한반도가 과연 탈냉전의 지역으로 전쟁불안이 해소된 지역인가, 경제적 대북우위가 반드시 전쟁을 억제할 수 있는 것인가, 북한의 남침의지와 능력이 없다고 장담할 수 있는가, 이런 물음에 대해 그렇다고 확신하기 어려운 상황들이 한반도에는 존재하고 있다고 생각한다.

그러한 물음에 대한 해답을 정확히 얻어낼 수 있다면 그에 대한 적절한 대응으로 조국을 수호하고 평화를 확립할 수 있다. 도발에는 심리적인 것(냉전적인 것)과 물리적인 것(무력침략)이 있을 수 있거니와 북한은 아직도 우리 정부에 대해서 입에 담지 못할 정도의 욕설과 모략중상으로 공격하고 있다. 냉전이 완전히 해소되지 못한 증거가 된다.

그런 뜻에서도 과연 북한이 남침하지 않을 것인가를 알아보는 것은 중요하다. 그런데 이 문제는 뒤집어서 남침할 수 있는 요인을 분석하는데서 추정할 수도 있는 것이다.

남침가능성을 찾는 것은 쉽지 않다. 1차적으로 북한의 의지와 능력을 파악해야 하는데 의지를 알아내기 힘들며 능력도 폐쇄사회여서 찾기 힘들다. 그러므로 상황에서 추정할 수밖에 없는바 그 상황을 국제환경, 북한의 기본노선과 정치·경제·군사상황 등으로 나누어 생각해보기로 한다. 그 경우 한국과의 비교도 때때로 이루어지면서 분석될 것이다.

그리고 남침이라고 해도 거기에는 여러 방식과 양상(형태)이 있을 수 있다. 6·25전쟁과 같은 남침전면전쟁이 있을 수 있고 특정지역(서해 5개 섬) 점령을 위한 국지적 침공이 있을 수 있으며 특공부대가 침투해 공격(특정목표 인물과 시설에 대한 공격)하는 부분침공도 있을 수 있겠는데 여기서는 전면남침의 경우를 전제로 하는 남침가능성을 생각해 보고자 한다. 그리고 남한 내에서 무장내란이 일어나 비정규전이 전개될 때 게릴라 특수부대의 대대적 투입을 하는 경우는 제외될 것이다.

(1) 국제상황과 연관한 도발가능성

북한이 한반도 문제에 대한 중요한 정책결정을 하려 할 때는 북한자체의 상황과 남한의 상황뿐만 아니라 국제상황까지도 고려하게 된다. 한반도의 적화가 궁극적 목표이기 때문에 그것을 달성하기 위해서는 이른바 3대 혁명역량(북한자체의 역량과 남한의 혁명역량 그리고 국제지원역량)이 갖추어져야 하는 것이다.

그러면 국제혁명(지원)역량, 즉 국제상황 중 남침에 영향을 줄 수 있는 것으로 어떤 것들이 생각될 수 있겠는지를 보기로 한다.

첫째, 중국은 북한의 존속을 바라고 있기 때문에 이를 북한이 이용할 수 있다고 본다.

중국은 한반도가 중국에 대해 적대적인 세력에 의해서 통일되는 것을 원하지 않는다. 그 의미 속에는 친미적인 세력에 의한 통일까지도 포함된다. 중국은 미국의 견제와 포위에 지금도 곤혹하고 있다. 미국은 대만과 가까워지기 시작했다. 이등휘 대만총통의 미국방문 허용이 그것을 입증하고 있다. 미국은 중국에 대해 서먹한 관계에 있는 베트남과 관계정상화를 하고 있다. 미국은 또 북한과도 관계를 개선하려 하고 있다. 이러한 사실들은 미국에 의한 '중국포위'로 이해될 수 있다. 따라서 친미세력에 의한 한반도 통일은 중국에 있어 중대한 문제가 된다.

한편 중국은 러시아와는 달리 북한에 대한 정치·군사적 지원체제에 계속 충실하려고 애쓰고 있다. 북한이 맺고 있던 두 개의 동맹기둥 중 하나인 러시아와의 동맹체제는 붕괴되고 말았다. 말할 것도 없이 러시아에 의한 파기에서 비롯되었다. 러시아와 달리 중국은 1961년 여름에 맺은 북한과의 동맹체제를 그대로 유지시키고 있다. 그 동맹체제는 '피침 시'에 '지체 없이' 모든 '수단을 다하여' 지원토록 되어 있는 것이다.

중국의 북한에 대한 안보상의 보증의지와 중국 자신의 이익수호를 위해서 북한이 필요하다는 점을 북한이 절대적으로 고려할 것이다. 남침과 같은 상황을 만들어 놓는다고 해도 중국은 북한을 버리지 않을 것이고 도와줄 것이라는 믿음을 갖게 된다. 그 믿음에 있어서 남침에 의한 통일행동이 불가피하다고 생각될 때는 그것을 주저하지 않을 것이라고도 볼 수 있다.

둘째, 동독의 소멸과 동구 각국이 체제변화를 하였기 때문에 무력방법이 아니면 남쪽에 의한 흡수통일이 될 염려가 있다고 생각하여 남침을 생각할 수 있다고 본다.

1980년대 후반부터 개혁·개방을 추진한 소련은 1990년대에 들어오면서 사회주의 체제까지도 청산하고 자본주의와 자유민주주의를 지향하는 체제로 바뀌었다. 소련변화의 영향을 받은 동구의 위성국들도 차례로 개방과 개혁을 추진하였다. 이 바람은 분단된 독일에까지도 번져 동독의 변질이 일어나고 실질적으로는 서독에 의한 흡수가 이루어졌다.

소련의 소멸과 동구의 변질 및 동독의 서독으로의 흡수는 모두가 사회주의 체제가 지니는 약점에서 생긴 경제난 때문이다. 북한의 경제난도 바로 사회주의 체제가 지니는 약점 때문인 것이다.

북한으로서는 러시아를 비롯한 동구 여러 나라의 사례를 교훈으로 삼게 될 것이다. 그러므로 멸망하기를 앉아서 기다릴 수 없을 것이므로 멸망하기 전에 최후수단으로서의 무력사용을 하려고 생각할 수 있다고 본다.

셋째, 러시아의 대북한 지원은 거의 중단된 상태이며 오히려 친한적 태도를 보이고 있고 중국의 지원도 계속 줄어들고 있어 사태가 기울기 전에 주도적 통일을 하려고 할 수 있다고 본다.

러시아는 프롤레타리아 국제주의에 기반을 두고 냉전기에 북한의 안전을 보장하는 동맹을 맺고 있었다. 동맹조약에서 가장 중요한 내용은 한쪽이 무력공격을 받아 전쟁상태에 들어가면 '지체 없이' 모든 수단을 가지고 지원토록 되어 있는 것이었다. 그런데 이제 러시아는 이 조약내용의 폐기를 공식화하여 1996년부터는 그것이 실현되기에 이르렀다.

뿐만 아니라 러시아는 1991년부터는 경화결제의 교역만을 고집하여 북한에 대한 외상무역을 인정치 않고 있다. 이 경제적 혜택의 철폐로 북한경제는 매우 어렵게 되었다. 그리고 해방 전후사에 대한 북한의 왜곡을 정면으로 거부하는 러시아의 진실폭로로 북한의 정통성 주장은 큰 손상을 받고 있다. 6·25 남침을 뒷받침하는 자료와 북한정권 탄생과정에서의 북한의 소련괴뢰성 등이 모두 규명되었다.

이러한 러시아 지원의 변질은 앞으로 더욱 북한의 입지를 약화시킬 수도 있다. 따라서 북한은 그동안 축적해 온 '주체역량'을 바탕으로 더 이상 러시아로부터의 친한적 분위기 성장이 있기 전에 한반도 문제를 조속히 해결하려 할 수 있다.

중국의 대북정책과 지원도 러시아와 크게 다르지 않다. 중국도 프롤레타리아 국제주의를 폐기하여 북한에 대한 지원을 뚜렷이 감소시키고 있다. 한국이 6대 교역국의 위치에 부상하자 중국은 북한에 대해 훨씬 느슨한 유대를 하고 있다. 중국은 1992년 이래 북한에 대한 우호가격과 구상무역 방식을 폐지하고 현금결재 방식으로 바꾸고 있다.

지금의 추세로 간다면 중국은 한국에 대한 경제적 필요가 정치적 필요로 발전되는 상황 때문에 북쪽을 크게 홀대할지도 모른다.

이러한 상황에서 북한은 시간이 갈수록 국제지원역량이 감소될지 모른다는 위기감을 갖게 되어 심각한 지경에 이르기 전에 한반도 문제를 유리한 방향에서 해결하기 위한 도발을 할 수도 있다고 본다.

(2) 내적상황에서 본 도발가능성

북한이 무력도발을 결정하는데 있어 무엇보다 큰 고려사항은 남북한 자체의 상황일 것이다. 남북한 상황 중에서 북한이 전쟁도발을 하게끔 하는 요인을 북한상황에 중점을 두면서 생각해보기로 한다.

첫째, 북한이 아직까지는 남한보다 우월한 군사력을 보유하고 있고 그것을 주로 휴전선 부근에 전진배치 시키고 있다는 점이다.

북한은 경제난에도 불구하고 1993년의 경우 GNP 대비 27.4%의 군사비(한국은 3.6%)를 지출하면서 백여 만의 병력(한국은 65만여 명)을 유지하고 있다. 그리고 한국군보다 월등히 많은 장비를 보유하면서 중장비 생산을 계속하고 있다. MIG-21 전폭기의 생산과 사정거리 1천 키로에 이르는 미사일의 대량생산에 착수하는 등 고도의 군사체제를 형성하고 있는 것이다.

공격성 무기의 생산뿐만 아니라 특수부대들을 보유하고 있고 70% 정도의 병력을 원평선 이남에 전진배치 시키고 있는 것이다.

공격성 무기의 보유, 특전병력의 과다한 보유, 병력의 전진배치 등은 분명히 대남 군사전략의 전개에서 적극(공세)전략을 택하고 있음을 나타내는 것이라고 보아야 한다.

둘째, 시간이 한국편에 있다는 불안감과 경제난 해결의 가능성 희박으로 북한이 군사적 방법으로 문제를 해결하려 할 수 있다는 점이다.

해방 후의 분단사는 경쟁의 역사라고 해도 과언이 아니며 경쟁에서 이기는 쪽이 통일을 주도하게 될 것이다. 따라서 경쟁에 이길 자신이 없는 쪽은 시간을 기다리지 않을 것이다. 패배를 감수하기보다는 절대적인 우열관계에 들어가기에 앞서 최후수단으로 무력 전쟁도발을 일으킬 수 있는바 북한이 지금 그 처지에 있다고 본다.

경쟁의 핵심은 경제력 구축이다. 그것이 모든 힘의 기초가 되고 있음을 역사가 증명하고 있는 것이다. 그런데 국민소득과 경제성장률 면에서 북한은 남한에 비교가 안 될 만큼 뒤져가고 있음을 알 수 있다.

북한은 남한의 GNP 총량에 비하여 거의 20 : 1에 이르고 개인소득도 10분의 1에 머무르고 있다. 경제성장은 매년 퇴보를 계속하고 있어 늪에 빠진 경제로 기본생활조차 어려운 형편이다. 이렇게 한국경제는 계속 앞으로 발전해가고 북한경제는 뒤로 퇴보하여 몇 년 뒤에는 엄청난 차이를 보여 한국은 선진국 대열에 오르고 북한은 후진국 대열에 남게 될 전망이다.

북한은 성장률이나 소득뿐만 아니라 인간의 기본적 생활조건인 식량 제공을 제대로 할 수 없고 생필품 제공도 하기 어려운 형편에 있다. 북한의 식량수급 실태를 보면 형편없다.

식량부족량은 급증하는데 수입량은 줄어드니 식량난이 심각할 수밖에 없다. 외화가 없어 수입할 능력을 갖지 못하는 북한의 식량사정은 더욱 악화될 수밖에 없다. 하루 두 끼 먹기 운동을 벌이고 외국으로부터 쌀지원 구걸을 해도 식량난은 몇 년간 계속될 수밖에 없다. 설상가상으로 금년에 대홍수가 일어나 아마도 절반가량의 식량생산 감소에 직면하게 되었으니 심각도는 더해갈 것이다.

뿐만 아니라 공장가동률은 약 3분의 1 수준으로 생필품 공급에 큰 차질을 가져와 공급기준의 30% 수준으로 격감하고 있다. 자본과 기술의 부족으로 원료공급이 불가능하고 품질개량이 어려워 북한의 주체적 사회주의경제는 침체의 늪에 빠져 버렸다.

이러한 경제사정을 북한당국은 남한당국 및 미국의 위협에 대처하기 위한 안전보장 비용의 불가피한 지출 때문이라고 호도하고 있다. 그러니 미국과 그 '앞잡이인 남한당국'을 타도하고 북한이 주도하는 통일을 하면 그러한 궁핍을 면할 수 있다고 주민을 지도해 왔다. 여기서 주민의 적개심과 공격심리의 고양과 더불어 대남도발의 가능요인이 생겨난다.

주민을 호도하는 것은 앞으로도 수년간 계속되기 어렵다. 시간은 북한에 있지 않다. 북한이 주도하는 통일을 하려면 무력남침이나 남한혁명 밖에는 없다. 시간을 놓치면 남한에 의해 동독처럼 흡수될지 모른다는 초조와 불안 및 패배의식이 공격적 무력도발을 가능하게 한다는 것이다.

셋째, 북한체제가 정통성에서 크게 손상받고 있어서 주민에 의한 붕괴가 있기 전에 통일문제를 해결하기 위해 무력도발을 할 수 있다.

북한당국은 미국을 제일의 적으로 계속 주장해 왔으나 여러 필요에 의해서 대미접근을 하고 있다. 주민에게 지금까지 선전한 대미공세를 하지 않는 것에 대한 변명이 어렵게 되어 주민의 공감에 문제를 일으킬 것이다. 몇 년 전까지만 해도 공산주의·사회주의가 궁극의 이념이고 체제로서 지상낙원을 만들어준다고 했으나 동구는 경제난으로 그 체제를 버렸고 북한도 곤궁해졌으니 주민을 납득시키기 어렵게 되었다.

지난 반세기간 북한을 이끌어 온 김일성은 항일독립투쟁 등의 경력으로 주민의 지지를 모을 수 있었으나 김정일은 승계 받을 명분이 김일성의 '대를 이어 혁명을 완수한다는 것'을 빼면 최고지도자로 되어야 할 이유와 자질을 별로 갖지 못했다. 김정일체제의 정통성과 주민의 통합적 의지는 클 수가 없는 것이다. 다만 강압통치구조 속에서 생존을 위한 숨죽임의 생활을 하고 있을 뿐이라고 생각된다.

이렇게 정통성의 취약으로 언제나 주민이 반발할 수 있는 바탕이 존재한다. 아마도 김정일이 당총서기나 국가주석직을 비워두는 것도 경제난뿐만 아니라 정통성 약화 때문이라고도 본다.

그러나 주민통합을 이루고 통일조국이라는 희망을 불어넣기 위한 한 가지 방법으로 통일을 적극 추진하고 그것도 북한이 택할 수 있는 유리한 수단으로 전개할 것이기 때문에 무력침략의 가능성이 있는 것이다.

여러 상황과 소식들에 의하면 북한주민들은 전쟁이라도 치러 생활고를 해결하고 잘사는 남한의 부를 분배받는 것이 좋겠다는 생각을 한다는 것이다. 남한에 의한 흡수통일로 남한사람들의 지배를 받는 것보다 그전에 전쟁이라도 해서 남쪽을 지배하자는 생각을 주민들이 갖고 있다고 하는바, 이것은 무력침공의 가능성을 나타내는 것이라고 볼 수 있다.

넷째, 남한에서의 반공 및 대북 경계의식이 낮아지고 젊은층이 북한에 동조할 수 있다는 오판을 북한이 하고 있을 경우 대남침공의 가능성이 있다.

북한은 군사력을 제외한 모든 영역에서 남한에 비하여 훨씬 뒤지는 힘밖에 없다. 그러므로 남한역량의 약화를 꾀하게 되며 남한 내에서 문제가 일어나기를 바라고 있다고 본다. 그런데 1990년대에 들어오면서 남한주민의 대공 및 대북경계심은 뚜렷이 낮아졌다. 이른바 냉전체제가 붕괴되고 동구권이 변질되는 국제상황의 변화가 그것을 촉진시켰고 정치지도자가 대북경계심 고취에 관심을 많이 갖지 않기 때문인 것 같다.

젊은층에서 적지 않은 수가 북한을 자주적인 민족주체세력으로 보는 경향도 없지 않다. 이 때문에 북한은 남한의 대부분의 젊은이가 친북적일 것이라고 오판할 가능성이 없지 않다.

앞에서와 같은 남한주민의 의식을 이용하고 더 고취하며 남한 내에서의 혁명을 촉진하기 위해 특수부대의 침투가 전후방에서 일어날 수 있다고 보며 사태가 더욱 진전될 때는 대대적인 침공을 할 수도 있는 것이다.

이상에서 북한의 무력남침의 도발가능성을 몇 개의 측면에서 생각해 보았다. 그 결과 아직도 한반도에서는 전쟁위험이 잔존하고 있음을 알 수 있었다. 국제적인 평화공존의 흐름과 탈냉전시대의 도래에도 불구하고 한반도에는 위기요인이 존재하고 있다는 것이다.

물론 남침하기 어려운 여러 상황과 요인이 없는 것은 아니다. 평화요인이 있기에 휴전 후 40여 년간이나 불안하지만 전면전쟁이 없는 시대를 엮어갈 수 있었다.

그러나 전쟁의 예방은 대비할 때만 가능하다. 전쟁은 합리적 사고로서는 이해할 수 없는 계기에 의해서도 일어날 수 있다. 그러니 적지 않은 남침전쟁의 요인이 존재하는 한반도는 분명히 불확실하고 불안전한 지역인 것이다. 남북 간의 화해, 협력, 교류를 하기로 합의했음에도 불구하고 그것은 몇 년이 지났는데도 구체적으로 현실화되지 못한 것에서도 한반도를 완전한 평화지대로 볼 수는 없는 것이다.

따라서 민족의 안전과 조국의 평화를 유지하기 위해 북한의 무력도발에 대한 경계를 게을리 해서는 안 될 것이며, 평화도 전쟁도 아닌 지금의 상황을 평화의 상황이라고 착각하는 것은 더욱 안 될 일이다.(『합참』, 1996.1)

2) 군이 21세기를 준비하자

올해는 대한민국 정부가 수립된지 51주년이 되는 해인 동시에 국군이 창설된 지 51주년이 되기도 합니다. 50여 년을 지내면서 우리 군은 때로는 큰 시련을 겪기도 하였으나 이제 어엿한 세계 속의 막강 국군으로 성장하였습니다.

오늘의 국군이 있기까지 군을 이끌어 오신 모든 분들과 군에 몸담은 예비역 장병 및 현역 장병 여러분에게 오늘을 축하하고자 합니다.

아울러 여러분의 충성심과 노고에 경의를 표합니다. 오늘의 막강 국군이 하루아침에 이룩된 것은 아닙니다. 여러 단계를 거치면서 조금씩 발전해온 것입니다. 그 과정에서 너무도 많은 분들의 희생과 노력이 있었습니다.

(1) 시련을 딛고 자란 우리 군

지난날을 회상하기 위해서 군의 발전과정을 간단히 되짚어보고자 합니다. 보는 사람에 따라 약간씩의 차이가 있겠으나 우리 군은 다음의 몇 단계를 거치면서 성장해 왔다고 봅니다.

첫 단계는 '건군기'로서 해방 후에서 6·25전쟁 이전까지가 이에 해당합니다. 아시다시피 일제로부터 해방은 됐으나 독립정부를 갖지 못했던 3년간은 건군의 기초만 마련된 시기입니다. 1946년 국방경비대로 출발한 군사조직은 주로 치안 유지적 기능을 수행하는데 그쳤습니다.

1948년 정부수립과 더불어 창설된 국군은 급속히 팽창했으나 일본군이 남기고 간 장비와 미국에서 지급된 경장비들 뿐이었습니다.

따라서 초창기 군의 임무는 간간히 침투해오는 38도선 일대의 북한 공산군에 대한 방위적 임무와 지방의 무장폭도를 진압하는 치안 유지 임무를 수행하는 것이었습니다.

둘째 단계는 '시련 전쟁기'로서 1950년 6·25남침에서 야기된 3년간의 전쟁기가 이에 해당합니다.

북한군의 기습남침으로 한국군은 초기에 큰 시련을 겪었습니다.

병력과 장비 및 준비 면에서 크게 열세인 국군은 많은 병력과 장비상의 손실을 초기에 입었습니다. 그러나 시련이 큰 만큼 성장을 할 수 있었습니다. 그리하여 우리 국군은 우방군과 더불어 자유와 조국을 침략자로부터 지켜주었습니다. 이들의 희생이 없었던들 오늘의 번영된 한국은 존재할 수 없었을 것입니다. 모든 장병은 국민과 함께 전쟁에 희생된 분들께 찬양을 보내야 할 것입니다.

셋째 단계는 '정비 확장기'로서 휴전 후에 1970년대 초까지가 이에 해당될 것입니다.

이 시기에는 전쟁 중에 지나치게 커진 군사력을 전후체제에 맞게 축소하고 재정비한 시기라고 보겠습니다. 전쟁 중에 백여 만의 병력을 유지했으나 1961년에는 41만 명으로 크게 줄였습니다.

그러나 북한이 1960년대 초에 '4대 군사노선'을 표방하면서 군사력 증강을 진행시키고 1968년에 청와대 무장공비 기습사건이 있은 뒤부터는 한국군도 60만으로 증강되었습니다. 이를 바탕으로 월남파병이라는 사상초유의 해외참전 경험을 갖게 되었습니다.

넷째 단계는 '자주 국방기'로서 1970년대에서 1980년대까지가 이에 해당될 것입니다.

1970년대에 우리나라는 인적인 자주국방을 이루었습니다. 병력감당은 우리 국민이 하는 인적 국방능력을 갖추게 되었음을 뜻합니다. 60여 만의 한국군이 거의 모든 분야에서 방위를 담당하게 된 것입니다.

인적인 자주국방 능력을 갖춘 한국은 물적 자주국방 능력을 1980년대에 상당부분 지니게 되었습니다. 1970년대에 시작된 경량무기 생산이 1980년대에 와서는 대부분의 중무기 생산능력을 갖게 되었고 우리 힘으로 구매, 보유하기에 이르렀습니다.

국내에서 생산된 장비로 무장한 우리 군의 뿌듯한 마음과 자긍심에 바탕한 시기가 형성될 수 있었던 시기입니다.

다섯째 단계는 '자주국방 달성기'로서 1990년대 후가 이에 해당될 것입니다.

자주국방은 '의지'의 측면과 군사력의 '조성' 그리고 군사력의 '행사'

의 세 측면을 지니는 것입니다. 국민이 스스로 자기 나라를 지키겠다는 '의지'가 일차적으로 튼튼히 서야 합니다. '의지'는 자주국방의 한 측면이면서 출발이기도 합니다. 자위의 의지를 가지고 스스로 무기를 생산하고 구매하며 병력을 충분히 건설하는 '군사력의 조성'이 있게 됩니다.

그 가운데서 일차적으로는 병력의 충분한 건설인 바 1970년대에 완성했습니다. 다음에는 장비의 생산과 구매인 바 대부분 1980년대에 이루었지만 부분적으로는 1990년대에도 지속되고 있습니다.

자주국방의 셋째 측면인 보유군사력의 '자율적 행사'는 1980년대와 1990년대에 걸쳐 한·미간에 큰 진전을 보았습니다. 한국군이 완전히 작전 지휘통제권을 보유하고 있지는 않으나 평시통제권을 자율적으로 행사할 수 있게 되었고 후방 작전권도 역시 그러합니다.

(2) 21세기 군의 역할

이렇게 우리 군은 자주국방력을 거의 달성해가고 70만의 병력과 현대적 장비를 갖춘 막강 군대로 성장하기에 이른 것입니다.

북한은 '강성대국'을 표방하면서 대량파괴 무기에 치중하는 군사노선을 취하고 있어서 재래전 장비의 노후화가 심각합니다.

경제사정으로 신 장비로의 교체도 여의치 않습니다. 유류 등의 부족으로 훈련을 제대로 하기 어려울 것입니다.

이런 북한군에 비할 때 우리 군은 막강한 방위력을 가지고 있다고 자부할 수 있을 것입니다. 그러나 이에 만족해서는 안 될 것입니다. 자만은 백전백패의 근원이기 때문입니다. 북한은 우리에게 큰 희생을 줄 수 있는 타격력을 가지고 있기 때문만이 아니고 21세기와 통일한국의 국방을 위해서도 더 깊고 더 많은 생각으로 스스로를 가다듬어야 할 것이기 때문입니다.

21세기 상황에서 어떤 위협에도 대처할 충분한 능력을 갖추기 위해서 군이 어떤 존재로 어떤 구실을 하여야 할 것인가를 생각해 봅니다.

첫째, 21세기는 많은 사람이 지적하고 있듯이 지식 정보화의 세기입니다.

정보화와 관련한 '기술군'으로 현대화하여야 한다는 것입니다.

기술군이 되기 위해서는 장비의 고도화가 이루어지고 모든 장병이 정보화 사회에 적응할 능력을 갖추어야 할 것입니다.

이라크에 대한 연합군의 공격을 '전자전'이라고 말하는 사람이 있습니다. 정밀한 컴퓨터 조작에 의해서 폭격이 이루어지고 그것도 원거리에서 발사되는 미사일 공격으로 이라크가 꼼짝 못했기 때문입니다.

그렇다면 장차의 군은 말할 것도 없이 장비의 초현대화를 지향해야 할 것입니다. 병력보다 장비에 치중해야 할지 모릅니다. 그리고 그 병력도 현대장비를 조작할 줄 아는 신지식 보유 군인이어야 할 것입니다.

이를 위해서 일차적으로 우리 군은 컴퓨터 교육을 본격적으로 실시해야 할 것입니다. 앞으로는 최일선의 병사까지도 컴퓨터 조작기술을 지녀야 할 것이기 때문입니다. 지난 1950년대와 1960년대에 군대가 문맹퇴치를 위해 교육했듯이 이제 컴맹퇴치를 위한 본격적 교육을 강화할 필요가 있습니다.

아울러 초현대적 새 장비들의 교체가 시급하게 요구됩니다. 북한의 미사일 개발이 일본의 장비개발을 촉발하고 그것이 다시 중국의 장비개발을 자극하고 있거니와 21세기에는 더욱 그런 현상이 증폭될 것입니다. 따라서 우리는 신형장비의 도입과 개발, 생산으로 방위력을 보완하지 않으면 안 됩니다.

둘째, 국군은 국가의 군대이며 국민의 군대로서 정치적 상황변화에 흔들려서는 안 될 것이며 통일에 대비해야 합니다. 국가의 군대는 국토와 국권과 국민을 지키는 사명을 가지고 있습니다. 그러므로 국민과 밀접한 국민의 군대이기도 한 것입니다. 북한과 같이 인민의 군대라고 하면서 인민이 굶어 죽어도 군대만 건재하면 되는 그러한 군대여서는 안 될 것입니다.

군대가 국민의 군대이기에 수해 등 재난시에 구슬땀을 흘리면서 수재 복구사업에 묵묵히 투입될 수 있는 것입니다. 민·군이 일체화 될 때 가장 강한 군대가 될 수 있습니다.

따라서 군은 '국가'의 군대로서 '국민'의 군대로서의 자리 매김을 튼튼히 할 때 가장 강한 힘을 가질 수 있습니다. 20세기에 군의 일부 사람들이 본연의 임무와는 다른 정치적 영역에 관심을 두었기 때문에 일부로부터 부정적 평가를 받은 바 있습니다. 21세기에 선진군대로 발전하려면 지난날을 교훈으로 삼아야 할 것입니다.

그러나 우리 군은 21세기에 통일의 핵심적 역군이 될 것이라는 자부심을 가져야 합니다. 새로운 세기에는 필연코 통일이 이루어질 것이기 때문입니다. 전쟁과 같은 무력통일 과정이 전개될 때는 군이 주도역할을 하면서 통일이 이루어질 것입니다.

그런데 평화통일 과정으로 통일된다고 해도 군은 핵심적 영향세력이 됩니다. 군사적 힘의 뒷받침 없는 협상 등의 평화통일 과정은 결코 자기 뜻이 아닌 통일결과를 초래할 것입니다.

그러니 군은 통일의 핵심적 존재라는 긍지를 가지고 모든 상황에 대비하여 통일 주도역량으로 축적해 나가야 할 것입니다.

앞에서 우리는 국군의 성장과정을 간략히 살펴보았습니다. 여러 어려움과 시련을 극복하면서도 이제 어엿한 자주국방력으로 자란 막강군대로 발전해가고 있습니다.

성장해 오는 동안 군은 본연의 임무뿐만 아니라 우리나라 행정의 현대화와 산업화에도 직·간접적으로 큰 기여를 했습니다. 정치적 혼란기에 있었던 정치참여에 대한 찬·반 양론이 있기는 하나 그것은 이제 과거사로 치부되어야 할 역사입니다.

새로운 세기를 눈앞에 둔 군은 밝고 희망찬 통일조국의 앞날을 내다보면서 선진조국 건설과 통일조국 건설을 주도할 준비역량을 길러야 합니다.

그리고 꿈의 실현은 우리가 지금 준비를 하느냐 않느냐에 달려있는 것입니다.(『육군』, 1999.7)

3) 긍지를 가지고 미래를 열자

우리 국군은 내년에 창설 반세기의 역사를 갖게 됩니다. 반세기를 거치는 동안 우리 군은 너무도 많은 고난과 시련을 겪었음에도 불구하고 엄청난 일들을 해냈고 발전을 하였습니다. 일본군이 남기고 간 장비와 미국으로부터 받은 M-1 소총들, 경장비로 무장된 군대에서 시작됐습니다. 1950년 전란이 있기까지만 해도 공격성무기(탱크나 전폭기) 등을 갖지 못했습니다. 전란을 겪은 뒤 특히 1960년대 말부터 시작된 '자주국방' 노력으로 이제 우리는 대부분의 무기를 자체 생산하면서 막강 국군으로 성장했습니다. 과학화되고 전자 정보화되고 정예화된 국군이 된 것입니다.

이렇게 성장하기까지는 그동안 군을 이끌고 거기에 몸담았던 많은 분들의 피나는 노력이 있었습니다. 그리고 지금 군에 몸담으면서 애쓰는 많은 장병들의 노고가 있었습니다. 6·25전란을 겪는 동안 호국선열들의 희생이 발전의 기틀이 되었습니다. 전란과 베트남 참전에서 익힌 전기전술이 힘을 더욱 강하게 하였습니다.

그 과정에서 희생되고 애쓰신 모든 분들께 경의와 찬사와 감사를 드립니다.

그러면 국군은 어떤 발전단계를 거쳐 오늘에 이르렀고 그러는 동안 어떤 기여를 했는가, 그리고 앞으로 다가올 21세기는 어떤 환경 속에 처할 것이며 거기에 대응하는 한국군의 역할은 무엇이겠는가. 이들 물음에 대한 답을 얻고자 하는 것은 군의 국가사회에 대한 기여도를 군은 물론이고 일반 국민이 인식할 필요가 있고 장차 군이 나아갈 길을 찾는데도 도움이 될 수 있다고 믿기 때문입니다.

(1) 시련을 딛고 자란 국군

오늘의 막강국군으로 성장하기까지 우리 군은 몇 단계를 거치면서 발전해 왔다고 봅니다.

제1단계: 이 시기는 '창군기'로서 1940년대가 이에 해당될 것입니다. 해방과 더불어 지난날의 군경험을 바탕으로 한 군사단체들이 여럿 생겼습니다. 그러나 군대적 성격과 면모를 갖추기 시작한 것은 1946년에 창설된 국방경비대였습니다. 물론 이때의 국군은 수적으로도 5만여 명에 불과했고 장비도 치안유지용이라고 할 수 있는 소형무기뿐이었습니다.

이 때문에 국군은 창설기적 특성에 맞게 확장적 건군을 진행하면서 주 임무는 38도선 일대에 침투하는 북한공산군에 대한 방위적 소탕전과 때로는 지방 반국가세력의 무장 및 폭력사태 진압을 하는 것이 고작이었습니다.

제2단계: 이 시기는 '전시확장기'로서 1950년의 6·25남침에서 시작된 3년간의 전쟁시기입니다.

6·25남침으로 한국군은 두 배에 이르는 병력(20만)과 공격무기(탱크, 비행기, 장거리포)를 보유한 북한공산군에 맞서 싸우게 됨으로써 큰 희생을 하였으나 질과 양적인 면에서 크게 확대·개량될 수도 있었습니다. 유엔군과 함께 조국수호와 자유수호를 위한 전쟁에서 승리를 이끌어 오늘의 번영을 가능하게 만든 원천이 군에 있는 것입니다.

제3단계: 이 시기는 '정비기'로서 전후에서 1970년대 초까지의 기간이 이에 해당될 것입니다.

이때에는 전쟁 중 팽창한 군사력의 축소·정비와 자주국방을 준비한 시기입니다. 전쟁 중 유지했던 백만 대군을 1961년에 이르러서는 40만 명대로 줄였습니다. 그러나 1968년 북한 무장공비의 청와대 기습사건이 있은 뒤부터 한국은 '자주국방'을 내세워 250만의 예비전력과 60만의 현역을 갖기에 이르렀습니다. 막강한 군대로 성장하면서 우리 군은 월남에 파병되어 성장의 새 계기를 갖기도 했습니다.

제4단계: 이 시기는 '성숙기'로서 인적인 자주국방에서 물적인 자주국방을 거의 완성해온 시기로 볼 수 있습니다. 1970년대 후반부터 현재의 시기가 이에 해당됩니다. 이 시기에 한국군은 방어적 장비는 물론이고 공격적 무기를 자체 생산하여 보유함으로써 자주국방의 물적 토대인 '자조적 방위력'을 보유하게 됐습니다. 약 70만에 이르는 병력과 고성능의 현대장비를 갖춘 막강국군이 된 것입니다.

(2) 군의 민간발전 기여

우리 국군은 앞에서 본 바와 같이 성장하면서 조국수호의 주기능을 수행하면서도 민간분야 발전에도 적지 않은 기여를 했습니다. 국가사회의 대부분의 영역에서 앞서가면서 발전의 견인차적 역할을 해왔던 것입니다. 국군의 성장이 곧 국가사회 발전과 연결되어 왔다는 말입니다.

1950년대와 1960년대에 걸쳐 군대는 거대한 교육기관의 구실을 했습니다. 군 교육기관이 문맹자 퇴치에 지대한 공헌을 했습니다. 장비조작을 통한 기술습득으로 기술자들이 군에서 배출되었습니다. 가장 발달된 선진 미국의 행정관리 방식을 직수입하여 적용한 군에서 많은 초·중급의 지휘관들이 기획, 관리제도의 지식을 배우고 익혔습니다.

사실 1960년대와 1970년대의 한국의 행정과 기술은 거의 군에서 배운 것에 의존했다고 해도 과언이 아닙니다. 일반기업은 말할 것도 없이 중앙행정관청마저 이때까지 구식의 조직과 관리방식에 의존했습니다. 군에서 습득한 자동차, 장갑차, 통신기 조작과 항공기 조작의 기술들은 제대 후 그대로 한국의 운송계, 기계 산업 및 통신 산업 발전에 응용되었습니다.

군의 도움을 받아왔던 민간부문은 이제 군 내외로부터 교육받은 고급두뇌와 지식인 및 기능자들에 의해서 새롭게 도약하고 변신하면서 발전했습니다. 한국의 근대화 및 중진국화에는 군이 매우 큰 역할을 했으나 선진국화에는 새로운 엘리트들이 주된 역할을 하고 있는 것입니다.

지금은 민간부문과 비교할 때 근대화, 산업화, 중진국화 시대와는 달리 군의 발전은 뒤지고 민간부문에 이끌리고 있는 듯 합니다. 앞서가는 민간부문의 지식과 기능을 받아들여야 할 처지에 놓였습니다. 이것이 순리이기는 하지만 군의 급속한 발전을 바라는 사람들에게는 바로 그 점이 아쉬운 점이기도 합니다.

(3) 미래상황과 군의 역할

이상과 같은 성장과정과 국가발전에 대한 기여사실들을 바탕에 두고 새로운 21세기에는 군이 어떤 존재로서 역할을 해야 할 것인가를 생각해 보기로 합니다. 21세기라고 하지만 앞으로 백년간을 대상으로 하기는 어렵기 때문에 초반의 10~20년을 전제로 해야 하겠습니다. 이 기간에 우리나라를 둘러싸고 일어날 수 있는 아주 중대한 상황을 예측하고 그 속에서 군이 수행해야 할 역할을 기본적인 면에서 생각하려는 것입니다.

첫째의 상황적 특징을 생각하면 21세기에는 문명의 중심이 태평양에 있게 되지만 미국이 적어도 10년간은 단일적 패권을 장악한 가운데 몇 나라가 힘을 나누는 단일적 다극체계(Uni-Multipolar System)의 성격을 갖게 된다는 점입니다.

동구권의 몰락, 변질로 미국에 버금갈 세계적 힘은 존재하지 않는데 이 상황은 앞으로 10년 이상 지속될 듯 합니다. 적어도 군사면에서는 그러합니다. 그럼에도 불구하고 유럽연합(독일), 중국과 일본, 러시아 연합 등이 미국의 단일체제에 대해 도전하게 될 것입니다.

특히, 중국과 일본은 경제력에 병행되는 급속한 군사력 증강을 계속하고 있어서 태평양 시대와 관련해서 생각할 때 매우 주목할 일이 아닐 수 없습니다.

이른바 탈냉전 시대가 왔다고는 하지만 동아시아 지역에서의 군비증강 현상은 북한의 경우에도 그대로 나타나 한반도의 긴장도를 오히려 높여주고 있는 실정입니다. 미·중 관계, 일·중 관계, 남북한 관계가 상당기간 우호적 방향으로 돌기 어렵기 때문에 군비증강과 긴장은 오래 지속될 수도 있습니다.

이런 상황이 예견된다면 필연적으로 한국군의 방향도 탈냉전의 구미적 상황의 모형을 따르기는 힘들 것입니다. 주변국의 노선과 궤를 같이할 수밖에 없는 일입니다. 그리하여 국군의 국방기능의 중요도는 계속될 수밖에 없을 것입니다. 21세기 초반에도 군의 국가적 역할의 중요성이 유지될 것이라는 자부심이 요구됩니다.

둘째의 상황적 특징은 21세기 들어 통일국가 달성이 가시화되면서 국군의 존재의미와 역할이 중요시될 것으로 예견된다는 것입니다.

지금 북한은 모순적 상황 속에 있습니다. 경제적 파탄의 해결이라는 과제와 감당하기 어려운 군사력 보유라는 것이 바로 그것입니다. 이것은 북한이 자체 붕괴할 것인가 남침 후 붕괴할 것인가의 상반되면서도 같은 결과를 낳는 길로 향하는 아주 기이한 모순상황을 낳게도 합니다.

어떤 형태로 진행되든 통일의 주도는 남쪽에 있고 한국이 갖게 된다는 믿음이 필요합니다. 인구(2대 1)면에서나 경제력(20대 1)면에서나 국제위상에 있어서나 어느 면으로 보더라도 통일은 한국이 중심일 수밖에 없습니다. 이 경우 우세한 북한군이 변수가 되고 그에 따라 국군의 통일과정에서의 역할이 달라집니다.

자유민주체제의 유지라는 안보기능을 수행하는데 있어 북한군이 일차적 대상이기 때문입니다.

통일과정에서 군이 주요변수라는 것은 결국 군이 통일과정에서 주역을 하게 됨을 뜻합니다. 따라서 그것은 긍지인 동시에 과제가 되기도 할 것입니다. 어떤 과제는 교육훈련의 강화를 통해서 또 어떤 것은 재정 및 장비의 증강으로 대비목적을 이루게 될 것입니다.

셋째의 상황적 특징은 21세기에는 전혀 '새로운 문명시대'가 도래한다는 것입니다.

21세기 초반부터 고도의 기술정보산업, 지식산업이 주도하는 '제3의 문명물결'이 닥칠 것입니다. 종래의 철이나 중화학공업 중심의 중량문명시대가 가고 경량문명시대가 전개될 것입니다.

분명히 21세기는 문명사적으로 대전환의 세기가 될 것입니다. 일시적·부분적 변화가 아니라 문명구조가 총체적·구조적으로 바뀌게 된다는 말입니다. 정보와 지식산업이 지배하는 21세기의 새 문명시대에서는 과학기술력이 선진여부와 강대국여부를 결정하게 됩니다. 그런데 기술혁신과 정보흐름이 너무 빠르고 많기 때문에 두뇌를 쓰는 지식노동자와 그러한 상황에 적응하는 사람이 생존경쟁에서 살아갈 수 있습니다.

이런 상황에서 군이 수행해야 할 역할은 자명하다고 봅니다. 지난날 문맹퇴치를 위해 군의 교육이 큰 기여를 했듯이 일차적으로 '컴맹퇴치' 교육과 정보통신기술 교육에 앞장서야 합니다. 입대 후 훈련소 교육을 마친 모든 장병이 컴맹에서 벗어나고 인터넷을 사용할 수 있다면 군의 사회발전을 위한 기여는 매우 크다고 할 것입니다.

또한 군은 고도의 현대적 장비를 도입하고 있고, 신기술 개량장비를 생산하고 있어서 '기술군'을 지향한다면 군대가 거대한 기술훈련장의 위치를 다시 회복할 수 있을 것입니다. 그리고 인력과 장비를 직접 민간지원에 투입하는 사업을 확대한다면 민·군 일체화에 따르는 전력의 상승작용도 기대할 수 있겠습니다.

넷째의 상황적 특징은 개인생활의 대변혁이 있게 된다는 점입니다. 21세기에는 인터넷을 통한 지식과 정보의 교환이 개인을 중심으로 이루어져서 공동체적 조직 및 생활의 패턴이 달라질 수 있습니다.

21세기에는 정보통신망이 국경을 넘어 세계적으로 펼쳐지는 시기입니다. 세계가 하나의 문화와 문명권에 편입되면서 개인화가 가속화될 수 있습니다. 지난날 사람들은 주로 집단과 조직 속에서 행동하고 생각하며 생활했습니다. 그래야만 지식과 정보에 편리하게 접할 수 있었던 것입니다. 그러나 이제 인터넷을 통해서 조직과 집단이라는 중간매체 없이 직접 그것을 얻게 되었습니다.

이런 상황에서는 폐쇄적 개인화로 공동체의식이 희석되고 개인중심의 이기주의가 팽배해질 염려가 있습니다. 애국심, 애향심, 애교심, 애사심 등이 약화될 염려가 있고 공동체를 위한 희생을 거부할지 모릅니다.

이런 상황전개에 대비하여 군은 교육을 통해서 이기적인 개인화와 참을성 없는 돌출적 개인행동화 등 정보사회에서 생기기 쉬운 인성의 폐해를 막는 교육을 하여야 합니다. 군대교육은 연령적 시기나 조직특성으로 볼 때 개인의 장래에 매우 큰 영향을 줄 것이기 때문입니다. 국가공동체와 사회공동체 등 소속된 공동체를 위한 얼마간의 희생도 감수하지 못하는 국민에게는 장래를 기대하기 어려울 것입니다.

이상에서 한국군의 성장과정과 국가사회에 대한 긍정적 역할에 대해서 살펴보았습니다. 그 결과 우리 국군은 아주 짧은 기간 동안에 질과 양에서 비약적인 발전을 했음을 알 수 있었습니다. 그러나 그 발전의 뒤안에는 많은 어려움과 고난이 있었던 것입니다. 이제 자주국방의 인적·물적 토대가 구축된 가운데 막강국군이 되어가고 있음을 스스로 축하해야 할 것입니다.

그러는 과정에서도 우리 군은 본연의 기능과 역할뿐만 아니라 적어도 우리나라의 산업화와 근대화 과정에서 중요한 견인차적 역할도 했습니다. 적어도 1980년대 이후 민간부문이 각 방면에서 발전하여 오히려 군이 민간부문으로부터 배우고 영향을 받기까지는 그러했던 것입니다.

또 국방을 위해서, 국가사회 전체의 발전을 위해서 군은 새로운 세기의 상황에 맞는 역할을 하여야 한다는 점들을 제기했습니다. 우리나라에서 가장 조직화된 대규모 집단인 군이 새로운 세기에 부합되고 앞서 간다면 나라 전체가 훨씬 더 빨리 부강국으로 될 것입니다. 그리하여 21세기 초반(장차 20년대)에 세계 5~6위권 국가로 부상하도록 하는데 군이 큰 기여를 하기를 기대하여 봅니다. 이 꿈은 결코 허황된 것이 아닙니다. 다만 노력을 하느냐 않느냐에 따라 이룩할 수 있느냐 없느냐가 결정될 뿐입니다.(『육군』, 1997.11.12)

4) 어떤 도발이 예상되는가

최근에 있은 북한군의 침투와 북한의 협박으로 많은 사람들이 북한의 무력적 도발에 관심을 다시 갖게 되었다. 북한의 협박이 어떤 형태로 나타날 것이냐를 알아야 살 길도 찾을 수 있다고 생각했기 때문이리라.

북한의 후속행동에 대해서 여러 사람들이 여러 가지 예측을 하고 있으나 사실 그것들의 대부분은 너무도 구체적인 행동예측들이어서 오판을 되풀이할 위험이 크다. 공을 가진 쪽은 북쪽이며 북쪽은 여러 계산을 할 것이기 때문에 더욱 그러하다.

따라서 구체적인 것보다는 보다 넓은 시각에서 예측 가능한 도발들을 상정하는 것이 더 현실적이라고 본다. 정치·외교 공세를 제외한 물리력을 수반한 북쪽의 대남도발은 크게 보아 다음의 네 가지로 구분될 수 있다.

제1유형: 6·25와 같은 '전면남침'

제2유형: 특정지역에 대한 '국지침공'

제3유형: 특공대 및 특정무기에 의한 '특공침투'

제4유형: 암살, 납치, 파괴에 의한 '단발도발'

논리적으로는 이상의 네 가지 유형으로 물리적 도발을 상정할 수 있으나 복합적으로는 활용될 수도 있고(제3유형과 제4유형의 혼합) 수단 (무기나 병력)을 혼합할 수도 있다.

그러면 과연 북쪽이 지금의 상황에서 어떤 유형의 도발을 해올 수 있을 것인가. 아마도 제1유형은 여러 상황으로 보아 여건이 마련되지 않았다고 볼 것이다. 그리고 제2유형도 택하기 쉽지 않다. 서해의 5개 섬이나 남한 내의 특정지역(또는 시설)을 점거하는 도발은 전면전을 각오해야 하기 때문이다. 물론 그런 곳에 대한 점령이 아닌 시위 및 단발적 공격 등은 있을 수 있겠다.

그렇다면 전면전 위험이 거의 없고 대내외적으로 부담이 적은 제3과 제4유형을 택할 수밖에 없을 것이다.

제3유형은 전방(육상), 후방(해상, 공정부대)으로 소규모 무장 테러 공작대가 침투하여 특정시설물 파괴, 군사정보 수집, 민심교란과 민중 봉기를 위한 친공세력 지원 등 특수목적을 수행하는 것을 말한다. 강릉에 좌초된 북한 잠수함도 바로 이 무장 공작대원들일 수 있다. 이와 비슷한 테러공작대가 다시 침투할 수도 있겠다.

제4유형인 '단발도발'은 문자 그대로 단발적인 행동으로 이루어지는 도발이다. 이것은 몇 명의 특공요원이 북으로부터 침투하여 얼마간의 잠복을 한 뒤 행동하거나 남한 내에 이미 잠입했거나 자생적으로 발생된 친북세력 또는 고정간첩에 의해서 저질러지는 도발이다.

도발 공격목표는 항공기, 선박, 특정 주요시설(주요 공장, 발전소, 변전소, 가스탱크, 교량 등)이다. 이 경우 생·화학적 독극물이 사용(대인용)되거나 폭발물이 사용될 수 있을 것이다.

제4유형의 도발은 남한 내에 있는 간첩 또는 친북세력의 도움을 받아서 행동으로 옮겨질 가능성이 크다. 그리고 비록 단발적인 것이지만 그것이 주는 심리적 영향은 매우 커서 한국의 정치·경제·사회에 중대한 손실을 줄 수도 있을 것이다. 북한지역 내 또는 공해상의 발사대에서 단발적 무기에 의한 공격이 있을 때는 더욱 그러할 것이다.

앞에서 보았듯이 북한은 전면전을 회피하면서 또 북한의 행동이 아 닌 듯 위장하면서 남한에 가해할 여러 도발수단과 방법을 가지고 있다. 그리고 그런 행동들은 남한 내의 국민이 어떤 형편에 있느냐에 따라 취 할 수도 있고 안 할 수도 있다. 분열과 안이하고 낭만적인 대북관, 통일 관, 안보관을 가져서는 안 되는 이유가 바로 여기에 있는 것이다.(『자 유공론』, 1996.11)

제2부

평화, 안보 통일

북한지에 실은 글을 중심으로

제1장
평화통일의 길을 찾아

1. 새 시대와 통일사고

1) 긴장완화의 통일사고

(1) 서언

통일문제에 대한 사고는 두 가지 측면에서 추구될 수 있다. 하나는 통일로 이르는 몇 가지 단계 상황을 가설적으로 설정하여 각 단계에 있어서의 통일을 위한 사고를 어떻게 하여야 하는가 하는 시간개념에 따르는 추구이다. 그리고 다른 하나는 기본적으로 통일문제를 어떻게 보아야 하고 어떻게 풀어야 하는가의 측면에서 추구하는 것인바 거기에서는 수단과 방법 등이 논의 대상으로 될 것이다.

이 두 가지 추구형태 중에서 여기서 다루려는 것은 전자에 따른 것이다. 이 경우 한반도에 있어서 통일의 단계 상황을 안보적인 요소와 관련시켜 설정한다면 긴장적 단계, 완화적 단계 및 융합(통일)의 단계로 설정할 수 있겠다. 긴장적 단계는 양 체제가 개체의 안보에 치중하면서 대립적이고 적대적인 관계를 이루는 단계이겠는데 1960년대까지가 그 단계에 속할 것이다. 이러한 긴장은 완화단계에 들어가면서 천천히 해소되어 가야하며 또 되어갈 것이다. 완화를 위한 노력을 계속하는 동안 민족통합과 정치통일의 단계로 접어들 것이다.

지금의 시점이 바로 완화의 단계라고 하겠는바 이 단계를 여하히 효과적으로 통일에 기여시킬 수 있느냐에 따라 다음 단계의 통합과 통일에서의 결실이 좌우될 것이다. 그것은 완화단계에서의 통일 사고를 어디에 정립하느냐는 것과도 관련된다.

이런 뜻에서 본고에서는 긴장의 통일사고가 어떤 것이며 완화를 위한 통일은 어떤 것이어야 하고 또 미래지향의 통합(융합)을 위한 통일사고는 어떤 것이겠느냐를 살펴보기로 한다.

그것을 위해서 긴장과 완화의 개념을 이해하여야 하기 때문에 완화정책과 공존정책의 상관성을 먼저 살피고 과거(긴장), 현재(완화), 미래(융합)의 차례로 단계적 통일사고의 특징을 제시하기로 하겠다.

(2) 긴장완화의 의미

긴장완화라는 말이 많이 사용되고 있기는 하나 명확한 개념정립을 하기는 어렵다. 그것이 평화공존과는 어떤 관계와 차이를 가지는 것이냐고 할 때는 더욱더 그러하다. 다만 양자가 모두 핵력과 관련되어 국제사회에서 생긴 하나의 역사적 산물이라는 점이다. 핵력에 의해서 전면전의 가능성이 적어지면서 또는 그 가능성을 줄이기 위해서 평화공존(Co-exist) 또는 긴장완화(Detente)라는 말이 거론됐던 것이다. 즉 양자는 모두 핵력과 밀접한 관련이 있으며 이 핵력에 의해서 생긴 상태 또는 그 상태에서 파생된 것이다. 이 점에서 양자는 역사성을 지니는 것이고 또 핵국에서 주도되기 시작하게 되었으며, 그것은 전쟁과 역관계적인 용어이기도 하다. 전쟁과 역관계적인 것이라는 것은 결국 두 가지가 '정책'으로서의 뜻을 지니게 된다는 것을 의미한다.

그런 점에서는 긴장완화정책과 평화공존정책이 무엇인가를 알 필요가 있을 것이다. 물론 그것들을 대비시킨다는 것이 무의미하다는 주장도 있겠으나 후에 한반도의 통일문제와 관련시켜 볼 때 하나의 참고가 될 수는 있을 것이다. 그럴 경우 긴장완화정책을 평화공존정책과는 별개의 것으로 이해하는 방식과 전자를 평화공존 속에서 이해하는 방식의 두 가지가 있을 수 있겠다.

긴장완화정책을 별개의 정책으로 보지 않는 경향은 공산국가들에서 많이 나타난다. 용어상으로 볼 때는 평화공존은 체제를 달리하는 국가가 체제의 상이를 인정하고 평화적으로 공존한다는 것을 말하며 긴장완화는 국가간에 긴장이 있을 경우에 그 긴장을 화해시키는 것을 말한다. 그런데 평화공존은 긴장완화에 도움이 되며 또 긴장완화를 하는 것은 평화공존에 도움이 된다. 이같이 양자는 상보적이며 또 근본적인 철학에 있어서는 평화공존사상이 깔려 있기 때문에 두 개념이 대립될 수 없다는 것을 공산 측에서는 내세우고 있는 것 같다.

공산 측(특히 소련)이 긴장완화정책을 정책으로 인정하려 하지 않는 데는 두 가지 이유가 있는 듯하다. 하나는 소련의 '평화공존론'을 공식화했고, 그것을 하나의 이론으로 정립했다는 역사적 이유가 있을 것이다. 다른 하나는 긴장완화정책은 서방 측에서 크게 제기되고 있는데 그것이 공산사회의 변질을 유발할지도 모른다는 점을 경계하기 때문이다.

원래 평화공존정책은 핵전쟁을 회피하기 위한 수단으로 소련이 내놓은 정책이다. 그러므로 형식논리로 보면 핵전쟁 이외의 전쟁은 피할 수 없다는 것이 되며 핵력을 가진 나라만이 취할 수 있는 정책이라고도 할 수 있을 것이다. 이런 해석에 따른다면 비핵국 간의 완화정책은 핵국(특히 미국과 소련)의 평화공존정책의 테두리 안에서만이 가능한 것이다.

그러나 평화공존의 개념은 매우 넓게 적용될 수도 있을 것이다. 핵전을 가져오게 하는 직접·간접적인 원인을 제거하기 위한 정책과 노력도 평화공존의 개념에 포함될 수 있다. 가령 소련의 체코 및 헝가리 침입에 서방 측(미국)이 아무런 행동을 하지 않았던 것은 현상에 의한 평화공존을 뜻하는 것이며 독소조약이 서명된 것도 독일로 보면 분단의 고정화를 뜻하는 것이지만 동서의 평화공존과 관련된다고 하지 않을 수 없다.

한편 흔히 쓰이는 완화정책이란 말은 서방 측에서 보다 많이 쓰고 있는데 그 경우에도 미·소 공존을 배경으로 하는 현상유지를 전제로 하는 일이 많이 있다. 그러나 물론 현상고정의 정책이 긴장완화의 정책인 것은 아니다.

긴장완화정책은 평화공존을 고려하지만 '전쟁의 회피'라는 소극적 측면뿐만 아니라 '교류의 증진'이라는 적극적 측면을 구체화시킨다는데 특징이 있다. 그리고 이미 진행되고 있는 분쟁은 이를 해결하고 또 때에 따라서는 분야별로 협조하기까지 하는 의미를 갖는다.

그런 점에서 볼 때 평화공존정책은 공산 측에서 내세우며 소극성을 갖는 것이라 하겠고, 긴장완화정책은 서방 측에서 내세우며 적극적인 뜻을 지니는 것이라고 하겠다.

그런데 양자의 이러한 개념구분의 곤란성은 구주의 현실에서보다도 아시아의 현실에 투영시킬 때 더욱 커지는 것이다. 구주는 공존이 정착됐고 현상이 확정됐으나 아시아는 그것들이 불안정성을 가지고 있기 때문이다. 그러므로 아시아에서는 현상유지와 그에 따르는 분쟁해결 그리고 공존이라는 것을 풀기 어렵다.

그러기 때문에 아시아(특히 동남아)에서는 긴장완화를 위한 정책을 구상할 때는 평화공존의 상태가 이룩될 수 있게 동시적인 고려를 하지 않으면 안 될 것이다. 또한 초대국의 하나인 미국이 개입한 대규모적인 전쟁이 핵전으로 발전하지 않았다는 역사 실례로 보아 아시아에서는 평화공존을 선행시키고 그것을 기초로 긴장완화를 추구하는 방식보다는 그 반대의 정책이나 동시추구가 바람직할 수도 있다. 우리나라의 경우는 무엇보다도 먼저 긴장완화가 확립되어야 할 것이며 그것을 기초로 한 평화도 '2개의 한국'이라는 논리에서가 아니고 '하나의 한민족'이라는 차원에서 고려되어야 할 것이다. 이 점에서는 적어도 양독이 추구하는 완화책 및 공존책과는 근본적으로 달라야 함을 뜻한다. 또 공존책은 주로 소련이나 중공에게 완화책은 북한에게 지향될 수도 있을 것이다.

(3) 긴장의 통일사고

1948년 남북한에 각기 다른 체제가 성립된 이후 적어도 1960년대까지에는 남과 북에서 모두 냉전적인 통일사고가 크게 강조되어 왔다. 안보를 전제로 했던 이 냉전적인 통일사고는 바로 한반도에 긴장을 높이게 한 요인들이기도 하였다.

긴장적 통일사고 중에서 중요한 것을 든다면 가령 다음과 같은 것들이 있다고 하겠다.

첫째, 유일성론에 따르는 절대주의적 사고이다.

남북관계와 관련하여 볼 때 절대주의적 사고란 상대적 존재의 부정을 뜻한다. 그러므로 all or nothing이라는 영화(Zero Sum) 게임의 양자관계가 거기에서는 일어난다.

이런 관계란 결국 '나'의 존립 즉 전부와 '너'의 멸망 즉 무를 요구하게 된다. 따라서 유일성이론과 절대주의적 사고는 그것이 비록 때로는 주민에 대한 통치기술상의 필요에 따라 강조되기도 하지만 상대방에 대해서는 큰 자극을 주게 마련이다. 그리하여 상대방을 근본적으로 배격하고 그 존재를 부인하는 사고는 두 가지의 사태발전을 가져 올 수 있는 것이다.

하나는 통일보다는 오히려 분할 속에 안주하려는 성향이요, 다른 하나는 공세적이고 적극적인 일방의 타방으로의 체제와 이념의 강요이다. 체제와 이념의 타방으로의 외연화를 보다 적극화시키려 할 때 긴장이 고조되게 마련이고, 전쟁의 위험성을 지니게 된다. 반대로 분할 속에 안주하려 할 때 통일은 멀어지고 만다. 이 두 가지 상태는 우리민족이 모두 바라는 바가 되지 못할 것이다. 그러므로 유일성론과 절대주의적 사고는 긴장완화(전쟁방지)를 저해하며 때로는 통일자체를 멀게 한다고 하겠다.

우리의 유일성이론과 절대주의적 사고는 독립과정에서 비롯된다. 우리는 범세계적 평화기구인 국제연합에 의한 유일합법성이 인정됨으로써 정통화의 기틀이 세워졌고 그에 대해서 북한은 북반부와 남반부라는 용어로 유일성의 근거를 찾으면서 '미국의 강점하에 있는 남한정부'는 인정할 수 없다는 입장을 취하여 왔다.

둘째 상대방의 소멸을 위한 흡수주의적 사고이다.

흡수주의적 사고는 유일성이론과 상대부정론과 같은 첫 번째의 사고방식에서 나오는 자연적인 산물이기도 한바 '악의 세력'이 지배하는 상대지역을 '수복' 또는 '해방'하여야 한다는 것이다. 따라서 그런 사고는 일방적인 흡수통일을 뜻하기 때문에 타방으로의 체제와 이념의 외연화를 수반하게 된다. 외연화를 강력히 추진하려 할 때는 자연히 마찰을 일으키게 되므로 흡수주의는 폭력수단에 의존하는 경우가 많을 것이다.

흡수주의가 폭력지향성을 강하게 지니고 있으므로 그러한 사고는 자연히 군사력과 관련된 긴장을 일으킨다. 즉 군비경쟁에 따르는 긴장의 고조화나 군사력을 사용하는 흡수기도에서 생기는 분쟁이 생길 위험이 커진다는 것이다.

이 두 가지 사고는 서로 상관성을 가지겠지만 그것들이 장에 직접적인 영향을 미쳤다기보다는 그러한 것들의 행동화에 따라 긴장이 높아지곤 하였다. 북한은 보다 적극적인 흡수주의의 행동화에 치중하였기 때문에 그 전략의 특성은 공세적이었던 것이다.

그런데 앞에 말한 긴장의 통일 사고들의 바탕에는 갈등철학이 깔려 있다고 생각된다. 남북한을 갈등적인 존재로 파악하여 그에 따라 현상을 이해하려는 데서 긴장적 통일사고가 생기는 것이다.

갈등철학에 바탕을 두는 긴장적 통일 사고를 취할 때는 정치적 이데올로기와 그에 관련된 체제가 강조되어 남북의 단위체제는 각각 안보 면에서는 개체의 안보를 중요시하고 통일 면에서는 흡수주의의 방식을 택하게 되는 것이다.

남북관계의 과거에 대해서는 말할 것도 없으려니와 현실상황에 대해서도 갈등철학에 의한 파악은 매우 효과적인 수단이 될 수 있다. 사실 남북 간에는 이념의 갈등이 매우 심각하기 때문에 갈등철학이 그런 현실을 설명하는 데는 매우 적절했다고 보인다. 그러나 그 철학은 분열현상을 분석하는 데나 유효할 수 있을 뿐이지 통일문제를 해결하는 데는 큰 문제를 일으키게 될 것이다. 폭력(무력)통일로의 발전이 그것이다. 그러므로 긴장적 통일 사고는 정당성(명분)을 가질 수 없을 뿐만 아니라 실천성을 가질 수도 없다고 하겠다.

(4) 긴장적 통일사고의 전개과정

긴장적 통일 사고는 1960년대까지 한반도를 지배했다고 생각된다. 1971년의 '8 · 15선언'이 있기 전까지는 적어도 그것이 일반화된 공리인 듯이 보였던 것이다. 그리고 그것은 통치자들의 통치기술로 만들어진 상대방의 허상을 전제로 해서 한민족전체의 의식 속에 더욱 뿌리내리고 있었던 것 같다.

긴장적 통일사고의 전개과정은 통일과 관련된 전략의 변화에서 그 변천을 찾을 수 있겠는데 남북한의 통일과 관련된 전략의 변천과정을 살펴보자.

통일과 관련하여 북한에서 취하여 왔던 태도는 기본적으로 체제와 이념의 남한으로의 외연화였다. 그 외연화의 가장 표면적이고 공세적이었던 사건이 6 · 25전쟁이겠지만 48년 후 북한은 다음과 같은 단계를 거쳐 그 태도를 변화시켜 왔다고 하겠다.

제1단계는 1948년부터 휴전이 이룩된 때까지이다. 이 기간동안에 북한이 취하여 온 긴장적 태도는 '남한의 직접적인 해방'으로 생각된다. 즉 이 시기에 북한이 취한 태도는 내부적 역량의 축적보다도 이념의 남한으로의 외연화라고 하는 공세적인 것이었다.

외연화의 두드러진 사건이 6·25전쟁이다. 그런데 내실화가 뒷받침되는 외연화가 아니었기 때문에 이때의 북한은 국제주의적·외세의존적인 외연화를 꾀했다. 내실의 뒷받침 없는 외연화 기도는 외적인 상황의 변동이 있자 곧 공동화하고 말았던 것이다. 그리하여 직접방식에 의한 '남한의 해방'은 북한자체의 상실에 이를 뻔했던 것이다. 이 점은 북한이 그 후에 내실치중을 하게 한 요인이 되었을 것이다.

제2단계는 휴전에서 1960년대 중반까지의 기간이다. 이 기간에 북한이 취한 긴장적 통일태도의 특징은 내향성을 갖는 것이었다. 1960년대까지는 경제복구에 치중하는 지역내적인 정비로 나타났다. 이것은 제1단계에서 직접적인 '남한 해방'을 자체정비 없이 감행했기 때문에 실패했다고 판단한 결과인 듯 하다. 북한이 내향성을 보였기 때문에 이 시기가 한반도에서는 가장 전쟁의 위험이 적었던 때라고도 할 수 있다. 물론 이때에도 작은 긴장적 사건이 없었던 것은 아니다. 1960년대 전반기에는 북한이 주로 군사면의 내실화를 추구하였다. 동맹체제화와 내적인 고도국방체제화를 추진했던 것이다. 동맹체제화는 중공 및 소련과 이루어졌고 고도국방체제화는 4대 군사노선으로 시작되었다. 이 두 가지는 다같이 군사적 성격을 띤다는 점에서 그것이 내실화를 지향한 것이라고는 하더라도 곧 공세적인 외연화의 태도가 나올 수 있음을 암시하고 있었다.

제3단계는 1960년대 후반에서 1970년대 초까지이다. 이 시기에는 북한의 통일과 관련된 태도는 고도국방체제를 바탕으로 하는 간접접근방법의 특징을 보인 듯 하다. 그 두드러진 예가 1967년부터 1969년에 걸쳐 있었던 무장공작대의 남파와 그 후에 계속된 '통일혁명당'의 건립에서 찾을 수 있을 것이다. 이들 사례는 북한이 직접적으로 남한을 '해방'한다는 방식에서 '해방투쟁'을 촉발 또는 지원한다는 간접방식으로 변천했음을 뜻하는 것이다.

직접방식이든 간접방식이든 그것이 이념과 체제의 외연화를 지향했던 동안에는 한반도에서의 긴장요인이 해소될 수 없었다.

한편 한국의 경우는 체제의 정비라는 내향적 성격이 앞의 기간동안에는 두드러졌다. 유일합법성의 강조가 형식논리로 볼 때는 배제의 논리에 바탕을 두는 것이기는 하나 공세적 흡수주의로 행동화되지는 않았다. 그것은 국제사회에서 차지한 우월한 위치를 유지하려는 것이었다는 점에서 방위적이며 내향적인 것이었다. 이런 논리에 따라 생각할 때 반공도 역시 자유민주체제를 위협으로부터 유지하기 위한 수단으로 이해되어야 하고 따라서 그것은 방위적·내향적인 성격을 갖는 것이다. 그것은 이념과 체제를 다른 지역으로 외연화시키는 것이 아니기 때문이다.

또한 유일성론과 그에 따르는 상대의 부정 및 적대개념이 긴장적 통일사고의 국면으로 나타나기는 하였으나 행동원리는 체제의 내실화에 치중되었기 때문에 남한에서는 '선건설 후통일'로 상징되는 신중론이 일반화되었다.

앞에서 보았듯이 해방 후의 역사에서 볼 때 긴장적 통일사고는 적어도 1960년대까지의 한반도에서 지배적인 것이었고, 북한의 경우가 보다 강했다고 하겠다. 북한이 긴장의 논리에 보다 충실했던 것은 공산주의가 지니는 속성 때문인 듯 하다. 공산주의 혁명론은 모순론에 바탕을 두며 혁명방식으로 폭력이 활용되기 때문이다. 이 때문에 북한은 혁명의 수출을 꾀하게 되며 그것은 폭력과 공세성을 갖게 되는 것이다.

1960년대까지 한반도를 휩쓸고 있었던 긴장적 통일사고와 거기서 파생된 적대의식, 절대적인 선악관, 일방의 몰락과 일방의 흡수관, 상호

불신 등은 1970년 8월 15일에 있었던 '8·15선언'을 계기로 하여 천천히 풀리기 시작하였고, 사고의 방향을 바꾸게 하였다. 이때까지 한민족의 통일사고의 밑바닥에 흐르고 있었던 긴장주의는 비극만 가져왔을 뿐이고 현실상황에서는 아무런 실효성도 갖지 못했던 것이다. 그것은 적대감과 불신감만을 확대 재생산시켜 다시금 전쟁의 참상을 이 땅위에 재현시킬 수도 있는 것이었다. 이런 상황에서는 긴장완화적 통일사고가 요구되지 않을 수 없었는바 '8·15선언'은 긴장완화적인 통일사고를 하게 하는 계기였다는 점에서 큰 뜻이 있다고 하겠다. 그것은 긴장의 논리에 입각한 통일사고를 완화의 논리에 의한 통일사고로 전환케 한 계기가 되었던 것이다.

(5) 완화 및 융합의 통일사고

'8·15선언'이 긴장의 통일관을 완화의 통일관으로 변환시키는 계기가 되어 그 후에 있었던 적십자회담과 공동성명 및 조절위원회의 활동으로 이제 한반도에서는 완화와 융합의 통일관만이 정당화 될 수 있게 되었다.

더욱이 '7·4공동성명'은 완화와 융합의 통일사고를 뚜렷이 표상하고 있다. 긴장을 완화시키려면 무력충돌을 예방하고 교류의 증진에 의해서 상호이해를 높여야 하며 통일을 평화적 방법으로 추구하지 않으면 안 되는데 이런 것들이 거기에서 천명되었기 때문이다.

그런데 이런 것들은 결국 '상대주의'와 '평화주의' 및 '민족주의'를 바탕으로 한다. 즉 완화와 융합을 위해서는 통일논리가 적어도 이들 세 가지를 전제로 하지 않으면 안 된다고 하겠는바 그것들이 구체적으로 무엇을 뜻하는가를 생각하여 보기로 한다. 그러나 상대주의는 긴장의 통일사고를 논할 때 암시적으로 기술되었기 때문에 여기서는 평화주의와 민족주의만을 완화와 융합의 통일사고로 언급하기로 하겠다.

평화주의는 완화의 통일사고에 있어서 핵심이 되는 것이지만 그것은 상대주의와도 깊은 관련이 있다. 누구와의 평화냐는 것은 결국 상대적 존재를 의식할 때 제기되는 것이며 또 상대와의 교류와 기타의 방식에 의한 이해를 통해서 그것이 현실화될 수 있기 때문이기도 하다.

이미 말한 바와 같이 비평화통일론을 생각하게 되는 바닥에는 유일성론과 불상종론 같은 절대주의와 흡수주의가 흐르고 있는 것이다. 이에 대해서 평화통일론에는 대화론과 경쟁론과 같은 상대주의가 전제되고 있다. 지금의 역사적 진행으로 보면 무력통일론이나 폭력혁명론에서 평화통일론과 대화론으로 기울어져가고 있고 또 그렇게 기울지 않을 수도 없다. 평화주의는 비록 우회적이고 시간이 걸려야만 통일의 실효를 거두게 되는 것이기는 하지만 민족의 비극을 재현시킬 수 없다는 점에서 정통화되고 있는 것이다.

폭력통일론은 명분의 세계에서뿐만 아니라 현실의 세계에서도 인정될 수 없다. 통일이 지고선이기는 하나 평화와 안전을 해치는 방법으로 이룩한다는 것은 명분을 가질 수 없는 것이다. 또 현실적으로 보아서도 통일을 위한 전쟁이 재발된다고 하더라도 국제정세나 남북한의 내부사정에서 볼 때 통일의 가능성은 희박하다. 이 점에서 폭력통일론은 현실성을 가질 수 없다는 것이다.

따라서 통일노력은 전쟁요인을 하나씩 제거해 나가며 전쟁의 재발을 막는 안전장치의 점차적인 증대를 지향하면서 집중되어야 할 것이다. 그런 조치들 가운데는 대화의 계속과 교류의 점진적인 진행이 있을 수 있겠다. 비록 그러한 조치들이 긴장을 완화시키는데 실패한다고 할지라도 적어도 상호이해를 증진시키는 지식을 얻을 수는 있는 것이다. 남북한의 지도급 인사들이 대화를 위해서 상대지역을 서로 방문한다는 것은 폭력수단을 버리도록 하는데 있어서 실마리가 될 수 있을 것이다. 상대지역의 '실상'을 이해하는데 도움을 주고 그것은 폭력통일을 막는 요인이 될 수 있기 때문이다.

가령 북한의 지도자들은 남한이 '미국의 강점지역'이라는 생각을 버리게 될 것이며 또 자본주의 체제하에서의 경제성장을 이해할 것이다. 또 남한의 지도자들은 북한의 조직사회적인 특성을 정확히 파악하고 이해하여 통일 및 북방정책을 현실기반 위에서 세울 수 있을 것이다. '실상'의 이해가 평화통일 및 전쟁억제에 도움이 될 것은 확실한 것이다.

물론 대화가 긴장을 풀고 융합과 통일의 기틀을 마련하는 계기가 되기는 하겠지만 그것만으로는 목적이 이루어질 수 없음이 분명하다. 대화과정이 아닌 경로에 의한 교류가 증진되어야 한다. 교류는 남북 간의 상호작용도를 높인다. 상호작용도가 높아짐에 따라 남북 간의 차이가 수렴 또는 해소될 수 있고 따라서 통합의 기틀을 더욱 키울 수 있다.

완화의 사고는 '평화주의'와 '상대주의'이겠으나 그것만으로는 통일이 이루어지는 것이 아니다. 다만 전쟁의 재발을 막고 통일의 전제적 실상을 이해할 수 있을 뿐이다. 그러므로 완화의 통일사고는 융합의 사고로 발전되어 비로소 통일화를 이룰 수 있다고 하겠다.

융합의 통일사고는 결국 민족주의로 이해된다. 국제주의와 정치적 이데올로기가 우선했던 지난날의 사상은 이제 민족주의에 의해서 초극되어야 할 단계에 이르고 있다. 1960년대에 남북한에서 각각 '자체성'과 '자주성'이 제기되었던 일이 있다. 따라서 그것들은 통일과 직결되는 것이라기보다는 통일에의 과정에서 나타난 하나의 현상이라고 할 수 있다. 그러던 것이 '7·4공동성명'이 있자 그러한 '반(半)민족주의'는 '전국적인 통일의 민족주의'로 발전하였다.

그러나 융합의 논리로서의 민족주의는 아직도 정화되지 않으면 안 되는 점을 적어도 두 가지 지니고 있는 듯 하다. 하나는 계층성으로부터의 탈피이다. 통치자적인 민족주의와 대중적인 그것이 있어서는 안 될 것이다. 그리고 경제생활이나 문화생활의 공통성을 민족개념에 적용할 때는 계급적 의미와 사상성이 중요시되는데 이럴 경우에는 일부의 계급과 특정의 사상소유자만이 같은 민족으로 규정되고 말 것이므로 이 같은 개념에 의한 민족주의도 지양되어야 할 것이다.

그런 점에서 생각할 때 융합을 위한 민족주의는 계급성과 사상성(파당성)을 지양한 것이어야 한다. 전한적인 민족주의의 개념이 통일을 위한 것으로 정착되어야 한다. 그러한 민족주의에서만 융합의 통합이 이루어질 것이며 또 통일이 가능할 것이다.

(6) 결어

앞에서 한반도의 통일을 위한 사고를 긴장적인 것, 완화적인 것, 융합적인 것으로 구분하여 살펴보았거니와 통일로의 길에 다가가기 위해서는 완화의 사고가 확립되고 융합의 사고가 뿌리를 내려야 한다는 것이다. 그러나 남북관계의 완화는 '2개의 한국'을 강조하는 것이어서는 안될 것이다. 한반도에서는 '공존책'보다는 '완화책'이 강조되어야 한다는 것이다. 한반도의 통일공식과 독일의 그것과는 달라야 한다는 것이다.

우리와 어느 면에서는 반대의 환경을 지니는 독일의 방식을 우리가 그대로 받아들일 수는 없다. 그렇다고는 하나 상대방을 허상으로만 이해할 수도 없다. 그러므로 완화에 의한 전쟁예방을 계속하면서 교류를 통하여 융합을 조금씩 진행시켜야 할 것이다. 그러한 역사과정을 거치는 동안에 민족적 통합(민족생활의 동질화)을 어느 정도 이루고 그것을 최후의 정치적 통일을 이룩하는 바탕으로 성장시켜야 할 것이다. 그리고 정치적 통일을 이룰 때까지 올바른 민족주의가 이 땅위에 정통성을 가지고 정립되어야 할 것이다.(『북한』, 1973.4)

2) 남·북한 통일관의 재정립

(1) 서언

우리는 올해가 민족통일사에 있어서 매우 중요한 해로서 기록되기를 기대하고 있다. 그러한 기대는 남·북 최고당국자의 상호 방문이나 회담이 이루어질 때 현실화 될 수 있었을 것이다. 그러나 한국의 방문 및 회담 제의가 모두 거부됨으로써 우리의 기대는 아마도 실현되기 어려울 듯이 보인다.

우리가 올해를 중요시하는 것은 외세에 의해 강제로 식민생활을 하던 36년의 역사가 1945년 해방과 더불어 마무리 지었듯이 분단생활도 올해로서 36년을 끝맺기를 염원하는 뜻이 거기에 담겨져 있기 때문이다.

그러므로 비록 민족운명 결정에 있어서 중요한 위치에 있는 남·북 최고당국자의 회담과 방문이 아직 실현되지 않았다고 하더라도 우리는 올해를 통일역사의 시작의 해로 삼아야 할 것이다. 일제에 의한 피지배의 식민 36년사와 분단 36년사가 청산되는 해가 되어야 한다는 것이다. 즉, 올해가 통일사의 초년이 되기를 기대하는 것이다.

올해가 통일사의 초년이 되려면 통일에 대한 보다 적극적인 노력이 있어야 할 것인바 무엇보다도 통일관의 재정립이 요구될 것이다. 통일관의 재정립은 적어도 세 가지 각도에서 진행되어야 할 것이다. 하나는 종래에 별로 문제시하지 않았던 통일국가의 상을 명확히 정립하는 일이다. 지금까지 대부분의 통일논의는 통일방법에 관한 것이었고 통일국가상에 있어서는 막연한 면이 없지 않았다. 즉, 공산 측은 공산국가의 건설(적화)을 지향했고 자유 측은 자유민주국가의 건설이라는 정도에서 통일국가상을 생각했다고 볼 수 있다. 이제 우리는 통일사를 전개시킴에 있어서 장차의 통일국가상에 대한 뚜렷한 설정이 요구되기에 이르렀다.

다른 하나는 통일문제를 생각하고 해결하는데 있어서 어떤 철학과 정신을 바탕에 깔아야 하느냐의 문제이다. 민족성원 전체에게서 공감될 수 있는 사상적 바탕을 형성시키지 않으면 모든 주장이 공리와 공론이 될 수밖에 없기 때문이다.

또 하나는 통일문제를 해결하는 방법으로써 어떤 것이 추구되어야 할 것인가의 문제이다.

그런 뜻에서 이상이 세 가지 각도에서 통일관의 재정립을 위한 몇 가지 논리를 여기에 제기해 보기로 한다. 그리고 통일의 기초와 방법에 관해서는 남·북한이 종래에 주장해왔던 것을 바탕으로 하여 생각하기로 한다.

(2) 지향할 통일국가

통일된 뒤의 국가가 어떤 국가여야 하는가에 대한 물음에 쉽게 답하기는 어렵다. 그러나 통일국가상 또는 통일된 뒤에 우리가 세워야할 국가가 어떤 것이어야 하는가를 생각함에 있어서는 적어도 다음의 몇 가지가 고려되어야 할 것이다.

① 현대사회에서 추구되고 요구되는 일반적 원칙이 수용되는 나라의 체제여야 한다. 우리는 통일국가를 세워 발전시킴에 있어 인류사의 발전단계에서 뒤지는 것을 택할 수는 없을 것이다. 적어도 문명한 인간이 발전시킨 최선의 원칙에 충실한 국가체제를 세워 발전시켜야 한다는 것이다.

② 4강의 이해대립 속에 위치한 한반도에서 생존할 수 있는 체제여야 한다. 그것은 4강에 의해서 희생되어서는 안 된다는 논리와 4강 대립 속에서도 고유한 민족국가로서 발전할 수 있는 체제여야 함을 뜻한다.

③ 이념과 체제를 달리하는 분단된 상태가 용해되는 체제여야 한다. 우리는 인간이 발전시킨 최선의 제도와 체제를 수용한다는 일반성을 무시해서는 안 되지만 4강 속에서 분단을 극복하여야 하고 다른 이념에서 살아온 남·북한 주민을 동질화시켜야 하는 특수성을 무시할 수도 없는 것이다.

④ 인구밀도가 통일된 뒤에도 높은 편이며 현대국가가 필요한 주요 자원을 가지고 있지 못한 상황이 고려된 체제여야 한다. 이상의 주요 고려사항을 전제로 할 때 우리가 지향할 통일국가의 상은

어떤 것이어야 할 것인가? 통일이라는 수단과 과정을 가지고 우리민족이 목표로 해야 할 국가상으로 다음과 같은 것들을 생각할 수 있을 것이다.

첫째, 자주적 민족국가가 되어야 한다.

우리는 4강의 이해 대립 속에 사는 민족이다. 4강은 분단된 지금은 물론이고 통일된 장래에 있어서도 이해의 일치를 보기 어렵다. 부동항을 필요로 하는 소련은 한반도가 소련의 전략적 기지의 구실을 하기를 바랄 것이지만 일본은 물론이고 미국은 그것을 바랄 수 없을 것이다. 그러한 4강의 이해대립 때문에 우리는 지난날의 중요한 역사 전환점에서 그들에 의해서 희생된 일이 많았다.

따라서 4강에 의해 희생되지 않고 오히려 4강을 활용할 수 있으려면 통일국가가 어떤 나라의 영향을 크게 받는 위치에 있어서는 안될 것이며 자주적인 통일독립국가로 굳건히 존재해야 할 것이다. 한민족이 지난날 외침과 외세의 어려움 속에서도 굳건히 살아온 민족이었다는 점을 감안할 때 자주적 민족독립국가로서 4강관계를 활용하는 나라로 발전할 수 있을 것으로 믿는다.

둘째, 자유로운 민주국가가 되어야 한다.

모든 인간은 자유를 추구한다. 그 자유의 개념이 구속의 결여라는 소극적 개념이든 참여 속에서의 자아의 실현이든 인간은 모두가 자유를 추구하고 바란다고 볼 수 있다. 그러기에 사람에게는 자유가 소중한 것이기도 하다.

따라서 인간의 자유가 보장되고 확보되는 사회가 이룩되는 국가체제가 이루어져야 한다.

그리고 인류가 찾아낸 최선의생활방식 및 정치제도로서의 민주체제가 이루어져야 할 것이다. 민주적인 공화국을 제외한 다른 제도는 한민족의 해방 후의 경험으로 보아 채택될 수 없을 것이기 때문이다.

셋째, 평화적 문화국가가 되어야 한다.

우리는 고래로 평화를 사랑해온 민족이다. 무수한 외침을 받았지만 우리는 외국을 침략한 일이 없는 민족이다. 이러한 전통을 유지한다는 면에서 뿐만 아니라 인접국가의 성격으로 볼 때도 평화지향적 국가로 있어야만 될 것이다. 그러나 그것은 자기존립을 위한 노력과 장치를 소홀히 해도 좋다는 뜻이 아니다. 대륙부속의 반도국가로서 강대국과 접해 있기 때문에 자존을 위한 노력은 통일 후에도 계속 필요할 것이기 때문이다.

평화를 바탕으로 할 때 전민족이 화합하고 전민족이 동질화되는 상태가 이루어질 것이다. 그러한 것을 기초로 하는 문화 민족국가를 이룩해야 할 것이다. 고유의 민족문화가 회복되고 선양되며 발전하는 문화국가를 지향해야 한다는 것이다.

넷째, 풍요로운 복지국가가 되어야 한다.

많은 나라가 복지사회를 이룩하려 하고 있다. 사회주의나 공산주의 국가에서 평등을 중요시하여 복지사회적인 면을 보이고 있으나 자본주의 국가와 자유민주국가에서 어느 면에서는 복지국가의 성격을 더 지니는 경우도 많다.

그런데 복지는 가난 속에서 추구될 수 있는 것은 아니다. 거기에서는 빈곤의 평등은 있을지 모르나 복지는 이룩될 수 없기 때문이다.

따라서 번영의 단계를 거쳐 풍요사회를 이루면서 복지국가가 추구되어야 할 것이다.

그런 점에서 본다면 빈곤의 분배가 되지 않고 풍요의 배분을 가능하게 하는 체제와 제도가 채택되어야 할 것이다.

그것은 지금까지 남북한의 경제경쟁과정과 그 결과에서 어떤 암시를 받게 될 것이다. 북한의 공산주의 방식은 풍요의 배분을 가능하게 하지 못했고 빈곤의 분배를 가져왔던 것이다.

이상에서 보는 바와 같은 통일조국의 상은 자유와 평등이 조화 있게 보장되는 풍요로운 민주복지국가이고 내외적인 평화와 민족자주성과 독립이 확보되는 민족문화국가인 것이다.

(3) 간직할 통일사상

앞에 제시한 목적, 즉 통일국가의 상을 실현시키기 위해서는 어떤 사상을 바탕에 깔고 어떤 방법을 추구해야 할 것인가를 생각해 보기로 한다. 물론 여기에 제시하는 통일사상은 통일을 실현시키는 방법의 기본적 바탕이 되는 사고이기 때문에 방법논리일 수도 있으나 세 가지를 거기서 분리하여 제시해보기로 한다.

첫째는 민족주의이다.

통일은 우리민족이 하나의 생활권 속에서 하나의 민족국가를 이루는 것을 말한다. 그러나 그것은 단순한 영토적·지리적·정치적인 연결과 단일화를 뜻하는 것일 수 없다. 이념과 체제를 극복한 민족사회 및 민족동질화와 민족결합인 것이다. 그러기에 우리는 통일의 사상으로써 민족주의를 채택하지 않을 수 없다.

그러나 민족주의는 '부르주아민족'이나 '사회주의적 민족'으로 구분되는 것과 같은 뜻일 수는 없다. 그리고 민족이 자본주의적 역사의 유물로 규정되어서는 안 된다. 따라서 통일의 사상적 바탕으로서의 민족주의는 부분이나 계급의 입장에서가 아니라 주체의 입장에서 규정되는 것이어야 한다.

즉, 우리가 추구해야 할 민족주의는 계급주의나 부분이익 지향적인 것이 아니다. 그것은 통일의 주체와 통일국가의 주체가 우리민족 전체로 보고 통일에서 얻는 이익이 민족 전체에게 돌아가도록 하는 것을 말한다. 우리민족의 역사발전의 주체는 우리민족 전체이며 통일국가의 정치목적이 민족 전체의 이익에 있어야 한다는 것이다. 따라서 통일에 있어서는 민족주의가 바탕에 깔려야 함은 말할 것도 없다.

둘째는 점진주의이다. 평화를 이루면서 36년간이라는 오랫동안의 고통을 단숨에 제거할 수만 있다면 우리는 그 방법을 택할 수 있다. 그러나 그것이 평화를 보장할 수 없는 것이라면 일괄 타결적인 통일을 지향할 수는 없을 것이다.

통일의 사상적 바탕에 점진주의가 깔려야만 되는 이유는 바로 전쟁을 막으면서 통일을 달성해야 한다는 명제에 있다. 평화를 포기할 수 없는 것은 쓰라린 6·25전쟁의 경험 때문이다.

우리민족은 분단 후 이질적인 체제 속에 생활하는 동안 이질화되었거니와 전쟁을 경험한 뒤에는 적대화와 불신화 및 장벽화가 더욱 심화하였다. 그러므로 민족적 동질화와 신뢰회복 및 교류 등을 진행시키지 않고 지리적·정치적 통일을 서두를 때에는 충돌의 위험이 따르게 마련이다. 평화확보(제도화)와 교류 등은 평화통일의 기초가 된다는 것이다. 그런 노력을 하지 않고 그러한 조치를 하지 않고 무리하게 정치적 통일을 이루려 할 때는 전쟁이나 내란이 일어날 염려가 크며 통일 자체도 달성되기 어렵다고 본다. 점진주의가 통일사상이 되지 않으면 안 되는 이유가 바로 여기에 있다.

우리민족은 남·북으로 갈리어 지금 냉전분열의 상태에 있다. 이 단계에서 평화통일에 이르려면 공존의 단계를 거쳐야 다음 단계인 화해연합을 할 수 있고, 화합에 의한 평화통일을 이룰 수 있을 것이다. 따라서 냉전분열을 하고 있는 지금의 형편을 무시하고 일괄 타결주의를 주장하는 것은 비현실적인 생각이며 전쟁위험을 일으키게 하는 것이라고 본다.

교류를 통해서 민족의 결합을 하면서 동질화를 이룩하고 신뢰회복과 평화의 제도화에 의해서 평화기반을 이룩하고 그것들을 바탕으로 지리적·정치적 통일을 할 때 전쟁과 내란이 없는 평화통일이 가능하다는 것이다.

셋째의 통일사상은 상대주의이다.

우리민족은 지금 이념을 달리하는 체제 속에서 살아오는 동안 두 개의 서로 다른 사상체제를 갖는 두 개의 '이념화된 두 개의 국민'으로 갈리고 말았다. 이것은 부인할 수 없는 현실인 것이다. 서로 다른 이념적 인간군이 남과 북에 존재하는 현실에서는 어느 쪽도 상대방의 존재를 무시해서는 안 될 것이다. 상대방과의 협의가 없이는 평화통일이 이루어질 수 없기 때문이다.

서울과 평양에 각각 이념을 달리하는 정부가 존재하는 것을 인정하고 남과 북에 각각 다른 사상체제를 가진 사람들이 살고 있다는 것을 인정하는 상대주의가 요구된다는 것이다. 상대주의를 부정하고 유일주의와 절대주의를 정신적 바탕으로 할 때는 자연히 상대방에 대한 타도와 흡수를 지향하게 되어 전쟁을 초래할 것이기 때문이다.

그런데 북한은 유일주의를 사상적 바탕에 깔고 통일문제에 접근하고 있다. 북한정권보다 두 배가 넘는 인구를 관할하고 있는 한국정부를 인정할 수 없다는 유일주의를 지향하고 있다. 그리고 민주주의(민족주의) 세력을 부인하고 계급주의에 입각한 하나의 세력 존재만을 생각하고 있다.

그렇기 때문에 유일주의를 바탕에 깔고 있는 북한의 통일정책은 공세성을 갖게 된다. 친공정부가 아닌 경우 남한에 존재하는 어떤 정부도 타도대상이 되며 북한체제를 남한으로 옮기려는 적화통일이 추구되고 있다.

따라서 한반도의 통일을 평화적으로 이룩하기 위해서는 무엇보다도 그 바탕에 상대방을 인정하고 '상대방과 더불어' 통일문제를 해결하려는 생각이 선행되어야 한다고 본다.

(4) 추구할 통일방법

앞에서 제시한 통일국가상을 지향하고 통일사상을 바탕에 깔고 어떤 통일방법론을 정립할 것인가? 앞에서 제시한 통일사상에 이미 그것이 함축되어 있기도 하지만 통일방법으로는 다음 세 가지를 생각할 수 있다.

첫째, 자주통일이어야 한다.

통일문제는 본질적으로 우리민족 자체의 문제이므로 민족자결권이 행사되면서 실현되어야 한다는 원칙이다.

조국의 분열과 분단은 타율에 의해서 이루어졌다. 미·소 양국의 전후 처리방법의 하나로서 한반도가 분단된 것이다. 타율에 의해서 분단되었기 때문에 통일도 타율에 의해 이루어져야 하고 또 그래야 이룩될 수 있다는 주장을 하는 사람이 없지 않다. '결자해지'라는 속담에 맞는 논리이다.

분단이 비록 타율에 의해서 이루어졌다고 해서 통일이 타율에 의해 이루어져야 할 이유는 없다. 분단의 책임을 지고 있는 강대국이 그것을 해소시킬 도의적 책임이 있기는 하나 그들이 통일의 권리나 의욕을 갖고 있다고 보기는 어렵기 때문에 통일은 우리민족이 주도하고 해결해야만 할 것이다. 강대국에 우리의 통일문제를 맡길 경우 빨리 실현되기도 어려우려니와 그들 간의 이해대립으로 우리가 지향하는 방향의 통일이 되지 않을 수도 있기 때문에 더욱 그러하다.

따라서 통일은 우리민족 스스로 주도하고 해결해야 한다고 본다. 다만 4강 등은 우리민족의 통일노력에 대한 협력자로서 기능해야 할 것이다. 이 기능은 그들이 분단에 대해서 직접 또는 간접적인 책임이 있고 따라서 통일에 대해서도 각각의 책임이 있기 때문에 수행해야 할 일이다.

둘째, 민주통일이어야 한다.

통일에 이르는 과정이 한민족 전체의 의견이 반영되고 그 형태가 주민의사에 의해서 이루어져야 한다는 원칙이다.

그것은 민족의 운명이 주민 자신의 자유로운 의사표시의 절차를 통해서 결정되어야 한다는 논리이다. 주민 스스로 통일문제를 결정하게 할 때 민주적 통일이 가능하다.

어떤 형태의 체제와 정부를 선택하든 그것은 전적으로 우리민족(한반도에 살고 있는 주민) 스스로의 마음에 따라 결정되어야 한다. 주민의 뜻과 무관하게 몇 사람의 뜻이나 외국의 뜻이나 일부 세력의 뜻에 따라 체제와 정부형태가 마음대로 좌우되어서는 안 되기 때문이다. 주민의 자치와 자결권이 최대한으로 보장되는 민주적 절차 중 가장 보편적인 것으로는 투표의 방법이 있다. 따라서 선거를 통한 통일국가의 수립이라는 방식은 가장 민주적인 통일방법론이 될 수 있다.

민주방식에서 요구되는 또 하나의 측면은 폭력의 배제이다. 폭력적 방법은 정당한 개인의 의사반영을 원천적으로 막는 것이기 때문에 민주적 절차라고 볼 수 없다. 따라서 혁명을 통하여 남한에 수립되는 '인민민주주의정부'와 합작을 하여 통일을 달성하려는 북한의 통일방법론은 원천적으로 민주적인 통일방법론이라고 볼 수 없다.

셋째, 평화통일이어야 한다.

조국의 통일은 어떤 일이 있어서도 평화적 절차에 의해서 이루어져야 한다는 것이 민족적 합의일 것이다.

조국이 평화적으로 통일되지 않으면 안 된다는 논리는 몇 개의 이유에 의해서 정당화 될 수 있다. 하나는 6·25남침전쟁과 같은 민족적 비극이 이 땅에 재현되어서는 안 되겠다는 절실한 여망에서 어떤 폭력도 인정할 수 없다는 논리이다. 우리는 남침전쟁 때문에 너무도 많은 인명의 피해와 재산의 손실을 보았기 때문에 그 쓰라린 역사가 되풀이되어서는 안 된다는 것이다. 한편 전쟁으로 통일을 하려 한다고 해도 그것이 성공하기 어렵다는 현실감에서 무력통일이 배격되어야 한다는 주장이 정당화된다. 4강의 이해대립과 남·북한의 군사력으로 볼 때 무력통일은 실현되기 힘들다. 또 다른 정당화 논리는 민족생존권을 확보하기 위해서 무력통일이 배격되어야 한다는 것이다. 만약 이 땅에 전쟁이 재현된다면 병력(잠재력 포함)과 장비 등으로 볼 때 민족자멸을 초래할지 모르며 적어도 지금까지 이룩한 모든 경제 결과를 송두리째 잃을 것이다.

앞의 이유에서 우리는 전쟁에 의한 일방이 타방에 대한 흡수와 폭력혁명에 의한 타방체제의 타도를 배격할 수밖에 없다. 따라서 타방정부를 폭력으로 무너뜨린 뒤 그 혁명정부와 합작하는 것은 평화통일 개념으로 생각되어서는 안 되고 그러한 '평화통일'은 비평화통일을 위장한 것에 불과하다고 볼 수밖에 없다.

(5) 결어

이상에서 우리는 통일의 목적으로써 통일된 국가의 상을 정립해 보고 그것에 이르기 위한 사상적 바탕과 방법이 무엇이겠는가를 생각해 보았다.

그 결과 통일국가는 구속과 전제, 예속과 투쟁, 빈곤 등이 추방된 나라가 되어 자유, 자주, 평화, 풍요, 민주독립, 복지가 실현되는 복지국가여야 한다는 결론에 이르렀다.

그리고 그러한 통일국가를 건설하기 위해서 우리는 민족주의, 점진주의(비혁명주의), 상대주의 등을 사상에 깔고 자주, 민주, 평화통일의 접근을 꾀해야 한다는 것이다.

그러한 통일사상과 사고 및 방법을 연결하는 통일관이 정립될 때 통일의 참다운 의미가 부여될 수 있으리라고 본다.

우리는 기필코 통일을 이루어야 한다. 그러나 그것이 쉽게 이루어질 수 있는 것은 아니다. 통일은 꼭 이루어질 것이지만 다만 시간이 요구될 것이다. 따라서 우리는 통일문제와 관련된 어떤 사건에 일희일비할 것이 아니라 인내와 성의로서 꾸준히 통일로의 접근방법을 생각해가야 할 것이다.(『북한』, 1981.8)

3) 7·4공동성명이 주는 교훈

매년 7월이 되면 72년 7월 4일에 남북 쌍방이 공동성명을 통하여 조국의 평화적 통일에 대한 기본적인 원칙을 내외에 천명한 역사적 사건을 생각하게 된다. 쌍방이 온 겨레와 모든 세계 앞에 뚜렷이 통일 원칙에 합의한 바를 밝히고 그에 따라 통일을 위한 절차를 진행시켰는데 왜 그 절차가 끊어졌고 통일에 아무런 진전이 없는 것인가 하는 의문도 그 생각 속에는 포함된다.

공동성명이 있은 지 11주년이 되는 오늘의 시점에서 그러한 의문을 갖게 된다는 것은 어느 모로 보나 서글픈 일이 아닐 수 없다. 그러나 우리는 그러한 감상에 젖기에 앞서 성명이 있었음에도 불구하고 별다른 진전을 가져오지 못한 원인을 찾는 노력과 그것을 극복하는 현명함을 가져야 할 것이다. 그러기 위해서는 공동성명을 계기로 하여 우리가 어떤 교훈을 얻을 수 있을까를 찾는 데서부터 접근되어야 한다고 본다.

7·4공동성명을 그 뒤의 역사 전개과정과 관련시켜서 생각할 때 거기서 얻는 교훈은 적지 않다고 본다. 그것은 긍정적인 면에서 또는 부정적인 면에서 모두 생겨난다. 공동성명이 있었음에도 불구하고 그것이 통일에 결정적인 열매를 맺지 못한 채 하나의 역사적 장전이나 사건에 지나지 않았던 것이 아닌가 하는 소극적 측면에서 볼 때 7·4 성명에서 우리는 다음의 몇 가지 교훈을 얻을 수 있다.

첫째로 통일이 민족적 숙원임에도 불구하고 그것의 실현이 얼마나 어려운 것인가를 전민족에게 깨우치게 했다는 점에서 교훈의 하나를 찾을 수 있다. 모든 민족성원이 통일의 타당성을 내세우고 있고 그것은 절대적인 명제라고 주장된다. 모든 사람이 통일을 절대 명제라고 보고 있고 이 민족을 이끄는 두 개의 지배적인 정치세력 간에 통일을 위한 원칙에 합의했음에도 불구하고 아직도 그것이 실현될 조짐은 잘 보이지 않고 있다. 여기서 우리는 통일의 당위가 현실 속에 묻혀버렸음을 발견하게 될 것이다. 그에 따라 당위가 현실을 이끌면서 실현되는 통일 상황의 전개가 얼마나 어려운 가를 알게 되었다. 이것은 감상적 민족주의나 안이한 통일 주장이 얼마나 공허한 것일 수 있는가를 알려주는 것이기도 하다.

둘째, 표명된 목표(공영의 평화통일)와 참된 속셈(목표) 간에 얼마나 차이가 있는 것인가를 우리로 하여금 실감케 했다고 본다. 공동성명에서는 민주 · 평화 · 자주통일(민족단합)의 원칙 아래 통일할 것을 뚜렷이 밝히고 있다. 그리고 그것은 전민족 성원과 내외에 공약한 바이다. 표명된 목표와 원칙은 그럴듯한 것이었음에 틀림없다. 그러나 그러한 원칙들에 바탕을 둔 통일 노력이 안 보이는 측면이 나타나자 우리는 표명 목표와 진실 목표가 다름을 알게 된 것이다. 북한은 평화통일 원칙에 서울 측과 합의해 놓고 침략용이 분명한 지하땅굴을 같은 시기에 파 내려왔다. 민족적 대단합에 의한 통일원칙에 합의하고서 반공주의자를 제외한 통일 협상을 주장하여 왔다. 민주통일원칙에도 불구하고 전 민족의 참여에 의한 통일(투표나 선거 등)을 반대하여 왔다. 북한 측의 그러한 행태는 결국 표명한 목표는 그럴듯한 것으로 하고 속셈(참목표)은 다른 것을 추구한 이중성을 나타낸 것이다. 이 이중성에서 표명 목표가 위장된 것이었음을 깨닫게 하였다고 본다.

한편 보다 적극적인 측면에서 7 · 4공동성명의 교훈을 찾는다면, 첫째 우리민족의 통일에 대한 염원이 매우 강렬하고 비록 당장에 열매를 맺지 못했지만 합의를 할 수 있었다는 점에서 민족적 예지를 발견하게 했다는 것이다. 7 · 4공동성명이 나왔을 때의 우리민족의 통일 열기를 잊을 수는 없다. 그리고 그에 바탕을 둔 남북 적십자 회담과 조절위원회 회담에서 보였던 기대를 간과할 수는 없다. 그러나 그보다도 중요한 것은 쌍방이 어려운 문제에 대해 합의를 하고 대화를 했다는 사실이다. 이 사실은 통일을 하려는 '열망'과 함께 통일을 꼭 이루어야 하겠다는 '결의'가 우리민족의 가슴 속에 깊이 간직되고 있음을 알리는 것이다.

둘째, 자유대한 국민이 공산주의자에 의해서 속아서는 안 되고 또 속지 않을 수 있다는 확신을 갖게 하였다는 점에서 또 다른 교훈을 찾을 수 있다. 남북 적십자 회담 때 북한 측 자문위원이 북한을 낙원으로 묘사하는 선전전을 전개했으나 우리 국민들은 거기에서 7·4성명과 대화를 북한이 이용하려 한다고 인식하게 되었다. 공산 측의 주장에서 겉과 속에 근본적인 차이가 있다는 것을 새삼 깨닫게 했다는 것이다. 그리고 곧 깨닫게 됐다는 것에서 한국의 강함을 나타냈다고 본다.

우리가 7·4성명에서 어떤 교훈을 얻었다면 우리는 그것에 기초한 통일을 위한 노력을 하여야 할 것이다. 그러기 위해서는 무엇보다도 먼저 이 민족의 지도자들이 통일을 책략적으로 이용해서는 안 된다고 본다. 겉과 속이 다른 주장을 하고 어떤 파당이나 계급이나 개인의 이익에 맞추는 통일기도 등은 모두 통일에 대한 책략적 이용으로 배척되어야 한다. 또한 항상 앞으로 이끄는 방안을 개발하되 현실에 바탕을 둔 주창들이 나와야 한다고 본다. 이상이나 이론으로서의 통일안은 얼마든지 연구되고 개발되어야 하나 그것의 정책화는 현실성을 가져야 한다는 것이다. 앞을 내다보는 지금 통일 방안들이 민족주의에 바탕을 두고 계속 제안됨으로써 7·4성명의 그 감격을 다시 민족에게 안겨줄 날이 곧 오기를 기대한다.(『북한』, 1983.7)

4) '7월의 봄'은 다시 와야 한다

(1) 머리말

7월은 우리민족에게 있어 봄이라고 말할 수 있다. 4계절의 봄은 분명히 춘삼월이지만 민족의 봄은 7월일 것이다. 1953년 7월 우리민족이 두 갈래로 나뉘어 전쟁을 치른 지 3년 만에 비록 일시적이기는 하지만 휴전을 했다. 그리고 1972년 7월, 해방 후 계속 대립하면서 얼었던 남북한이 최초로 공식적인 대화를 가졌고 그 결과 유명한 '7·4공동성명'을 발표했었다. 또한 1945년 8월과 1948년 8월의 해방 및 건국도 봄이 무르익는 싹의 돋아남이라고 볼 수 있을 것이다.

남북 공동성명이 발표될 때 우리민족은 또 한번의 광복인 '큰 봄'을 맞는 줄 알았는데 그 큰 꿈은 깨지고 말았다. 1984년에 이르러 몇 가지 통로의 남북대화가 진행되었으나 그러한 대화들도 봄을 가져오지는 못했다. 그러면 영영 이 민족에게 봄은 다시 찾아오지 않을 것인가. 이 얼어붙은 민족의 가슴에 훈기가 반드시 일어야 한다.

(2) 민족자해로 일관한 남북 대결구조

오랫동안 단일민족사회를 형성해왔던 우리민족이 타율로 만들어진 인위적인 38장벽으로 분할된 뒤 극도의 적개심을 가지고 대립하고 있는 상황은 아무리 생각해도 어색하기 짝이 없다.

한반도에서 통일된 민족국가 사회를 이룩한 역사의 시발은 신라의 통일 때부터라고 볼 수 있다. 그것은 유럽제국의 통일보다 적어도 7세기나 빠른 것이며 1천 3백여 년이나 되었다. 우리와 같이 재분단된 독일이 통일국가를 이룩한 것은 19세기에 들어와서이다. 따라서 오랜 단일민족국가를 유지했던 우리가 패전국도 아닌데 일방적으로 연합국의 편의에 따라 분할되는 부당함을 받고 있는 것이다. 그러기에 우리민족은 재결합의 '큰 봄'을 다시 맞아야만 한다. 분열과 분할은 결코 순리가 아니다.

남북이 얼어있는 동안에 남북 대결에 따르는 온갖 민족적 자해와 자기 손상이 일고 있어서, 민족적 자존이 확보되기 위해서도 봄은 와야 한다.

해방 전에도 약간 그러했지만 해방 후 이 민족은 민족주의자와 공산주의자간의 대립 과정에서 많은 민족적 자해를 감행했다. 남북 간의 전쟁이 가장 대표적인 것이었지만, 그밖에도 적대적 행위는 상습화되었고 그 적대화는 뚜렷했다. 심한 자해행위는 무장간첩의 침투와 혁명 활동이다. 그 가운데서도 이 민족을 세계적으로 부끄럽게 만든 사건이 있었으니, 1983년 10월에 있었던 버마에서의 암살폭발 사건이었다. 이 사건은 한국 대통령을 암살하기 위해 북한의 공식기관에서 감행한 폭발 사건으로, 한국 고위인사 여러 명을 폭살시킨 사건이다. 그러기에 그것은 모든 나라 사람들에게 한민족의 긍지를 크게 손상시킨 사건이었다.

민족적 자해는 상대방에 대한 모략과 중상·비방에서도 나타난다. 남북한은 1972년에 합의한 7·4남북공동성명에 따라 자해적인 중상·비방·모략 등을 일시 중단했으나 얼마 안 가서 다시 심리전으로 자해가 나타났다.

비방은 책자나 방송·신문 등을 통해서 직접적으로 행해지기도 하지만 국제무대에서 외교 경쟁을 하는 과정에서 일어나기도 한다. 같은 동포인데도 다른 나라 사람들 앞에서 서로를 헐뜯는 일들이 많은데, 이러한 자해행위는 참으로 꼴사나운 일이다.

(3) '유한정치·유한민주'가 낳은 남북관계

민족적 자해는 분단에 따르는 대결구조 속에서 생겨났다고 볼 수 있다. 따라서 대결구조를 대화 등을 통해서 변경시키지 않으면 안 될 것이다. 자해가 없어지기 위해서 '민족의 봄'을 촉진하는 대화가 있어야 한다. 조국에 따스한 봄의 햇살이 비쳐야만 되는 것은 민족적 동질성을 확보하기 위해서이기도 하다.

분단은 서로 다른 이념과 체제를 가져왔고 그에 따라 모든 생활영역에서의 이질화가 심화되어 왔다. 이러한 이질화가 계속된다면 비록 같은 언어를 사용하는 민족이라고 해도 다른 민족국가의 국민으로 되고 말지 모른다. 남한에서는 보다 다원적이고 개인주의적·자유주의적·개방적인 생활이 있다. 이에 비해서 북한에서는 일원적·집단적·전체적·폐쇄적인 생활이 존재한다. 의식과 가치에 대한 평가에 있어서도 많은 부분에서 정반대의 위치에 있다고 본다.

이러한 이질화는 시간이 감에 따라 더욱 커져갈 것이다. 따라서 민족적 단일성과 동질성을 유지하고 회복하기 위해서는 지금처럼 남북한 관계가 얼어붙어서는 안 될 것이다. 지금과 같은 얼음이 더욱 강추위에서 굳어터질 염려가 있기 때문에 이 땅에 봄은 더욱 빨리 와야만 하는 것이다.

우리는 같은 민족이면서도 6·25남침 전쟁에서 엄청난 희생을 치렀다. 좁은 지역에서 장기간에 걸친 대규모의 파괴로 전 국토는 황폐화됐고 60만 채의 가옥 손실을 보았다. 1백 70만 피아의 군인이 사망했고 수백만의 민간인이 사망하거나 실종 또는 부상했다. 실로 엄청난 피해였다. 인구와 병력 및 장비의 규모에 있어서 당시보다 훨씬 커진 지금의 상황에서, 다시 얼어붙은 남북한 관계가 터지게 된다면 아마도 그 피해는 엄청날 것이다. 그것은 민족소멸의 파국으로까지 발전할 수도 있다는데 문제가 있다.

따라서 지금과 같이 얼어붙은 남북한 관계를 풀기 위해서는 봄볕이 요구된다. 그리고 인류가 고안해낸 최선의 정치제도이며 생활양식으로서의 민주주의를 더욱 발전시키기 위해서도 지금과 같은 남북한 간의 대결구조는 바뀌어야 한다. 지금과 같이 대결 상태가 계속되는 한에서는 '유한자유'와 '유한민주'가 개선되기는 어려울 것이다. 남북한의 정권 담당 세력은 상대방의 위협에서 체제의 붕괴를 항상 염려하게 된다. 이것은 분단과 대결 상황이 가져온 필연적인 현상이다.

분단국은 분단을 전제로 하는 정치를 설계하기 마련이다. 그리하여 자기체제의 유지라는 명목으로 '유한정치'를 하게 되고 그에 따라 '유한자유'가 있게 된다. 상대방 정권과 체제 및 이념에 대한 찬양은 원천적으로 봉쇄될 것이고 상대방이 택하고 있는 이념과 제도를 믿거나 그에 바탕을 두는 정치활동을 하는 것이 허용될 수 없다.

(4) 남북대화 재개로 '민족의 봄' 맞아야

이와 같이 분단과 대결구조는 우리가 이상으로 하는 민주주의에 큰 제약을 줄 것이다. 그리하여 대결 상황 속에서 불가피한 자유와 민주에의 제약조건을 걷어버리기 위해서는 대결구조를 바꾸는 대화가 필요하다. 대화를 통한 봄볕이 쏟아질 때 대결의 얼음은 녹아갈 것이며 그에 따라 민주와 자유의 범위도 점차 넓어질 것이다.

또한 남북한이 보다 나은 생활을 위한 편익을 얻기 위해서 지금의 꽁꽁 얼어붙은 남북한 관계는 개선되어야 한다. 전두환 대통령은 지난 6월 3일 '평화통일정책자문회'의 창설 기념대회에서 한국 경제성장의 혜택을 북한에까지 제공하고 싶다는 뜻을 밝힌 적이 있다. 남쪽은 남쪽대로 북한으로부터 물자를 들여오는 것이 다른 나라로부터 들여오는 것보다 편리하고 이득이 될 것이고, 북쪽도 역시 그러할 것이다. 공업 생산에 필요한 원료 중 일부는 북한에서 들여오는 것이 더 이로울 것이다. 또 북한으로서도 고도 수준의 기술 상품은 남쪽에서 들여가는 것이 도움이 될 것이다. 물자의 왕래가 가능하려면 얼어버린 대화가 열려야 한다.

한반도에 봄이 와야만 하는 가장 중요한 이유 중에는 이산가족이 절실하게 갖고 있는 소망을 풀어주어야 하는 당위도 포함된다. 해방 및 6·25전쟁은 민족의 대이동을 가져 왔다. 해방에서 6·25전쟁 전까지 월남자가 3백 50만이나 되고 전쟁 중의 월남자는 5백 만이나 된다. 8백 50만의 민족 이동이 북에서 남으로 진행됐고 44만 명이 남에서 북으로 이동하여 9백 만의 이동이 있었던 것이다. 그 결과, 많은 이산가족이 생겼는데 실향과 이산의 고통은 이제 우리민족의 큰 한이 되고 있다. 이 한을 풀려면 지난날 시도됐던 노력이 재개되어야 한다.

앞에서 제시한 몇 가지 이유에서도 볼 수 있거니와 우리는 남북 간에 쌓인 굳은 장벽과 얼어있는 분위기를 빨리 제거해야 할 것이다. 쌓인 장벽과 얼어있는 남북한 관계를 헐고 녹이기 위해서는 남북대화가 하루속히 재개되어야 하며 궁색한 변명으로 그것을 막아서는 안 될 것이다.

아무리 북쪽에서 찬바람이 불어온다고 해도 이 민족을 위한 봄은 다시 올 것이다. 그 봄을 맞기 위하여 무엇을 어떻게 할 것인가는 7·4남북공동성명의 역사를 되새기며 다시 생각해볼 일이다.(『북한』, 1987.7)

5) 통일제의에 원칙을 세우자

(1)

최근 남북한 당국은 남북관계에 대한 계속되는 제안과 행동화를 강하게 보이고 있다. 그에 따라 통일에 대한 국민의 관심도 계속 높아지고 있는 것이다. 8·15를 전후한 '민족대교류기간'에 북한을 방문하기를 신청한 사람이 수만여 명에 이른 것에서도 관심의 정도를 알 수 있다. 신청했다고 해서 북한이 반드시 받아들일 것이라는 믿음도 없이 그렇게 많은 사람이 방북신청을 한 것이다.

대교류에 좌절된 국민은 이제 9월로 예정된 총리회담에 또 한 가닥의 기대를 걸고 앞으로 있을 추석과 설날을 바라보고 있다고 생각한다. 총리회담은 분단 이후에 갖게 되는 최초의 고위 정부당국회담이라는 점에서 실로 역사적이고 기대해 볼 회담인 것이다. 그 회담의 성공은 분단사를 통일사로 바꾸는 전환점이 될 수 있고 민족의 대화해와 대교류를 가능케 하는 기점이 될 수도 있기 때문이다.

그러면 과연 총리회담이 열매를 맺고 민족의 대화해와 대교류가 이루어질 것인가 아니면 그렇게도 높이 쌓인 장벽을 사이에 두고 남과 북이 대결을 계속할 것인가. 이 분기점에서 우리는 남북관계의 개선과 통일을 위한 깊은 생각과 확실한 발걸음을 내딛어야 할 것이다.

(2)

남북관계가 개선되고 통일에 다가설 수 있게 하는 요인들이 최근에 많이 조성되고 있다.

한국정부가 종래보다 훨씬 전향적이고 유연하게 통일문제에 접근하고 있는 점이 무엇보다도 먼저 중요시되어야 할 것이다. 지난 6월 29일에는 북한으로부터 항공기와 선박 및 물자의 제한없는 유입을 허용할 것을 발표하고 곧이어 총리회담의 의제에 대한 북쪽 주장을 받아들여 회담 성사를 가능케 했다. 그리고 7월 20일에는 '민족대교류' 선언을 하고 이어서 북한 방문 희망자를 접수하고 임수경 등 위문단이 오겠다는 북쪽 제의를 수락하였다. 이러한 변화는 매우 파격적인 것이며 태도의 신축성을 나타낸 것이기도 하다.

북한도 긍정적인 태도변화를 보여 왔다. 지난 5월 31일에는 종전보다 진전된 군축안을 내놓는가 하면 국제원자력 안전협정에도 가입할 뜻을 비치고 7월 15일에는 해방 기념일을 기해 판문점 공동경비구역 북측지역에 대한 전면개방을 발표한 바 있다. 이것들은 종전보다는 진전한 태도라고 볼 수 있다.

남북한의 이러한 태도변화는 앞으로 남북관계 개선에 기여할 것으로 생각된다. 거기에 탈냉전의 국제질서의 재편성과 동유럽의 변화 등도 긍정적인 배경요인이 되고 있는 것이다. 그럼에도 불구하고 한반도의 평화와 통일에 부정적인 요인도 없지 않다. 무엇보다도 문제인 것은 북한당국이 국제정세에 역행하려 하고 남한 정세를 오판하고 있는 점이다. 북한은 한·소 정상외교를 청탁과 구걸, 반민족의 분열행위로 비난하고 개방과 개혁에 대해서도 '우리와 상관없는 일'이라고 주장한 바 있다. 북한은 주체를 내세우면서 '우리식대로 살기'를 계속 주장하고 있는 것이다.

그러면서도 남한 내의 재야세력과의 연계만을 생각하고 있다. '범민족대회'에도 남쪽에서는 재야만 참여하는 것으로 제한시키고 있다. 통일을 앞세워 남한혁명을 꾀하는 데 치중한다면 그것은 통일에 도움을 주기보다는 오히려 남북관계의 긴장을 고조시키는 결과만을 가져올 뿐이다.

북쪽의 태도만이 문제가 아니다. 남북 쌍방이 보이고 있는 최근의 통일에 대한 논점을 볼 때 쌍방이 통일기반이 조성되지 않았는데도 불구하고 선전을 위해서 통일문제를 이용하고 있는 듯 하거니와 이 점이 바로 남북관계의 진전을 어렵게 하는 것이라고 말할 수 있다. 이름은 '범민족대회'라고 해놓고 우파는 제외시킨다고 하는 논리는 북한의 종래부터의 일관된 입장이거니와 그것이야말로 대회를 선전목적이나 통일전선전술에 이용하는 전형이다. 남쪽에서도 '민족대교류' 기간에 북쪽이 남한주민 어떤 사람도 받아들일 것이라는 뚜렷한 믿음도 없이 신청을 받은 것은 실망을 주는 조치로서 선전적이다.

(3)

통일에 대한 열의가 높아가면서도 실망감도 함께 일고 있는 현실에서 우리는 남과 북의 평화와 통일을 촉진시키기 위해서는 무엇이 요구되는가. 그것은 통일에 역작용을 하는 요인을 제거하는 것이라고 볼 수 있는데, 그 가운데서도 남과 북의 당국이 다음과 같은 원칙에서 남북관계에 임하는 자세를 재정립해야 한다.

첫째, 종합성의 원칙이다. 모든 통일방안은 여러 측면과 사항을 함께 고려한 종합성을 지니면서 제시되어야 한다. 단편적인 제안이 책략적으로 불쑥불쑥 제안되어서는 안 된다는 것이다.

둘째, 형평성의 원칙이다. 어느 한쪽에만 유리하고 상대방을 타도하는 내용의 통일안의 제의는 아무런 도움이 되지 못한다. 오히려 통일을 지연시킬 뿐이다.

셋째, 순수성의 원칙이다. 통일에 관한 제안은 통일 자체를 목적으로 하여 제안되어야 한다. 대내 정치적 필요나 국제적 체면치레로 통일안이 남발된다면 그것은 결국 아무런 열매를 맺지 못할 것이다.

넷째, 현실성의 원칙이다. 아무리 순수하고 종합성을 갖고 쌍방에 모두 이익이 되는 제안이라도 그것이 현실적으로 가능한 것이 아니면 명분으로서는 정당화될 수 있지만 공염불이 될 뿐이고 오히려 혼란만을 가져올 뿐이다.

다섯째, 정대성의 원칙이다. 통일문제는 사탕발림이나 속임수로는 아무것도 해결될 수 없다. 선전수단으로 이용되거나 제약수단이 되어서는 안 된다는 것이다. 결국 남북당국이 주도할 때 열매를 맺는 것인데도 다른 잔꾀를 부리고 인민의 이름을 빌어 속임수로 일관한다면 통일은 요원하다.

쌍방이 앞에 지적한 원칙에 따른다면 장군 멍군 식의 공연한 입씨름을 하지 않게 될 것이다. 그러한 원칙들은 결국 어느 한쪽의 작은 이익보다는 민족 전체의 '큰 이익'에 바탕을 둔 것이기 때문에 통일대화와 통일대도의 길을 틀 수 있는 기초가 될 수 있다.

그리하여 그 많은 제안들이 허공 속의 메아리가 되지 않고 대화가 입씨름의 장이 되지 않게 되기를 기대해 본다.(『북한』, 1990.9)

6) 북한에서는 해방이 끝나지 않았다

지난 8월로서 우리민족은 일본 식민지배의 압제와 굴레로부터 벗어난 지 반세기를 이미 넘겼다. 그러면 과연 일제시대에 맛보았던 그 지독한 고통이 삼천리강산에서 완전히 사라진 것인가.

많은 사람들은 우리민족이 압제와 질곡에서 완전히 벗어나지 못하고 있다고 생각하고 있다. 특히 북한지역에 살고 있는 동포들이 질곡 속에서 허덕이고 있기 때문일 것이다.

북한지역에 공산정권이 세워진 1948년 9월 적지 않은 주민은 기대를 했을 듯하다. 완전한 해방과 신천지의 전개를 꿈꾸었을 수 있다. 그런데 일제로부터 해방되고 반세기를 지내놓고 보니 새로운 질곡 속에 빠지고 만 것이다.

그렇다면 우리민족은 일제의 무엇으로부터 해방되었고 무엇으로부터 아직 해방되지 못한 것인가. 남한과 북한지역을 비교하면서 생각해 보자.

일제로부터의 해방은 전제군주제로부터의 해방이었다. 조선조의 전제군주제하에서 살았던 우리민족은 더 강력한 전제군주제인 일본의 천황제하에서 지배되었다. 그 천황은 신격화되었고 신격화된 천황을 위하여 우리민족도 무조건적인 숭배를 강요당했다. '천황폐하'를 부를 때는 '황공하게도'라는 형용사를 붙여야 했고 차렷 자세가 되어야 했다. 천황을 위하여 매일 아침 경배토록 강요되었고 천황의 사진은 신주처럼 모셔지도록 되었다.

이러한 신격화와 개인숭배 행태가 1945년 이후 사라져야 진정한 해방이다. 남한에서는 이승만 등 역대 대통령에 대해 일반 주민이 모독하는 것을 자제해 왔다.

그러나 대통령을 신격화하거나 그에게 종교적인 숭배가 강요된 일은 없다. 공직자의 경우 대통령에게 경의를 표하도록 요구되었으나 숭배가 강요되지는 않았다. 이것은 민주국가의 일반적인 관행인 것이다.

그런데 북한에서는 일제시대의 '천황폐하'에 대한 행태와 거의 같은 행태가 유지되어 왔다. 김일성(김정일에게까지도)에게는 거의 '위대한'이라는 형용사 또는 그 이상의 형용사가 붙어서 호칭되어 왔다. 그들의 사진은 정중히 모셔져야 하고 그들의 모습이 있는 인쇄물까지도 소홀히 다루어져서는 안 되도록 요구되고 있다.

북한에서는 아직도 전제군주시대와 일제 천황제하에서나 볼 수 있었던 신격화와 개인숭배 및 절대복종 방식이 유지되고 있는 것이다. 천황폐하가 김일성 수령 또는 김정일 지도자로 대치되었을 뿐 신격화와 개인숭배에 대한 강요는 하나도 바뀌지 않은 것이다. 그러니까 북한은 아직 해방되지 않았다고 할 수 있지 않은가.

일제로부터의 해방은 신격화된 개인지배와 숭배로부터의 해방만이 아니고 일본의 압제와 속박으로부터의 해방이기도 했다. 35년간 우리민족을 지배한 일본은 아주 지독한 철권 정치로 우리민족을 억압하고 속박하였다. 민족적 자유와 개인의 인권은 철저히 말살되었고 오직 굴욕적 복종만이 강요되었다.

천황과 일본 지배체제에 대한 비판이 전혀 용납되지 않았을 뿐만 아니라 행정시책에 대한 비판도 용서되지 않았다. 아니 그러한 비판적 생각조차 금지되었다. 철저한 민족말살과 인간말살만이 존재한 것이다.

1945년의 해방으로 일제의 압제와 속박으로부터 완전히 벗어났다. 그 뒤 속박과 압제가 남과 북에서 사라졌는가.

남한에서는 자유민주주의를 택하면서 민족적 자유와 개인적 자유를 상당히 누릴 수 있었다. 부분적으로 독재정치가 등장한 적도 있으나 개인이 전체와 전제자를 위해서 처참히 희생되는 일은 거의 찾아 볼 수 없었다. 자유민주의 헌정질서에 정면 도전하지 않는 한에는 다양한 의견의 개진이 상당 수준까지 보장되고 인권이 유지된다.

그런데 북한에서는 압제와 속박 그리고 인권이라는 측면에서 볼 때 일제 때와 다를 바 없고 어느 면에서는 더 심각하다. 절대적 자유인 신체의 자유와 생명의 존엄이 거의 보장되지 않는다. 상호 감시 하에서 떨어야 하고 반정부적인 의견을 말한 사람은 아무도 모르게 사라져 영원한 감옥인 수용소에서 강제노동을 해야 한다.

오직 하나의 의견만으로 획일화된 북한에서는 공포정치와 인권부재가 계속되고 있다. 생사를 알 수 없고 소재를 알 수 없어 온갖 고통을 받고 있는 강제 수형자가 수십만 명에 이른다고 알려지고 있다. 심급제도가 제대로 운영되지 않고 공개처형이라는 전근대적인 인권무시가 지속되고 있다.

그럼으로 북한의 일반 주민은 압제와 공포로부터 해방되어야 완전한 해방이 될 것이다.

한편 경제면에서 일제로부터의 해방은 수탈과 빈곤으로부터 벗어나는 것을 뜻했다.

일본 침략세력은 동양척식주식회사를 통해 우리민족의 경제 생산수단을 상당 부분 빼앗아 갔다. 그리고 경제를 일본인의 지배 속으로 예속시켰다. 제2차 대전이 진행되는 동안에는 식량은 물론이고 놋그릇, 쇠붙이 등 군수품 생산에 필요한 모든 것들을 공출이라는 이름으로 빼앗아 갔다. 대부분이 농민인 우리민족은 일본의 수탈로 찌든 가난과 굶주림 속에서 살아야 했다.

일본의 수탈과 빈곤에 견디지 못한 일부 사람들은 만주지역에서 삶의 터전을 찾았다. 굶주림을 못 견딘 우리민족은 '초근목피'(풀뿌리와 나무껍질)로 연명하는 경우도 있었고 영양실조로 사망한 사람도 있었다.

해방 이후 남북한에서 우리민족은 완전히 수탈과 굶주림에서 벗어났는가. 남한에서는 자유자본주의 경제체제를 택하였기 때문에 좌익세력으로부터는 노동자의 수탈에 기초한 발전이라고 비난받는 일도 있다. 그러나 근로자의 임금은 일반 봉급생활자에 못지않으며 일부에서는 너무 높아서 기업의 국제경쟁이 어렵다고 지적하고 있다. 적어도 지금 남한에서는 수탈이라는 말의 의미를 잃었다고 본다.

또한 남한에서는 굶주림이 사라졌다. 아직도 상대적 빈곤상태에 있는 사람이 적지 않으나 굶어 죽거나 영양실조가 문제시되지는 않는다. 배고픔이 문제가 되는 빈곤사회가 아닌 것이다. 빈곤(굶주림)으로부터 해방된 것이다.

뿐만 아니라 1인당 1만 달러의 소득으로 북한에 비해 열 배의 개인소득을 가지고 있고 앞으로 15년쯤 뒤에는 전체 국민생산이 세계 7위에 올라설 전망이다. 이것은 영국을 앞지르는 것을 말한다. 빈곤으로부터 해방된 것은 물론이고 선진적 번영국가에 들어가고 있음을 나타내는 것이다.

그런데 북한은 수탈과 굶주림이 계속되고 있어 경제적 해방을 못하고 있으니 안타깝다. 북한은 사회주의 체제를 택하여 모든 생산물을 국가에 바치고 있다.

더욱이 북한주민은 일상생활에서 빈고하고 굶주림 속에 머물러 있다. 근년에 이르러 공업생산이 뚜렷이 감소되고 농업생산도 부진하여 일상생활이 어려울 뿐만 아니라 배고픔에 못 견디고 있다는 것이다.

배고픔으로부터 벗어나기 위해 중국이나 남한으로 탈출하고 있다. 일제시대 때 어려운 빈농이 만주로 이주한 것과 성격이 다르나 비슷한 현상이 일어나고 있다.

일제강점기에도 보기 드문 초근목피로 연명하는 현상이 북한사회에서는 일반화되고 있다. 가축도살로 굶주림을 채울 염려가 있어 모두 등록하여 국유화시키고 있다. 두 끼로 생활하고 그것도 충분한 분량이 되지 못해 영양상태가 좋지 않다는 것이다. 이렇게 북한은 굶주림과 빈곤으로부터 아직도 해방되지 못한 것이다.

일본침략세력은 일본식 문화로의 획일화를 강요했다. 해방은 이러한 획일화로부터 벗어난 것을 말한다.

일본은 내선일체를 내걸고 내지(일본 본토)와 조선의 일체화를 강요했다. 그것은 일본화를 뜻한다. 그 구체적인 정책이 우리민족 고유의 글과 말을 사용치 못하도록 하는 것으로 나타났다. 그리고 모든 사회단체는 하나로 묶여졌고 모든 의견은 하나로 통일되도록 강요당했다.

해방 이후 남한에서는 다양한 정치 및 사회단체의 구성과 활동이 허용되었다. 정치적 의견의 다양화는 물론이고 문화적 다양화가 인정되고 있다. 획일문화에서 완전히 벗어난 것이다.

그런데 북한에서는 정치문화는 물론이고 일반문화도 다양성을 갖지 못하고 있다. 획일문화에서 해방되지 못한 것이다.

앞에서 보았듯이 우리는 일제로부터 해방되었으나 일제하에서 받았던 것과 같은 질곡과 고통으로부터의 해방이 북한지역에서는 완성되지 못하였다. 따라서 통일이라는 제2의 광복을 위해서는 완전한 해방이 남북한에서 모두 이루어져야 할 것이다.(『북한』, 1996.9)

7) 대북 및 교류협력 3원칙의 의미

남북관계와 관련하여 최근에 두 가지 이야깃거리가 크게 일고 있다. 하나는 리틀엔젤스의 북한공연이고 다른 하나는 우리나라 굴지의 기업 총수인 J모 씨가 소 5백~1천 마리를 판문점을 통해 북한에 보내겠다는 제의이다. 즉 우리 어린이들의 북한공연은 성공리에 끝마친 것으로 보도되고 있다. 남북어린이들의 공연이 교차방문하면서 이루어질 수도 있음을 알려주고 있기도 하다. 이것은 남북관계 개선과 사회적 통일에 기여할 것이라는 점에서 긍정적으로 평가될 수 있다.

이와 달리 북한에 막대한 경제적 도움을 줄 수도 있는 모그룹 회장의 판문점을 통한 방북은 북쪽의 무반응으로 이루어지지 못하고 있다. 아마도 북한 측은 판문점을 통한 그 분의 방북과 물자의 왕래가 북한 정권 유지에 악영향을 미칠 것이라고 판단한 듯하다.

어떠하든 남북 간에는 교류협력문제가 활발히 제기되고 추진되기에 이르렀다. 그렇게 된 것은 말할 것도 없이 김대중 행정부의 대북정책과 방침에 새로운 변화가 있기 때문이라고 보아야 할 것이다. 그러면 신정부는 어떤 대북입장과 정책을 추구하고 있는 것인가.

그것을 우리는 취임사와 5월 10일에 있었던 '국민과의 대화' 방송에서 찾을 수 있다. 즉 김 대통령은 취임사에서 대북정책의 3원칙을 제시하고 대화시간에 교류협력의 3원칙은 천명한 바 있다. 두 번에 걸친 발표는 시간적 차이와 상황변동 등 천명 배경이 약간 다르기는 하나 일맥상통하고 있다는 점에서 새 정부의 대북 및 통일정책의 하나의 기준이 된다고 볼 수 있다.

그러면 먼저 취임사에서 밝힌 대북정책 3원칙을 보기로 한다. 김 대통령은 다음과 같이 천명하였다.

첫째, 어떠한 무력도발도 결코 용납하지 않겠음을 밝혔다. 이것은 혹시라도 꿈꿀지 모르는 북한의 무력도발에 대한 사전경고의 의미뿐만 아니라 그에 대처할 만반의 준비를 갖추겠다는 강한 의지의 표명이라고 생각된다. 물론 그 무력도발에는 6·25남침과 같은 전면남침이 일차적으로 포함된다. 그러나 그뿐만 아니라 지난번에 있었던 잠수함 무장공비 침투와 같은 도발과 무장공작대의 침입까지도 포함된다고 생각한다. 어떠한 형태의 무력도발도 응징하겠다는 뜻이라고 본다.

둘째, 우리는 북한을 해치거나 흡수할 생각이 없음을 천명하였다. 이것은 신정부의 대북정책 기초의 하나가 공존공영이라는 것을 표명한 것이라고 본다. 북한은 1980년대 이후 남북한의 경제력 격차가 심화되자 남한에 의한 흡수통일에 강한 우려를 하고 있다. 독일이 사실상 서독에 의한 동독흡수로 통일을 성취하자 북한의 두려움은 더욱 커졌던 것이다. 이러한 북한의 우려를 해소시켜 최악의 상황에서 일으킬지 모르는 전면남침 기도를 예방하고 평화통일의 발판을 구축하기 위한 공존공영을 추구하겠다는 것이 이 원칙에 담겨진 참뜻이라고 본다.

셋째, 남북 간의 화해와 협력을 가능한 분야부터 적극 추진해 나갈 것임을 표명하였다. 이것은 이미 남북 간에 협약된 남북기본합의서에서 천명된 정신을 그대로 실천할 뜻이 있음을 밝히는 것인 동시에 북쪽도 이를 지켜줄 것을 간접적으로 요구하는 것이라고 볼 수 있다. 더불어 평화와 통일을 점진적으로 접근하면서 실현시키겠다는 의지를 나타내는 것이라고 본다.

우리는 평화를 확보하면서 통일을 이루어야 한다. 어느 것도 소홀히 할 수 없으며 어느 것이 앞서고 뒤쳐져져야 할 일인 것도 아니다. 따라서 평화현상인 '화해'와 통일현상인 '협력'은 동시적으로 똑같은 중요성을 가지면서 추구되어야 한다. 서로는 밀접히 연결되어 있기 때문에 그러하다.

따라서 화해와 협력을 천명한 것은 평화와 통일에 대한 접근을 동시에 진행할 것임을 표명한 것이라고 볼 수 있다. 그리고 그 접근은 가능한 분야부터 추진할 것임을 밝힘으로써 급진적 대북접근에서 오는 위험부담을 덜겠다는 생각까지도 담고 있다고 본다.

5월 10일에 있은 '국민과의 대화'에서 밝힌 교류협력 3원칙은 바로 이 세 번째 대북정책 원칙에 기초를 두고 있는 것이거니와 그 원칙들을 보면 다음과 같다.

그 하나는 남북 당국간의 협력은 상호주의에 따라 시행하겠다는 것이다. 우리가 하나를 주면 북측도 하나를 내놓아야 한다는 논리이다. 일방적으로 우리의 도움만 받고 우리가 바라는 바를 외면하는 불공평한 남북관계가 있어서는 안 된다는 강한 의지인 것이다.

북한 측은 남측으로부터 당국수준이든 민간수준이든 수년간 계속해서 지원협력을 받아왔다. 그러한 지원에도 불구하고 북측은 아무런 대가도 내주지 않았다. 지난 김영삼 행정부 때에는 쌀을 주고도 국기강하라는 무례한 행동과 잠수함 간첩남파와 같은 도발을 하며 국민의 분노를 샀던 일까지 있었다.

상호주의에 바탕을 두고 지난 4월 중순 북경에서 열린 남북차관급 회담에서는 북측의 무조건적 비료원조 요구에 대해 이산가족 면회라는 상응조치를 할 것을 한국이 바랐던 것이다. 물론 북측이 받아들이지 않아 회담은 중단되고 비료제공과 이산가족 면회가 아직까지 이루어지지 않고 있다.

남북관계는 상대적인 것이므로 적어도 당국간에는 주고받는 것이 필요하다고 본다. 일방적 원조로는 오히려 상대방의 자존심을 상하게 하기 때문에 경제적 부담을 주지 않으나 인도적으로 해결해야 할 이산가족 문제에 대한 북측의 성의를 바라는 것은 결코 무리가 아니다.

교류원칙의 다른 하나는 정경분리이다. 이것은 북한이 언제 붕괴될

지 모르나 붕괴를 전제로 한 대북정책이 아니고 경제적인 협력을 하겠다는 의지의 표명이다. 한국이 비록 어려운 처지에 있지만 농업기술·농업비료·농업용 종자·농기계 등을 제공할만한 능력을 가지고 있어서 기아에 허덕이는 북녘동포를 위한 사업에 나서겠다는 생각이 거기에 담겨져 있다.

그리고 이 원칙에는 당국간의 공식적인 협력이 상호주의원칙 때문에 이루어지지 않더라도 비정부적인 민간차원의 교류협력은 인정한다는 뜻도 담겨져 있다. 따라서 남으로부터의 원조의 길이 막히지도 않게 되어있다. 사실 지난 수년간 대북지원의 대부분이 민간차원에서 주도적으로 이루어졌다는 점에서 민간원조 허용의 공식화는 남한 내의 경제사정에 따라 급격히 늘어날 수도 있을 것이다. 그런 점에서 북한에 대한 협력정책은 전보다 매우 유연해졌다고 생각한다.

교류원칙의 또 하나는 기업인의 방북을 전면 허용하고 투자한도를 폐지한다는 것이다. 이것은 종래까지 부분적으로 실시했던 기업인의 방북과 투자액 제한을 완전히 풀겠다는 의지의 표명이다. 사실 종래에 일부 기업인이 여건도 조성되지 않은 상황에서 북측과 교섭하여 경쟁적으로 입북한 듯한 감이 없지 않다. 그러한 과정에서 약속을 남발할 수도 있었고, 당국의 정책과도 마찰을 빚을 수도 있었다. 그 때문에 방북과 투자액에 대한 제한이 있었다고 본다.

신 정부는 그러한 제한을 풂으로써 남북관계 개선을 획기적으로 이루려고 꾀한 것으로 풀이된다. 물론 지금의 국내 경제상황으로 보아 크게 대북투자와 방문이 있을 것으로는 예견되지 않지만 분명히 중요한 변화라고 할 것이다.

이상에서 보듯이 신 정부는 남북관계 개선과 진전을 위하여 매우 전향적인 생각과 제의를 해놓고 있는 것이다. 그럼에도 불구하고 북한당국은 종전의 입장을 고수하고 태도를 바꾸지 않고 있다. 아마도 북측이 신 정부를 잘못 이해하고 굳어있는 종래의 생각과 전략을 바꾸기 어려운 듯 하다. 그런 이상은 남북관계 개선은 백년하청이라고 본다. 북한의 조속한 사고의 대전환만이 기아선상에 있는 북한동포를 살려내고 남북관계를 진전시킬 수 있을 것이다.(『북한』, 1998.6)

8) 6·25와 6·15

남한사회에서는 오랜 세월에 걸쳐 6월을 '보훈의 달' 또는 '호국의 달'로 정하고 순국선열과 호국영령을 위로하고 추모하여 왔다. 6월을 보훈의 달로 정한 것은 6·25전란이 있었던 달이기 때문으로 생각된다. 그만큼 6·25는 한국 국민, 아니 전민족에게 있어서 매우 중요한 날로 기억되어 왔던 것이다.

그러나 전란 반세기가 지나면서 6·25에 대한 기념과 상기는 슬그머니 뒤로 물러나고 있는 듯한 인상이다. 그보다는 6·15공동선언의 의의를 강조하는 쪽으로 관심과 역점이 바뀌고 있는 것이 현실이다. 작년의 경우 미국 등 참전국들에서는 전란 발발 50주년을 맞아 대대적인 기념행사를 했는데 정작 최대 관심자여야 할 한국에서는 너무 소홀히 보냈다고 외국인들이 의아해 할 정도이다.

올해도 6·15와 관련한 세미나와 보도, 그리고 평가는 여러 곳에서 활발히 진행되고 있지만 6·25에 관한 평가와 모임은 찾기 힘들다. 거창하게 6·25행사를 하면 북한을 자극하고 6·15정신을 훼손할까 두려워 짐짓 행사를 축소하려는 듯한 인상이 없지 않다. 6·25 하면 남침을 연상하고 남침하면 김일성 책임론으로 이어져서 모처럼 형성된 남북화해 기운에 찬물을 끼얹을 염려가 있다는 논리에서 그런 일이 벌어지고 있다고 생각한다.

그렇다면 6·15와 6·25는 전혀 무관한 것인가? 유관하다면 모순적인 관계인가 아닌가? 과연 6·15만 내세우고 6·25는 묻어두어도 되는 것인가? 이런 물음들에 대한 대답을 적어도 6·15 한 돌을 맞는 현 시점에서는 해야 한다고 본다.

이 두 사건을 연관 지어 몇 가지를 생각해볼 수 있겠다.

첫째, 두 사건 모두 내용상으로 보면 북한이 주도하는 통일속셈을 나타낸 것이라고 볼 수 있다. 1950년에 있었던 6·25남침전란은 직접적이고 노골적으로 북한이 적화통일 목표를 이루기 위한 무력침략전이었다. 그리고 꼭 50년이 되는 2000년에 발표된 6·15선언도 북한으로서는 계속 추구했던 연방(비록 낮은 단계의 연방으로 표현되기는 했어도)을 통한 통일을 할 수 있는 약정의 의미도 담고 있다고 본다. 둘 다 북한에게는 북한주도의 통일의 수단이요 계기라고 생각할 수 있다.

둘째, 북한이 추구하는 목표에 있어서 두 사건이 같다고는 하나 수단과 방법에서는 전혀 다른 내용의 사건이기 때문에 성격에 대해서도 아주 다른 평가를 내릴 수 있다. 6·25는 무력에 의한 통일기도였으나 6·15는 무력 방법이 포함되지 않는다. 따라서 현상적으로 본다면 6·25를 생각할 때는 평화와 안보를 생각하게 되고 6·15에서는 통일과 협력을 생각하게 된다.

우리민족은 해결해야 할 두 개의 과제, 즉 평화정착과 통일달성의 과제를 안고 있다. 그렇다면 필연적으로 평화(안보)를 상징적으로 나타내는 6·25를 잊을 수 없고 통일을 지향하는 6·15를 도외시할 수도 없을 것이다.

셋째, 앞의 것과도 연관되지만 과거(6·25)를 분명히 하고 현재(6·15)를 바탕으로 평화통일의 미래를 여는 변증법적 연결이 불가피하다. 1950년의 남침전란에 대한 북한의 책임을 분명히 해야 한다. 6·15와 장래 때문에 덮어두어야 한다는 것은 장래를 위해 바람직하지 않다. 더욱이 6·25가 '억압받는 남한 민중을 해방시키기 위한 전쟁'이었다느니 '통일을 이루려는 숭고한 뜻을 지닌 전쟁'이었느니 하는 따위의 이유를 붙여 그 책임을 북쪽에 없다는 논리는 역사에 대한 반역이다.

그러나 그렇다고 과거에만 매달려 현재를 외면하고 미래를 열지 않는 어리석음을 저질러서도 안 될 것이다. 6·25의 과거를 그대로 안고 6·15의 현재를 만들었으니 진통이 불가피하지만 과거를 풀면서 현실을 바탕으로 한 최선의 길을 열어가야 한다. 현실로 나타난 6·15를 인정하고 그 속에서 변증법적인 해결의 길을 찾을 수밖에 없다. 6·25전란, 7·4공동성명, 남북기본합의서 등의 과거를 용해시키면서 6·15 속에서 앞으로 나아갈 수밖에 없다. 그러기에 6·15는 현재이면서 미래가 된다.

넷째, 6·15를 계기로 하여 불거진 주변 환경 속의 한국안보의 좌표설정문제가 매우 큰 문제로 우리 앞에 다가왔다. 직접적으로는 6·25와 무관하지만 간접적으로는 연결되는 사항이다. 6·25전란 때 대한미국의 존립을 뒷받침했던 미국이 새로운 대전략계획(MD)을 세웠다. 미국은 일본과 대만을 연결하여 지역미사일 방어망을 구축할 계획을 세웠다. 말할 것도 없이 상대는 중국·북한·러시아이다.

한국으로서는 매우 딱한 처지에 놓였다. NMD든 TMD든 미사일방어망체제에 찬성하지 않고 있는데 이것은 간접적으로는 6·15에 보다 충실(북한을 자극하지 않으려)하려 하기 때문일 것이다. 그렇게 되면 한·미·일 삼각안보체제가 손상되고 6·25의 혈맹인 미국의 비위를 건드리게 된다. 반대로 지금까지도 찬성하지 않고 러시아와 중국 및 간접적으로는 북한에게까지도 눈짓을 했던 한국이 미국 계획에 선뜻 찬성하기도 어렵게 되어 있다. 남과 북에 생긴 두 개의 세 나라 연결선 중간에서 한국은 중립을 지킬 것인가? 미국 편을 들 것인가? 아니면 미국의 반대쪽에 설 것인가? 상당히 먼훗날에는 몰라도 상당기간 내에는 미국편을 들지 않음으로써 닥칠 정치·경제·안보상의 불이익은 엄청날 수도 있다.

앞에서 볼 수 있듯이 6·15와 6·25는 상충적 측면이 더 많다. 통일이라는 현상타파 현상과 평화안보라는 현상유지적 현상이 지니고 있는 원초적 문제 때문일 것이다. 그러므로 항상 안보, 즉 평화를 바탕으로 하는 통일을 외치는 정치인들은 두 개의 모순되는 사항을 적절히 조화시킬 줄 알아야 한다. 과거(6·25)를 교훈으로 현실(6·15)을 초극하면서 평화통일 조국의 미래를 현명하게 열기 위해서는 안보(평화)와 통일에 대한 균형적 감각과 시각이 절실히 요구되는 것이다.(『북한』, 2001.6)

제2장
평화안보의 길을 찾아

1. 북한의 도끼살인도발의 성격

금년에 들어와 한반도에서 일어났던 가장 충격적인 사건으로서 우리는 판문점에서 북한군에 의해 미군이 살해된 사건을 들지 않을 수 없다. 동 사건은 비록 두 사람의 희생을 가져왔지만 여러 가지 면에서 중요성을 갖는 것이며 남북관계의 새로운 역사를 전개시키는 계기가 될 수도 있다는 점에서 우리는 관심을 갖지 않을 수 없는 것이다.

그러하기 때문에 사건이 마무리되는 지금, 우리는 그 사건이 어떤 뜻을 지니는 것이냐를 평가하여 새로이 전개될지도 모르는 역사에 대처할 방도를 찾는 작업을 진행시킬 필요가 있다. 평가는 여러 면에서 고려될 수 있으나 여기서는 그 사건이 지니는 기본적인 성격이 무엇이냐 하는 점에서 평가를 하고자 한다.

물론 성격 규명은 쉬운 일이 아닌 것이다. 8·18사건의 성격은 보는 각도에 따라 또는 어디에 중점을 두느냐에 따라 달리 규정될 수 있을 것이다. 즉, 발단과 주체에 의한 규정, 장소와 양상에 따르는 규정 그리고 결과와 범위에 따르는 규정 등에 의해서 성격을 찾을 수 있다. 각 측면에서 어디에 중점을 두고 보느냐에 따라 이번 사건의 성격은 크게 달리 규정될 수 있다는 것이다.

그러한 단편성을 가급적 제거하면서 성격을 규명하기 위해 자연히 제시했던 제 국면을 모두 고려하지 않으면 안 될 것이다. 때문에 여기서는 여러 가능한 성격을 뽑아 보기로 한다.

우선 분쟁의 당사자가 누구였나에 따른 성격 규명으로는 다음의 두 가지를 특징적인 것으로 뽑을 수 있다.

첫째, 한국 휴전의 당사자 간의 분쟁이라는 점이다. 분쟁의 발단이 휴전의 일방 당사자인 북한에 의해서 일어났고 그 대상 피해자가 다른 휴전 당사자였다는 점에서 휴전 당사자 간의 분쟁사건이었다. 뿐만 아니라 사건의 진행과 처리과정에서도 휴전 당사자가 주축이 되어 작용하였던 것이다. 다만 공산 측의 일부 당사자인 북한이 가해자이고 도발자인데 대해 한국과 미국이 피해자이고 대응자였다는 점에서 다를 뿐 모두 사건의 주체였기 때문에 휴전 당사자 간의 사건인 것이다.

둘째, 남·북 민족 간의 분쟁사건이면서 북한과 미국 간의 충돌이라는 점이다. 우리 국민에게 도전을 했다는 점에서는 남·북 민족 간의 분쟁이지만 미군을 살해했다는 점에서는 북한과 미국 간의 충돌이라고 볼 수 있다. 그러므로 이번 사건은 민족 내부문제이면서 국제적 문제의 성격을 지닌다는 것이다. 근본적으로 한반도 문제는 남·북간의 민족 문제이면서 국제성을 지니고 있기 때문이다.

셋째, 정규군이 상대방의 정규군을 살해한 사건이라는 점이다. 북한군이 미군을 살해한 사건이 8·18사건이다. 따라서 이번 사건은 군사적 성격을 지니면서도 국제적 성격을 지니는 사건이 된다고 볼 수 있다. 군인에 의해서 군인을 대상으로 행해졌기 때문에 군사 수준에서 문제될 수 있으나 타국인 살해이므로 국제정치 수준에서도 문제가 되는 것이다.

사건이 왜 일어났고 그것이 한반도의 어떤 상황을 반영하는 것이냐 하는 측면에서 성격을 규정한다면,

첫째, 사전에 계획되어 일어난 사건이라는 것이다. 적대적 군대가 접하는 판문점의 공동관리구역은 우발적인 사건이 충분히 일어날 수 있는 곳이다. 그러나 이번 사건을 보면 발생시에 현장에서 떨어진 곳으로부터 차량을 동원하여 군대를 투입, 난동을 벌였고 북한 자체의 내외상황이 매우 어려웠다는 점 등을 고려할 때 미리 계획된 사건이라고 볼 수 있다. 아마도 어려운 내외상황의 돌파구를 찾는 방편을 만든 것이 이번 사건일 수 있다는 것이다.

둘째, 이번 사건은 한반도에 있어서의 휴전체제가 불안정함을 노정한 사건이라고 규정할 수 있다. 휴전이 발효된 뒤 북한은 수많은 도발과 휴전협정을 짓밟아왔지만 이번 사건은 쌍방의 눈앞에서 공공연하게 일으킨 사건이란 점에서 휴전체제의 불안정성을 가장 잘 입증했다고 볼 수 있다. 현 휴전체제의 헛점이 제거되지 않는다면 아마도 이번 사건과 같은 것이 앞으로도 또 일어날 바탕은 충분한 것이다.

범위에 따른 평가라는 측면에서 생각하면 어떤 곳에서 사건이 일어났느냐, 또 어떤 규모로 일어났고 확대되었느냐에 따라 성격이 크게 달라질 수 있을 것이다.

첫째, 공동관리구역 내에서 있은 최초의 살인사건이라는 점이다. 공동관리구역은 법적으로 쌍방의 자유가 똑같이 존재하는 곳을 뜻한다. 따라서 어느 의미에서는 공동소유가 결과적으로 이루어지는 곳이기도 하다. 이 공동관리구역 내에서 북한은 지난날에도 폭력을 행사한 일들이 있지만 지금까지의 것들은 살인에까지 이른 것들이 아니었다. 살인도 도끼에 의해서 무자비하게 이루어졌다.

둘째, 이번 사건은 비록 집단적 도발이기는 하나 소수의 다중이 감행한 소규모성을 갖는다. 충돌사건이 일어날 때의 쌍방의 인원은 중대 규모에도 이르지 못하는 소수였다. 충돌이 일어난 뒤에 있었던 쌍방의 전

쟁 또는 경계태세에는 거대한 군대가 참여했으나 충돌 자체는 규모가
적은 것이었다.

셋째, 진행과정에서 전쟁 위험을 보였으나 국지적 제한성을 갖는 사
건이었다는 점이다. 발생 당시의 사건 규모는 비록 적은 것이었으나
'살인'이라는 것이 가져온 심리적 충격으로 인해 한·미 양국은 강력한
대응을 하였다. 그 가운데 중요한 뜻을 갖는 것은 미국의 해·공군에
의한 시위였고 이와 관련된 경계태세와 북한의 전투태세 명령이다. 그
러한 군사적 조치들은 전투 위험을 다분히 내포하는 것들이다. 그럼에
도 불구하고 전쟁으로 발전되지 않고 문제의 미루나무 절단과 정전위
원회를 통한 수습으로 해결을 보고 있는 것이다. 이것은 이번 사건이
공동관리구역에서 국지적으로 일어나고 해소되는 제한성을 가짐을 뜻
하는 것이다. 한·미 양국의 응징 발언이 매우 강경했음에도 불구하고
다른 어떤 적지역에 대한 군사적 공격도 없었던 것이다.

어떤 양상으로 일어나고 어떤 방식으로 진행된 것이냐의 측면에서
이번 사건의 성격을 규명한다면,

첫째, 정규군이 총기 이외의 도구로 잔인한 살인을 감행한 잔인성을
지닌 사실이다. 북한군은 몽둥이와 도끼 등으로 사람을 죽이는 극악무
도한 잔인성을 보였다. 그러한 행동은 교전 중에도 거의 있기 어려우며
민중반란 시 무분별하고 흥분된 상태하에서 또는 수세기 이전에서나
볼 수 있는 행동이었다.

둘째, 실무적인 군사적 성격과 고도의 정치적 성격을 모두 지니는 이
중성을 보인 사건이었다는 점이다. 진행의 전 과정을 살펴볼 때 군사적
인 발단이 정치적인 것으로(비록 전체적으로 그러하지는 않았으나) 발
전되고 다시 군사적인 실무방법으로 해결되는 과정을 밟아갔다. 그리
고 각 과정에서 군사성과 정치성이 부분적으로는 병행되기도 하겠다.
도발 목적은 정치적인 것이었을 터이지만 도발행위는 군사성이 컸다.
진행과정에서의 박 대통령의 결의, 김일성의 사과와 포드의 태도 등은

매우 정치적인 것이었고 수습과정에서의 중·소의 작용은 정치성이 큰 것이었으나 정전위원회 회담은 군사성을 지닌다.

사건의 처리과정에서 나타난 결과적 영향 또는 교훈은 적지 않다고 생각된다. 그러나 여기서는 교훈의 측면보다 그것이 준 영향이란 측면에 중점을 두고 사건의 성격을 찾아보기로 한다.

첫째, 폭력에 대해서는 폭력으로 대응하는 것의 실효성을 입증시켰다는 점이다. 휴전 후에 크고 작은 여러 도발이 북방으로부터 가해졌으나 응징에는 한계가 있었던 것이 사실이다. 바로 그것이 북한의 도발을 촉진하는 요인이 된 것일 수도 있다. 미군에 대한 집단 구타가 판문점에서 있었지만 미국은 항의를 하는 것에 거의 그쳤던 것이다. 그런데 이번에는 미국이 단호한 자세로 취하여 '미루나무 절단작전'을 비롯한 해·공군의 시위 등이 있었다. 이러한 조치와 대응은 북한의 굴복을 가져왔다는 점이다. 따라서 북한과의 대결은 힘을 바탕으로 하여야 하고 한반도의 평화는 힘이 기초가 된다는 것이 이번에 확실히 실증되었다고 하겠다.

둘째, 김일성이 최초로 우리 측에게 공개적으로 굴복한 사건이라는 점이다. 지금까지의 모든 도발은 우리 내부에서 '조작'된 것이었다고 주장하거나 또는 그러한 도발의 발생 자체도 인정하지 않던 북한이 최고 책임자의 이름으로 공식 통로를 통해 사건에 대한 유감의 뜻을 표시했다는 것은 휴전 사상 중요한 의미를 지니는 것이다.

셋째, 북한의 잔인무도성을 입증시킨 사건이라는 점이다. 도끼와 몽둥이로 살인을 감행했다는 점에서 북한의 잔인무도성이 증명된 셈인데, 이로 인해서 국제정치상에서의 남·북관계에 많은 영향을 줄 것으로 보인다. 선전면에서 공세적 입장을 취해오던 북한이 수세에 몰릴 수밖에 없게 되었고, 따라서 정치적 진출도 지장을 받게 될 것이 분명하다. 그로 인해 남·북의 국제적 지위는 우리 측에 유리하게 고정될 것이다. 이 점에서 이번 사건은 남·북 경쟁사에도 중요한 영향을 주는 것이라고 하겠다.

넷째, 한국에서의 미국의 이익이 크고 한국에 대한 미국 지원의 결의가 뚜렷함을 나타냈다는 점이다. 미국은 사건이 일어나자 단호한 태도로 북한에게 임했는데 그것은 한국이 월남과는 다르다는 것을 간접적으로 의미하는 것이다. 또 미국은 한국과 긴밀한 협조체제를 유지하면서 정치적·군사적인 대응을 했던 바 그것은 한·미 안보체제가 확고함을 나타낸 것이며 미국이 한국의 안보를 극히 중요시함을 표시한 것이기도 하다. 미국 내의 일부의 대한소극론자들까지도 이번의 사건에 대한 행정부의 조치를 지지하는 사람이 많았고 또 주한미군의 중요성을 보다 인식하기에 이르렀다.

8·18사건으로 우리가 얻은 가장 소중한 교훈의 하나는 북한과의 관계에 있어서는 '상응적 행동'만이 요구되며 '힘'만이 문제해결의 열쇠가 된다는 점이다. 한반도의 평화와 통일에도 역시 우리의 힘이 중요한 구실을 하게 될 것임이 뚜렷해졌다는 교훈을 얻게 된 것이다.(『북한』, 1976.10)

2. 평화과제와 휴전선 유연화 방안

1) 서언

우리민족은 통일을 이룩해야 하는 과제와 더불어 평화를 확보해야 하는 과제를 안고 있다. 통일이 중요한 과제이기는 하나 평화가 확보되지 않으면 민족적 대결에 의한 비극을 맞게 될 수도 있다. 따라서 평화적으로 조국이 통일되기 위해서는 무엇보다도 먼저 평화가 확보되는 장치들이 마련되어야 할 것이다.

지금 우리민족은 냉전기적인 상황 속에서 아직 완전히 벗어나지 못했기 때문에 평화에 대한 문제는 더욱 중요시 될 수밖에 없다고 본다. 평화를 확보하는 과제가 크게 제기되고 있다는 것이다. 따라서 우리는 평화확보를 위한 방안들에 대한 계속적이고 진지한 연구를 할 수밖에 없을 것이다.

그런 뜻에서 남·북간의 평화를 이룩하는데 있어 해결해야 할 과제 또는 내용으로 어떤 것들이 있는가? 남·북한의 충돌을 막고 긴장을 완화시키기 위한 일차적 과제로서의 휴전선의 안정화를 위한 유연화 방안은 무엇인가? 남·북간의 군비통제방안으로는 어떤 것들을 생각할 수 있을 것인가 등에 대한 검토가 요망된다.

그런데 여기서는 한반도의 평화를 위한 목표상태가 무엇이고 그 과제가 무엇이며 휴전선 일대의 유연화 방안으로 어떤 것들이 있는가에 한정하여 보기로 한다. 유연화 방안을 보는 가운데 간접적·부분적으로 군축이 다루어질 것이지만 군축에 대한 검토는 별로 하지 않기로 한다.

2) 남·북한 평화확립의 기본과제

평화라는 보다 높고 항구적인 목표를 달성하기 위하여 한반도에서 이루어져야 할 당면목표 또는 목표상태는 다음이 네 가지라고 볼 수 있다.

① 전면(총력)전이 없는 상태의 달성
② 부분(국지)전이 없는 상태의 달성
③ 게릴라(내전) 등의 변란이 없는 상태의 달성
④ 정부변혁을 위한 폭력혁명공작이 없는 상태의 달성 등이 그것이다.

전면(총력)전이란 6·25전쟁과 같이 남·북 쌍방이 전 지역에서 전력을 다하는 전쟁을 말하는 것으로서 우리가 일반적으로 사용하는 전쟁을 뜻한다. 이에 대해서 부분(국지) 전쟁은 특정한 지역(예컨대 서해 5도에 대한 공격)에 있어서 행해지는 전쟁 또는 전력의 일부만이 동원되는 전쟁을 말한다.

게릴라(내)전은 베트남전쟁의 초기형태에서 볼 수 있는 것과 달리 남·북한간의 직접적인 전쟁보다는 어느 한쪽이 다른 쪽의 내전에 지원 또는 조종하는 방식이 나타난다. 정부변혁의 폭력공작은 남·북한의 어느 한쪽이 다른 쪽의 정부전복을 위한 무장공작대의 투입과 같은 행동을 취함으로써 나타나는 현상으로서 그 예를 1968년 1월에 있었던 청와대 기습사건에서 찾을 수 있다.

앞에서 제시된 바와 같이 남·북한 평화를 위한 당면목표는 모든 형태의 전쟁과 침략이 없는 상태를 이룩하는데 있다. 그러한 목표들을 이룩하기 위해서는 쌍방이 합의해야만 할 많은 과제들이 우리민족 앞에 제기되어 있다고 보는데 그것들을 정리하여 제시하면 다음과 같다.

첫째, 한반도에 대한 어떤 외국의 침략이나 전쟁행위도 예방해야 할 과제가 있다.

한반도에서 일어나는 전쟁으로는 전쟁당사자와 관련하여 생각할 때 다음과 같이 여러 형태가 있다고 본다.
① 남한 제외형
② 북한 제외형
③ 남·북한 제외형
④ 1강국 제외형
⑤ 2강국 제외형
⑥ 3강국 제외형
⑦ 4강국 제외형
⑧ 남한 제외 및 열강 중 일부 제외형
⑨ 북한 제외 및 열강 중 일부 제외형
⑩ 북한내전 및 혁명공작

⑪ 남한내전 및 혁명공작

앞에서 볼 수 있듯이 한반도에서 있을 수 있는 전쟁을 전쟁주체라는 면에서 볼 때 여러 가지가 있겠으나 중요하게 해결해야 할 평화와 민족생존의 과제는 외침 또는 외국 간의 전쟁(일·청전쟁과 같은)을 막는 일일 것이다.

둘째, 남·북한이 정규군은 물론이고 비정규군 등 모든 형태의 무력을 사용한 침략전쟁행위를 하지 않도록 하는 과제를 들 수 있다.

남·북한이 상대방에 대해서 무력적으로 침략을 하는 형태에는 대체로 다음과 같은 것들을 상정할 수 있다.

① 상대지역에 대한 무력공격이나 침입

② 상대지역의 일부에 대한 침공점령

③ 상대지역에 대한 포격, 폭력 또는 기타의 무기사용

④ 상대 항구나 서해 5도 통로에 대한 봉쇄

⑤ 상대 항공에 대한 봉쇄

⑥ 육·해·공군 및 해병대와 항공대, 민병대에 의한 무력적 공격

⑦ 비정규군, 무장공작집단, 용병, 민병, 외국군 파견을 통한 상대지역 공격과 침입

⑧ 내란, 폭동, 혁명을 위한 무장 요원의 침투

⑨ 상대방 병력으로 가장한 정규군, 민병, 용병 등의 무장공작 요원 침투

⑩ 외국 및 공해상에서 무력에 의한 상대방의 선박, 항공기, 요인들의 납치 등을 침략으로 규정할 수 있다.

이상에 열거한 어떤 침략도 없는 상태를 이루는 것이 중요한 과제라는 것이다.

셋째, 한반도에서의 긴장을 완화시키는 과제가 있다. 긴장을 완화시키기 위한 조치로는 여러 가지를 생각할 수 있겠으나 다음의 몇 가지는 그 가운데서도 중요하다고 본다.

① 군사문제에 대한 협의기구의 설치·운영
② 우발사고 예방을 위한 비상전화의 설치·운영
③ 상대방에 대한 비방중지
④ 휴전선에 군사력집중 방지
⑤ 군사압력이 될 군사연습 중지

이상과 같은 조치들은 한반도의 긴장을 완화하는데 도움이 될 수 있는 것들이라고 본다.

넷째, 분쟁에 대한 평화적 해결

남·북간에는 고의적이든 우발적이든 군사사고가 발생해 왔고 또 할 수가 있다. 그러한 것은 분쟁요인이고 또 분쟁상황은 쌍방간 평화적으로 해결되어야 한다. 작은 분쟁이 큰 전쟁으로까지 발전할 수 있기 때문이다.

다섯째, 남·북한의 휴전협정 준수

지금 남·북간에는 지리적·정치적 분할의 경계선으로 휴전선이 존재한다. 따라서 그것은 남·북간의 침략 여부를 결정하는 기준선이 되고 있다고 본다. 그 기준선이 준수되고 협정내용이 준수된다면 남·북간의 긴장은 줄게 되고 전쟁도 예방할 수 있을 것이다.

여섯째, 비무장지대의 평화지대화와 휴전선 일대에서 병력과 시설물의 철거와 평화적인 활용을 하는 과제를 말한다. 뿐만 아니라 휴전선으로의 병력집중이나 적대행위의 중지 등도 휴전선 및 비무장지대의 평화지대화와 관련된다.

일곱째, 군비경쟁의 중지를 포함한 군축실현의 과제가 있다.

남·북한의 평화를 확보하는데 있어서 가장 중요한 과제는 군축의 과제라고도 볼 수 있다. 군사력의 감소와 긴장의 축소는 비례하기 때문이다. 그러나 이 과제는 가장 실현하기 어려운 과제이기도 하다. 상대방을 신뢰하지 않으면 군축이 이루어지지 않기 때문이다.

여덟째, 남·북한이 상대방 정부의 전복활동을 하지 않는 상태의 확보가 하나의 과제가 된다. 남·북 쌍방이 서로 상대방 정부에 대해 폭력혁명론으로 전복하려는 상황이 있는 한은 쌍방간에는 적대의식이 계속되고 평화가 확립될 수 없다. 따라서 무장간첩, 게릴라요원 등의 침투행위가 중단되는 것은 평화의 요건이 된다고 본다.

아홉째, 남·북한이 한반도의 평화뿐만 아니라 동북아와 세계평화에 기여하는 것이 과제이다.

남·북한이 해결해야 할 과제는 한반도의 평화이지만 한반도가 동북아 및 강대국의 이해관계에서 차지하는 비중은 매우 크다. 따라서 남·북한은 국제평화에도 기여해야 할 과제를 안고 있다고 본다.

3) 휴전선 안정화에 의한 평화확보

앞에서 우리는 한반도의 평화를 달성하기 위하여 해야 할 과제 또는 조치를 생각해 보았거니와 그 가운데에서도 중요한 것은 휴전선 일대의 안정화일 것이다. 휴전선 일대가 안정화될 때 쌍방 간의 충돌요인의 제거에 따르는 긴장의 해소 또는 축소, 즉 평화촉진이 있을 수 있기 때문이다.

휴전선을 안정화시켜야 하겠다는 것은 지금 휴전선이 불안요인을 안고 있다는 것을 전제로 한다. 그것은 잦은 충돌과 강력한 병력집중에 따르는 긴장 때문일 것이다.

따라서 충돌과 강력한 진지 및 방대한 병력집중 등의 불안한 현재의 휴전선 일대가 충돌이 없고 병력과 진지가 축소되어 안정적 상태로 바뀔 때 휴전선의 안정화에 따르는 평화 달성이 촉진될 수 있을 것이다.

그것과 관련하여 휴전선 일대가 불안형에서 점차로 안정형으로 발전되어가는 상태를 다음과 같이 상정할 수 있을 것이다.

〈표 1〉 휴전선 일대의 안정화 과정

제1단계: 대결적 분쟁지대형 — 불안형
제2단계: 냉전적 장벽지대형 — 불안형
제3단계: 병존적 평화지대형 — 안정형
제4단계: 교류적 평화지대형 — 안정형
제5단계: 융합적 연화경계형 — 해소형
제6단계: 해체성 연화경계형 — 해소형

〈표 1〉에서 볼 때 제1단계와 제2단계는 불안형의 휴전선이라고 볼 수 있고 제3단계와 제4단계는 안정형의 단계이다. 이 안정형의 단계에서 남·북간에는 평화가 확립된다고 본다. 이 안정형의 단계가 지나 해소형에 이르는 것은 평화보다는 통일의 상황이 보다 많이 전개됨을 뜻한다.

지금의 단계는 말할 것 없이 제2단계의 냉전 장벽지대형에 해당한다. 방대한 병력이 휴전선을 중심으로 대치하고 있고 공격과 방어의 진지가 강력히 구축된 가운데 때때로 군사충돌이 전개되면서 상대방을 비방하는 군사심리전이 계속되는 등 긴장이 항상 존재하고 불안감이 감돌고 있는 것이다.

따라서 휴전선 일대를 안정화시킨다는 것은 앞에 제시한 냉전적 장벽형의 불안정한 현 단계를 벗어나 안정형의 제1단계인 병존적 평화지대형으로 발전시키는 것을 의미한다.

그럴 경우 병존적 평화지대형이 이루어지는 이념상태(목표)로 어떤 것을 생각할 수 있을 것인가가 먼저 결정되어 거기에 이를 수 있는 방안이 생각될 수 있을 것이다. 그런데 병존적 평화지대는 다음과 같은 상태에서 형성될 수 있을 것이다.

① 진지형성: 방위적이며 전진성 없음
② 병력배비: 방위적이며 집중 증강 없음
③ 군사충돌: 우발충돌만 있고 안정적

④ 긴장도: 비방방송 없고 위기감 없음
⑤ 휴전선 안정도: 휴전선 혼란 없고 준수
⑥ 장비경쟁: 휴전선 신장비집중 없음

앞의 안정화 상태를 달성하기 위하여 할 수 있는 조치로는 휴전선을 중심으로 한 지리적 개념과 관련하여 다음과 같은 조치들을 생각할 수 있을 듯하다.

다음 〈표 2〉에서 보는 바와 같이 휴전선 일대를 안정화시키기 위한 조치로서는 여러 가지를 생각할 수 있으며 거기에 제시된 것 이외에도 여러 간접적인 조치와 내부적인 대책들도 있다. 그러나 어떤 것이든 모두가 충돌요인의 제거와 긴장요인의 감소에 역점이 두어지게 될 것이다.

<표 2> 휴전선의 안정화 방안

지역	내용
DMZ 내	DMZ의 비군사화 DMZ의 개발활용
DMZ 외곽	휴전선 공동관리 확대 군사력 집중화 방지 적대군사심리전 중지
기타	우발충돌 방지조치

그러면 앞에 제시한 방안들에 대해서 보다 구체적으로 생각해보기로 한다.

첫째, 충돌요인을 제거하기 위해서는 무엇보다도 DMZ의 비무장화가 이룩되어야 한다.

DMZ의 비무장화는 휴전협정의 준수를 뜻하며 그 안의 비군사지대로의 회복을 뜻한다.

DMZ가 본래 비무장지대임에도 불구하고 그곳의 비무장지대화가 제기되는 것은 그곳에 북한 측이 1960년대 말경에 이 비무장지대를 무장화함으로써 생겼다. 북한은 이 지역 안에 군사시설을 하고 병력을 배치

함에 따라 실질적으로 비무장지대가 좁아졌고 그에 따라 남·북한간의 군사력의 격리거리는 짧아졌다. 비무장지대 내의 북한의 군사시설과 병력배치는 계속되고 있는 것이다.

병력과 시설을 철거하는 DMZ의 비무장화는 다음과 같이 단계적으로 이루어짐으로써 비군사화가 확보될 수 있을 것이다.

제1단계: DMZ 내에 있는 모든 병력과 시설 및 장비 철수

제2단계: 철거확인을 위한 공동감시조의 편성과 운영

제3단계: 재배치방지를 위한 공동감시

앞에 제시한 바와 같은 조치들이 이루어진다면 병력의 후진배치가 이루어질 것이다.

둘째, DMZ의 개발로 군사시설의 제거와 재투입을 방지하도록 한다.

비무장지대는 지금 대부분 개발되지 않고 방치되어 있다. 다만 군사시설이 투입되어 있을 뿐이다. 비군사화가 되는 것과 함께 그곳을 경제적으로 활용하기 위해서 다음과 같은 단계적 조치를 취함직하다.

제1단계: 중앙 분계선에서 각 1km 밖까지 쌍방이 대칭적으로 농경개발을 한다.

제2단계: 전 지역에서 중앙 분계선 1km 밖까지 학술(생태, 문화)조사의 실시 및 비대칭지역의 농경.

제3단계: 중앙분계선까지의 농경 및 학술조사와 중앙 분계선 양측에 대한 공동조사 및 공동개발.

이상과 같은 DMZ개발이 진행된다면 자연히 DMZ의 비무장화가 이룩될 뿐만 아니라 충돌예방과 긴장완화에 도움이 될 것이다.

셋째, 군사력(병력과 장비)의 휴전선 집중을 방지한다.

지금 휴전선을 가운데 두고 남·북한의 병력의 상당수가 집중되어 있고 고성능 무기들이 그곳에 집중배치되어 있다. 그에 따라 긴장과 충돌위험이 계속 고조되고 있는 것이다. 집중배치를 제거하기 위해서 다음의 몇 가지 조치가 있을 수 있다.

제1단계: 휴전선 근접지 연화

① DMZ 밖에서 10km 이내에 쌍방은 5만 이내의 병력만을 유지한다.

② DMZ 밖에서 10km 이내에 쌍방은 전차, 항공기 등 공격무 기를 배치하지 않는다.

제2단계: 휴전선 인접지 연화

① DMZ 밖에서 10km 이내에 쌍방은 소수의 전투군과 수비군만을 유지한다.

② DMZ 밖에서 10km 이내에 쌍방은 전차, 항공기는 물론 전 체 기갑장비와 포 등을 배치하지 않는다.

③ DMZ 밖에서 20km 이내에 쌍방은 전차, 항공기, 장거리 포 등 공격장비를 배치하지 않는다.

④ DMZ 밖에서 20km 이내에 쌍방은 5만 내외의 병력만을 배치한다.

제3단계: 공동순찰 및 감시

① 공동순찰군을 창설(남·북한 동수)하여 DMZ를 순찰한다.

② 공동순찰(또는 감시)조는 일차적으로 DMZ 밖 남·북 10km 이내의 군사력 배치를 확인하고 2차적으로 20km 이내의 군사력 배치를 확인한다.

이상과 같은 단계를 거치면서 휴전선 일대를 군사적으로 연화시키는 것은 어느 면에서 보면 DMZ의 확대라고도 볼 수 있다.

그럴 경우 남한은 휴전선의 후진에 따르는 방위선의 후진을 감수해야 함으로 낮은 방위종심에 의한 부담을 안게 될 것이다. 서울이 휴전선에서 불과 40km 정도에 위치하기 때문에 10km 또는 20km의 후진병력배치는 방위종심이 20km 내지 30km로 축소되는 것을 뜻하기 때문이다.

그러나 쌍방 간에 앞에 제시한 것과 같은 휴전선의 유연화에 합의된다면 그것은 평화공존관계가 확립된 상태이거나 나아가서 초보적인 통합을 하는 것이기 때문에 전쟁(침략)위험을 크게 의식할 필요는 없다고 본다. 그리고 그러한 후진분산에 쌍방이 합의한다면 평화공존은 물론이고 전반적인 군축(통합의 군사적 양상이라고도 볼 수 있다.)을 촉진하는 결정적 계기가 될 수 있다고 본다. 따라서 군사력의 후진분산에 의한 휴전선의 연화는 공존을 위한 결정적 요소가 될 수도 있고 또 공존의 산물일 수도 있다.

넷째, 휴전선 일대에 대한 공동관리구역과 공동시설을 확대할 것이다.

지금 휴전선(DMZ)에서 공동관리 되는 곳은 판문점일대뿐이다. 이곳이 자유 측과 공산 측의 유일한 대화 장소이고 비록 적대성이 있지만 불안전한 대로의 통일이 되고 있는 곳이라고도 말할 수 있을 것이다. 이 공동관리구역이야 말로 통일부락인 것이다.

그러한 통일부락의 확대가 필요하다고 보는 바 다음과 같은 단계로 확대 설치됨직하다.

제1단계: 일부지역의 통일촌화

① 서부(현 판문점)와 더불어 중부(철원근접의 추가령지역)와 동부(간성북방 동해안 도로변)에 각 1개소의 공동관리구역 설치

② 동부 및 중부의 공동관리구역에 공동시설을 설치

③ 판문점은 주로 정치, 군사 교류(회담)지역으로 중부 및 동부는 주로경제 및 사회(면회) 교류장소로 활용

제2단계: 전반적인 통일촌화

① 전체 휴전선에 걸쳐 주요 교통로가 있는 모든 DMZ에 공동관리소를 설치

② 그 모든 공동관리소에 공동시설을 하여 '공동순찰군' 또는 '공동감시단' 등이 활용

이상과 같은 공동관리구역 및 공동시설의 확대현상이 있게 되면 어느 면에서는 부분통일을 이루는 것이라고도 볼 수 있으며 그렇게 될 경우 평화에는 중요한 도움이 될 것이다.

다섯째, 적대적 군사심리전을 중지하고 우발충돌의 방지를 위한 비상체제를 확립한다.

1972년 남북공동성명이 있은 뒤에 남·북한 쌍방은 상호 비방을 중지하는 일의 일환으로 휴전선 일대에서의 비방방송도 중지해왔다. 그러나 비방 중지의 합의에 따라 중단되었던 비방방송을 북한 측이 재개하면서 적대적 군사심리전이 재개된 것이다. 남한 측은 적대방송을 중지해 왔으나 지금은 대응심리전을 전개하고 있다.

비방방송은 휴전선에 배치된 쌍방(병원)을 자극하여 충돌의 요인이 되고 있다. 즉, 적대적 방송은 휴전선의 긴장을 촉진하고 있다는 것이다. 따라서 적대적인 군사심리전의 중지는 휴전선의 안정화와 남·북 충돌방지를 위해 필요한 조치라고 본다.

전쟁이나 충돌은 우발적으로 일어날 위험이 많다. 상대방의 뜻을 오해하여 강력한 무기를 사용할 경우 그것이 비록 단순한 우발성과 사고에 의해서 일어났다고 해도 전쟁으로 발전할 위험은 얼마든지 있는 것이다.

그렇기 때문에 긴장관계에 있거나 적대관계에 있는 정부 간에는 우발전쟁을 막기 위한 비상직통전화를 설치·운영하고 있는 것이다. 남·북한 간에는 너무도 많은 전쟁 및 충돌요인이 있기 때문에 우발사고는 곧 전쟁으로 발전할 수 있다. 따라서 우발사고에 의한 전쟁방지를 위해서는 남·북 군사책임자 또는 남·북 최고 당국책임자 간에 비상전화가 설치, 운영되어야 할 것이다. 그것은 우발전쟁을 예방하는데 사용될 수도 있고 긴장완화 및 대화에도 응용될 수 있기 때문에 더욱 뜻이 있다고 본다.

4) 결어

이상에서 한반도의 평화를 위한 남·북 군사관계의 존재양식 중에서 중요한 것들을 살펴보았거니와 그 결과를 요약하면 대체로 다음과 같다.

첫째, 한반도의 평화목표는 모든 전쟁이 없는 상태의 달성이어야 한다. 따라서 남·북한은 그것이 달성될 수 있는 제도화에 힘써야 할 것이다.

둘째, 휴전선은 불안기에서 안정기를 거쳐 해소기로 발전되어갈 것인바 안정화에서 평화의 기초는 완전히 확립된다.

셋째, 휴전선 일대의 안정화는 전쟁과 충돌이 없는 상태뿐만 아니라 휴전선의 연화(軟化)도 포함되는 개념이다.

넷째, DMZ의 비무장화가 소극적으로는 비군사지대화이지만 적극적으로는 그곳의 개발에 의해서 이룩된다.

다섯째, 휴전선의 안정화를 위해서는 그곳으로의 군사력의 집중방지와 공동관리확대, 적대방송 중지 등의 조치가 있어야 한다.

여섯째, 휴전선의 안정화를 위해 기타 조치로서 비상전화의 설치 등 간접적 조치도 생각될 수 있다.

이상의 방안들은 공존기적인 평화확보를 위해서 중요시되어야 할 것들이다. 그러나 그것이 쉽게 이루어진다고 볼 수는 없다. 남북관계에 있어서 가장 해결되기 어려운 것은 군사관계인 것이다.

그러므로 우리는 지금 평화확립을 위하여 전향적이고 계속적인 방안들을 개발해가는 노력을 해야 할 것이다.(『북한』, 1982.12)

3. 남침위험이 있는가

7월은 남북관계에 있어서 두 가지 중요한 역사적 사건이 있었던 달이다. 하나는 이른바 7·4공동성명으로 분단 후 최초로 남북 간에서 통일에 대한 대장전을 만든 사건이다. 그때에 많은 남북의 주민들은 통일의 문이 곧 열리는 것으로 인식하기까지 했다. 물론 그것은 하나의 환상과 바람이었을 뿐이다.

다른 하나의 사건은 1950년에 시작된 6·25전쟁이 3년여 끝에 휴전을 한 사실이다. 휴전은 다만 교전당사자 간의 군사작전의 정지일 뿐으로 그에 이은 평화회담(정치회담)의 개최로 한반도에 평화체제가 구축될 것으로 사람들은 기대했다. 그러나 이것 역시 44년이 된 지금까지도 미결의 문제로 남고 있다.

앞의 사건은 주로 통일과 관련된 것이고 뒤에 것은 주로 평화와 관련된 사건이거니와 그것들은 우리민족에게 있어 가장 중요한 과제이기도 하다.

그러면 휴전 44년, 남북공동성명 25년이 된 지금 과연 한반도에는 평화가 보장되는 상황이 전개되고 있는가. 전쟁위험은 얼마나 심각하게 검토되고 고려되어야 할 것인가.

요즈음 한반도에 6·25전쟁과 같은 대규모적 전면전이 재발할 위험이 크다는 견해들이 만만치 않게 제기되고 있다. 북한으로부터 귀순했거나 북한을 방문한 대부분의 사람들이 그런 의견을 내놓고 있다. 국내의 군사전문가와 식자들 중에서도 이런 저런 논리를 펴면서 전쟁위험성을 경고하고 있다. 우리 당국자와 미국의 고위층 사람들 가운데서도 남침가능성을 제기하는 사람이 적지 않다.

전쟁재발의 논거들로 다음과 같은 것들이 제시되고 있다.

국제환경면에서 볼 때 1950년과는 달리 북한에게 유리할 것이 없으나 일단 전쟁이 터지면 적어도 북한은 중국의 지원을 받을 수 있다고 믿고 있고 미국의 대남지원은 그때만 못할 것으로 판단할 수 있다는 것이다.

북한과 중국 간에는 '피침 시' 지원토록 조약으로 묶여 있다. 지난 역사에서 비추어 보아도 '피침'은 얼마든지 가장될 수 있다. 북한은 아직도 6·25전쟁을 남침으로 인정하지 않고 북침이라고 우기고 있지 않은가. 그러니 중국지원의 명분을 얼마든지 만들어낼 수 있다. 사실 중국으로서는 그의 우방인 북한이 일을 저질렀다고 해도 북한지역의 친중국적 정권이 멸망하는 것을 좌시하기는 어려울 것이다.

한편 미국과 일본에 대해서는 장거리 미사일로 일본 또는 기타 극동 및 태평양함대 등 미군에 대한 공격위협을 함으로써 과거와 같은 대남지원을 견제할 수 있다고 볼 것이다. 그리고 핵무기, 화학 및 생물무기에 의한 공격위협으로 미군의 개입에 따르는 대량희생을 경고하여 한국을 약화시킬 수 있다고 생각할 수 있다. 지금까지의 대미접근을 발전시켜 대표부 교환의 단계에까지 이르고 미국과의 평화협정에 성공하면 미군의 재개입은 어렵다고 판단할 수도 있다.

따라서 많은 논자들이 국제상황으로 보아 남침을 할 수 없을 것이라고 보는 것은 북한의 눈에서 볼 때는 어리석다고도 생각될 것이다.

경제난과 식량난에도 불구하고 북한이 보이고 있는 군사태세의 여러 징조로 보아 전쟁위험이 있다는 것이다.

북한은 대부분의 병력을 평양·원산 이남에 전진배치 시키고 전국적인 전쟁훈련을 실시하고 있다. 북한이 중요시하는 게릴라작전과 전격전의 병행추진을 위한 특전작전에 활용할 전력을 크게 강화시키고 있다. 북한정권을 뒷받침하는 가장 중요한 세력이 군이고 김정일은 군 위주의 지도 및 정책을 공공연히 실시하고 있다. 휴전선 일대에서의 대남비방이 부쩍 늘고 군대변인까지 공공연히 전쟁불사의 발언을 하고 있다.

이런 징조들은 군사적 긴장과 전쟁발발이 요인들이 될 수 있다는 견해들이 적지 않다.

군사태세에 못지않게 북한의 지도층과 일반주민이 갖는 심리적 파탄이 더 위험하다는 주장도 많다.

북한체제 고수세력은 군사수단 이외에는 북한의 유지와 북한주도하의 통일이 불가능하다고 굳게 믿고 있다고 한다. 남북한을 비교할 때 북한은 군사조직과 사상조직력에서 우세하다. 적화통일이 목표인 북한으로서는 군사수단(전쟁) 외에는 그것을 이룩할 방도가 없다고 볼 것이다. 전쟁만 한다면 반드시 승리할 것으로 믿는 주민도 많다고 알려져 있다.

남북 간에 경제적 우열이 너무 커서 시간이 갈수록 북쪽에게 불리하고 끝내는 남쪽에 의해 흡수될 지도 모른다는 우려 속에 북한체제 고수세력이 빠져 있다고 생각한다. 체제세력과는 조금 다른 측면에서 일반주민에서도 전쟁불가피론이 팽배해있다고 한다. 지금과 같은 경제생활난과 식량난에서 벗어나기 위해서는 잘 사는 남한을 점령하거나 남쪽에 먹히거나 해야 하므로 전쟁이라도 해야 한다는 이판사판의 심리상태가 조성될 수 있다고 본다.

전쟁 발발에서 가장 중요한 요인은 최고 지도자의 심성과 행태 및 생각이다. 그런데 불행하게도 북한의 김정일은 합리적, 사려 깊은 결정을 하는 형태의 소유자가 아니라는 데에서 남북 긴장과 전쟁 재발의 염려를 하게 된다는 견해들이 적지 않다. 망명한 황장엽 씨의 논문(1996년 8월 23일 집필한 「조선 문제」)에 따르면 현 집권자(김정일)는 "그 성격으로 보나 또 그가 오랫동안 역사의 흐름을 역행하여 축적하여 놓은 행적으로 보나 그가 쓸 수 있는 마지막 수단(전쟁)을 쓰지 않기를 기대하기 어렵다."는 것이다. 우리민족 앞에는 역사상 최대의 비극이 닥쳐오고 있다는 것이 의심할 여지가 없다고 황장엽 씨는 단언한다. 주로 김정일의 성품과 행태에 바탕을 둔 견해이다.

심리적 측면의 일부인 상황에 대한 인식에 있어서는 더욱 남북충돌이 불가피하다는 의견도 대단하다. 즉 북한은 계급투쟁론에 바탕을 둔 공산주의식 철학을 고수하고 있어서 대남적대정책과 남한으로부터 자유민주체제의 축출은 버릴 수 없는 목적이기 때문에 투쟁논리에 의한 남한해방에서 전쟁론과 혁명론은 불가피하다는 것이다.

그러니 혁명에 의한 친북정권을 남한에 세워 그것과 연방통일(평화통일)을 할 수 없다면 전쟁의 방법에 의거하는 것이 불가피하다고 생각할 것이다. 승산이 없는 전쟁을 설마 일으키겠는가 하고 생각하는 것은 너무도 무책임하고 공산주의자, 특히 북한을 잘못 아는 무지한 태도의 표출이라는 견해이다.

남한정세 중에서도 북한지도층을 전쟁의 길로 유혹하는 요인이 있다. 그 가운데서 가장 중요한 것은 화염병에 의한 '가두투쟁'이 계속되는 상황이다. 이런 상황과 관련하여 남한 내의 고정간첩은 활동실적을 과장하기 위해 상황을 왜곡 또는 확대하여 보고하는 현상이 일어날 것이다. 간첩의 보고와 텔레비전 화면을 근거로 북한당국은 남한에 엄청난 친북세력이 확고히 뿌리를 박고 있다고 오판할 것이 분명하다. 그리고 한국은 내부적 혼란으로 힘이 분산되어 있다고 생각할 것이다.

6·25남침전쟁이 실패한 것은 상황에 대한 오판 때문이었다고 김일성 등 북한당국자가 공언한 바 있다. 오판 중 가장 잘못 판단한 것은 인민군이 남진하면 남한주민 대다수가 환영하고 협력할 것으로 생각했던 점이다. 그러나 결과는 전혀 달랐다. 기대했던 남한후방에서의 교란 및 인민봉기가 일어나기는커녕 북에 대한 항쟁이 거셌던 것이다. 남로당(지하세력)의 그릇된 보고 때문에 오판을 했던 것이다.

그런데 지금은 텔레비전 화면 때문에 더 오판을 할 염려가 있다. 남한에 친북세력, 특히 젊은 투사가 엄청나다는 판단이 서면 경제력이나 인구의 격차에도 불구하고 북한은 남한의 후방게릴라전과 전방전격전으로 이길 수 있다는 생각을 할 수 있다.

전쟁은 많은 경우에 심리적 용인의 작용으로 일어난다. 상대방에 대한 오해(상대방이 나를 먹을지 모른다 등)나 계산 착오(오판), 격정과 망상 등이 전쟁을 일으키게 하는 심리적 요인이다.

그런데 남한에 대한 오해와 오판을 할 우려가 있다. 김정일은 격정적 성격과 과대망상적 인물로 평가되는 일이 많다는 점에 문제의 심각함과 복잡함이 있다.

이렇게 한반도에는 전쟁가능 요인이 적지 않게 도사리고 있다. 그래서인지 모르나 6, 7월 전쟁 위기설과 대선전 위기설이 일고 있다. 그러니 한반도가 아닌 곳의 상황(탈냉전)을 기준으로 또 서양적 시각에서 상황을 보아서는 안 된다. 민족운명과 관련한 중대사는 다각적으로, 그리고 심도 있게 분석되어야 하고 최악의 사태가 일어나지 않게 만반의 대비를 해야 한다. 공론은 필요하지 않다. 전쟁요인을 제거하고 대비하는 것만이 재앙을 막을 수 있다. 전쟁을 막는 일은 소모적인 일인 듯하지만 모두를 잃지 않기 위한 작은 아픔일 뿐이다.(『북한』, 1997.7)

4. 총체적 난국에 직면한 북한

1) 머리말

작금년에 이르러 북한체제가 붕괴될 수도 있다는 주장과 머지않은 장래에 무너지고 말 것이라는 말들이 자주 나오고 있다. 그것은 철옹성으로 알았던 동구의 사회주의 국가들이 맥없이 쓰러지고 북한이 여러 위기에 직면해있기 때문에 붕괴에 대한 기대 심리까지 겹쳐 나온 거론들로 이해된다.

그러면 과연 북한은 붕괴될 것인가, 붕괴가 언제쯤 일어날 것인가. 이런 물음에 대한 해답을 얻을 수만 있다면 우리의 대북정책과 통일 및 안보정책 수립이 훨씬 용이한 조건 속에 이루어질 수 있다.

그런 뜻에서 붕괴의 가능성 요인을 찾아보는 것은 매우 뜻이 있는 일이 아닐 수 없다. 그러나 그 경우에도 한 가지 뚜렷이 해두어야 할 것이 있다. 붕괴의 개념설정 문제가 그것이다. 붕괴는 범위나 성격으로 보아 논리적으로 다음의 세 가지로 구분될 수 있다.

(1) 김정일체제(정권)의 붕괴

이것은 김정일이 권좌에서 물러나고 제거되는 상황을 말하는바 가장 좁은 범위의 것을 뜻한다. 사회주의 체제와 '조선민주주의 인민공화국'은 그대로 존속되는 것이기 때문이다.

(2) 정치이념체제의 붕괴

이것은 북한지역에서 사회주의 체제가 변질되어 정치적으로는 자유민주체제를 그리고 경제적으로는 시장경제체제로 바뀌는 것을 뜻한다. 많은 동구국가의 예와 같은 유형을 말한다. 이때 '조선'은 그대로 남을 수도 있고 없어질 수도 있다.

(3) 국가체제의 붕괴

이것은 소위 '조선민주주의 인민공화국'이 지구상에서 사라지는 것을 말한다. 한국으로 흡수통일될 때 이런 현상이 일어날 것이다.

논리적으로는 이렇게 구분되지만 분단상태에 있는 현실에서는 서로 연계되어 일어날 수 있다. 김정일정권의 몰락과 더불어 '조선이 없어질 수도 있고 사회주의도 사라질 수 있다'는 말이다.

따라서 여기서는 일단 좁은 뜻에서의 김정일체제(정권)의 붕괴 가능성을 보기로 한다. 가능성이라고 하지만 붕괴 촉진적 가능요인과 붕괴 방지적 요인이 있어 상쇄하는 종합분석이 요구된다. 그러나 여기서는 주요 붕괴촉진 요인만을 제시해보기로 한다.

그 주요 요소는 립세트(S. M. Lipset)가 제시한 정통성(정치적 측면)과 유효성(경제적 측면)에 관련시켜 찾기로 한다. 정통성은 정당성과 윤리성, 신념에 대한 일체성, 행정력의 통제(침투)성, 공직사회의 청결성(통합능력) 등에 한정하고 유효(실적)성은 식량, 경제생활과 성장도에 한정하기로 한다.

2) 정치면에서 본 붕괴가능요인

정치면에서 붕괴요인을 생각할 때 그것은 '정통성'이 있는가의 여부에서 찾을 수 있다. 정통성은 정권(체제)의 권위가 적절하다고 인식되는 것을 말한다. 집권과정에서 정당성과 윤리성이 있는가, 국민의 지지가 있는가, 그것을 가능케 하는 영도력이 있는가 등이 종합되어 정통성이 형성된다.

그런 시각에서 여기서는 북한정권의 정당성, 주민의 믿음의 체계, 통치능력, 통합능력, 사기 등을 구체적인 정통성의 내용으로 보고 북한정권의 붕괴요인을 살피기로 한다.

(1) 정당성의 부족: 김정일의 군 의존과 정권정통성의 부족

정통성에서 중요시되는 것은 집권과정에서 정당성과 윤리성이 있는가를 따지는 일이다.

그런데 김정일은 20여 년간의 훈련과정을 거쳐 최고지도자로 되었기 때문에 무능력자가 졸지에 지도자로 된 것은 아니다. 그러나 '대를 이어 충성하자'는 구호에서 보듯이 그는 자기 자신보다는 김일성이 보유하고 있는 정통성을 나누어 가진 것이다. 3년간의 '유훈통치'의 기간을 가져야만 했고 또 지금도 거의 김일성과 김정일을 함께 내세우는 것을 볼 때 분명히 나누어 받은 '부분적 정통성'만을 가지고 있다고 보아야 한다.

집권과정에서의 약점은 세습을 했다는 점과 당 대회를 거치지 않고 지역별 중단위에서 추대되었다는 점이다. 공산주의에서는 세습을 가장 기피하고 있다. 북한에서 발행된 사전에서조차 세습제를 봉건적인 것으로 정의하고 있다. 따라서 공화국으로 자처하는 북한의 세습승계는 분명히 정당성을 갖지 못하는 것이라고 본다. 총서기로 선출되는 절차상에도 매끄럽지 못한 면이 있다.

한편 군에 의해 총비서로 추대되고 군에 정권기반을 두고 있는 점은 김정일정권의 강점인 동시에 약점이기도 하다. 군은 북한에 있어서도 주요 집단이고 주요 집단의 지지를 받는다는 것은 정통성 확보에 있어 중요하다. 주민의 사회주의 체제에 대한 믿음의 체계가 약화되는 것에

비례하여 김정일의 군 의존도는 커지게 될 수밖에 없었다고 생각한다. 군 의존도가 크다는 것은 군이 상황에 따라서는 김정일정권에 대한 가장 위협적 존재가 될 수도 있음을 말하는 것이다. 김정일정권의 경제재난 사태가 1~2년 지속된다면 군이 개발독재세력으로 정권을 직접 장악할 수도 있다는 말이다. 따라서 군 영향력의 증대는 곧 김정일정권에 대한 붕괴 위협요인이 될 것이다.

(2) 신념체계의 동요: 동구몰락 및 경제난과 체제신념 약화

신념의 체계는 주민이 그가 속한 이념과 제도 및 정권과 최고 지도자에 대해 기대를 가지고 신뢰하고 공감하는 믿음의 체계를 말한다.

북한은 이 신념체계에서 동요되기에 충분한 상황이 전개되고 있고 실제로 동요를 일으키고 있음이 분명하다. 이데올로기와 사회주의 체제에 대한 회의가 일어날 수 있는 여러 상황에 처해있다. 북한주민들은 자본주의 체제의 멸망과 사회주의 필연을 교육받아 왔다. 그런데 자본주의 국가는 더욱 융성하고 사회주의 국가들은 줄을 이어 넘어지면서 친 자본주의로 돌아가고 있다. 이것은 어떤 논거로도 설명될 수 없는 사회주의 체제의 약점을 입증하는 것이어서 북한주민의 사회주의 체제에 대한 실망이 크다고 여겨진다.

또 북한지도층은 '주체사상'과 '우리식 사회주의'를 말하면서 북한의 지상낙원을 호언했다. 그러나 결과는 빈곤과 배고픔만을 가져왔다. '고기국과 알곡밥 먹는 것'이 해결되지 못하고 오랫동안 구호로 외쳐지고 있는 것이다. 배고픈 주민이 그 정부가 지향하는 이념과 노선에 회의를 갖는 것은 당연한 일이다.

주체와 우리식 사회주의로 나아가면 그들의 목표가 달성될 수 있다고 믿었는데 생활은 계속 어려워졌다. 밝은 미래를 열기는커녕 굶주림의 생활을 가져다주었다. 주체사상을 체계화한 황장엽이 한국으로 망명한 사건은 생활난을 겪고 있는 북한주민에게 믿음의 전환을 하게하

고 있다고 본다. 신념에 대한 일체성과 사기는 소진 점에 이르렀고 소멸되고 있다고 본다.

(3) 통치력의 약화: 반사회주의 생활과 행정통제력의 위기

공권력의 행정집행력이 국민 저변에까지 미치지 못하고 통제력이 약화되는 상황을 '침투의 위기'라고 하거니와 침투의 위기는 정통성 결여에 주요요인이 된다.

북한은 조직사회이고 조직적인 사회통제의 사회이다. 그런데 최근에는 국가의 통제력이 제대로 발휘되지 못하고 있는 것이다. 국가가 경제생산과 분배를 모두 장악하고 있는 북한에서 인민에게 가장 중요한 문제인 식생활조차도 해결해주지 못하고 굶어 죽는 사람들이 속출하자 통제기능이 제대로 작동하지 못하게 되었다. 식량을 구하기 위해서 거주지를 이탈하는 현상이 일반화되어 가고 있다. 식량을 구하러 간다고 하면 여행을 통제하지 못하는 것이다.

그리고 부정부패가 만연되면서 공권력에 대한 신뢰도가 떨어져 공권력의 통제능력을 잃어가고 있다. 절취행위가 성행하고 사회주의 체제에서 용인되지 않는 물품의 암거래가 성행하고 있다.

이런 현상은 공권력과 당에 의한 주민의 동원과 주민심리의 장악을 어렵게 하여 김정일정권에 타격을 주는 요인이 된다. 그렇게도 견고하게 보였던 권력의 통제력과 주민장악력 및 행정집행력이 몹시 풀리고 있기 때문이다. 달리 말한다면 이런 주민이 국가와 당이 자기생존과 생활을 보장해주지 못한다는 불신을 가지게 되어 행정업무가 위기에 처한 것이다. 그것은 서서히 민심이반 현상으로 발전하여 북한정권의 붕괴를 촉진할 것이다.

(4) 통합능력의 위기: 탈북속출과 흔들리는 권력층

정치권력의 붕괴과정에서 매우 중요한 사항 중의 하나는 지도층의 분열 또는 지도층의 문제해결 포기이다. 이런 현상은 분명히 붕괴의 하나의 증거라고 할 수 있기 때문이다. 그것은 권력(체제)이 국가(정권)로서의 통합능력을 상실하고 있음을 뜻하는 것이다.

공산소련의 붕괴와 북한의 경제난으로 북한에서는 외국경험자를 중심으로 엘리트층의 급속한 탈북현상이 증가되었다. 1980년대까지는 일반인의 탈북이 위주였으나 이제는 엘리트층의 탈출이 주종을 이루고 있다. 그 대표적인 사례가 북한통치 이데올로기의 체계화를 주도한 황장엽 노동당 비서의 탈북망명이다. 황장엽의 망명은 북한정권의 이념적 기반이 동요됨을 뜻할 뿐만 아니라 지도층의 체제에 대한 충성심의 이반이고 분열이라고 볼 수 있다.

황장엽 씨의 망명에 이어 이집트주재 대사인 장승호와 저명한 배우인 그의 처 최해욱(유명한 혁명가극 '꽃 파는 처녀'의 주인공으로 김정일의 총애를 받았다고 알려짐) 일가가 미국으로 망명하는 사건이 일어났다. 황장엽도 최고 지도자인 김정일이 믿는 핵심지도층의 인물이고 장씨 부부도 김정일이 신임하는 엘리트이다. 따라서 북한의 지도층 및 엘리트층에 반김정일 인물이 상당하다는 것이 입증된다. 실로 권력핵심층의 이반과 분열이 아닐 수 없다.

엘리트층이 사상적·심리적 동요를 일으키고 있거니와 그것은 '봉건적 독재' 때문이다. 김정일 독재는 명분을 가질 수 없어 엘리트층이 갈등을 일으킨다고 볼 수 있다. 갈등은 체제의 타도냐 아니면 체제로부터의 탈출이냐 아니면 굴욕적 순응이냐를 엘리트층에게 요구한다. 모두가 김정일정권의 통합력을 약화시키거나 붕괴와 연관된다.

(5) 사기의 저하: 체념과 좌절 속의 공격적 심리

체제에 대한 기대가 사라지고 믿음의 체계가 위기에 닥치면 곧바로 주민의 사기가 떨어지기 마련이다. 체념과 좌절감에 빠지거나 아니면 체제파괴에 나서는 공격심리로 이어질 수 있다. 심리적 공황이 일어나 체제붕괴를 촉진할 수 있는 것이다.

북한주민은 이제 사회주의든, 북한식의 주체사상이든, 우리식 사회주의든 모두 믿음을 가질 수 없게 되었다. 매우 폐쇄적인 북한이지만 사회주의권의 몰락으로 북한에 대한 국제지원역량이 격감하고 있음을 알고 있다. 국제적으로 외로운 존재로 방치된 채 가난에 쪼들리고 있음을 나타내고 있는 것이다.

그리고 해외유학생, 왕래하는 해외동포, 외교관, 상사원 등을 통해서 남한이 북한에 비해 훨씬 잘 살고 있다는 점을 알고 있다. 그에 따라 원초적 좌절에 빠져 있다고 생각된다. 사회적 부적응 심리상태가 깊게 깔려 있다고 판단된다. 좌절과 체념에 머물 때는 국가체제의 발전능력을 상실케 하여 장기적으로는 정권의 침몰로 치닫게 한다. 그리고 공격성향을 북한지도층이 남쪽으로 돌릴 때는 남한에 대한 적개심으로 발전하여 전쟁의 계기를 마련한다. 공격성향이 체제와 정권으로 향할 때는 김정일 붕괴를 촉발할 수 있다. 이 경우 힘을 가진 세력, 특히 군이 주민의 심리를 이용한 정권붕괴 기도에 앞장서게 될 것이다.

3) 경제면에서 본 붕괴가능요인

많은 사람들은 북한체제의 위기요인을 경제상황에서 찾고 있다. 김일성이 '모든 사람이 다같이 흰쌀밥에 고깃국을 먹으며 비단옷을 입고 기와집에 살려는 우리 인민의 세기적 염원을 실현하는 것'이 사회주의 건설의 당면목표라고 설정하고 1992년에는 '대농의 해'로 정한 바도 있다.(1992년 및 1993년 신년사) 그러나 그의 바람과는 달리 북한 경제는 여러 면에서 대곤경에 처하였다. 특히 의식주 가운데서 먹는 것조차 전혀 해결하지 못하고 있다. 이것은 철통같은 북한이라고 해도 체제에 대한 중대위기요인이 아닐 수 없을 것이다. 이제 경제상황과 연관하여 북한정권의 붕괴 및 위기적 요인 중 주요사항을 살펴보기로 한다.

(1) 식량난에 따르는 불안

북한은 질을 가릴 것 없이 굶지 않기만 해도 다행이라고 생각하는 상당수의 주민을 가지고 있다. 이들이 비록 강력한 독재 때문에 직접적인 봉기의 실천을 하고 있지 않다고 하지만 북한정권으로서는 분명히 주민의 저항위기에 직면하고 있다고 보아야 할 것이다.

북한은 '쌀이야말로 사회주의다'라고 하는 절체절명의 표방을 하면서 쌀 생산 증진에 주민을 몰아 세웠다. 그러나 곡물수확량은 해마다 줄어 연간 필요량 6백 60~6백 70만 톤에 훨씬 못 미쳐서 2백만 톤 이상의 식량부족현상을 빚고 있다. 북한에서 곡물생산이 줄고 부족현상을 보이는 것은 복합적 원인 때문으로 여겨진다. ㉠ 사유가 인정되지 않고 협동농장에서 공동 생산하는 데서 오는 낮은 생산성, ㉡ 불리한 지형과 자연적인 영농조건, ㉢ 무리한 개간에 따른 홍수통제의 곤란성, ㉣ 영농기술·장비·농약·비료·품종개량의 낙후성과 부족, ㉤ 영농투자 부족(군비 및 중공업 우선).

이렇게 북한의 식량부족은 본질적으로 체제의 모순에서 비롯된다고 해도 과언이 아니다. 생산이 부진한데다가 외화가 없어 곡물을 수입하지도 못하니 식량부족은 해를 거듭할수록 심각하게 된 것이다. 그리하여 보도에 의하면 아사자가 속출해서 1백 만은 될 것이라고도 하고 영양실조에 시달리는 어린이가 많다고도 한다. 이 절박한 생존수단의 부재에서 일반주민의 정권과 체제에 대한 불만이 폭발단계까지 이르고 있다. 이 폭발을 막기 위해서 북한정권은 주민불만을 외부로 돌리고 있다. 즉 미국과 한국을 주적으로 만들어 정권을 유지하고 있는 것이다.

그러나 식량부족이 계속되는 가운데 외국과 한국의 원조기관으로부터 곡물을 받아야 하는 북한주민의 심리상태가 북한정권에게 큰 위협이 되고 있다고 본다.

(2) 에너지와 생필품 부족에 따른 불안

북한은 에너지 부족으로 약 30% 정도의 공장가동률에 그치고 있다. 또 난방과 밝은 생활을 할 수 없는 처지에 있다. 공장가동률이 30%밖에 안 되는 북한에서는 생필품 공급이 원활치 못하다. 외화를 마련할 수 없는 북한으로서는 식량뿐만 아니라 생필품을 수입할 수 없다. 경제성장의 후퇴와 그에 따르는 생산 감퇴, 그리고 그 결과로 생긴 외화고갈로 생필품은 더욱 부족하게 되는 곤란의 악순환이 계속되고 있는 것이다.

북한의 경제난과 생활난은 여러 요인들의 종합적 결과로 볼 수 있다. ㉠ 사회주의 체제가 지니는 비효율적인 약점, ㉡ 중앙집권적인 계획 및 통제경제의 약점, ㉢ 중공업우선정책에 따른 불균형 발전, ㉣ 자립과 주체에 기초한 폐쇄적 발전전략, ㉤ 동구의 붕괴에 따르는 우방의 경협 감소, ㉥ 외화부족에 따른 자본과 기술도입의 곤란, ㉦ 국제신용하락과 누적된 외채, ㉧ 과다군비 지출에 따른 투자재원 부족, ㉨ 체제유지를 위한 과시적 건조물과 행사, ㉩ 김정일 부자 우상화를 위한 과다 지출.

앞의 요인들이 얽혀 북한경제가 곤경에 처하고 생활난을 재촉하고 있다. 생존만 가능하고 현대적 생활을 할 수 없는 북한주민이 월등히 잘 사는 남한주민들에 대한 소식을 듣고 심리적 동요를 일으키지 않을 수 없을 것이다.

4) 맺음말

이상에서 북한의 김정일정권이 무너질 수 있는 요인들을 생각해 보았거니와 김정일정권은 실로 심각한 붕괴 위기적 상황에 있는 것이다.

물론 북한붕괴를 막고 체제유지를 받치고 있는 적지 않은 요인들도 있다. 한반도 주변 국가들이 북한의 붕괴를 바라지 않아 혁명할 수 있는 점, 북한의 철저한 폐쇄성으로 기대수준이 낮아 주민봉기가 쉽지 않은 점, 철저한 통제국가체제 및 독재를 장기간 유지시켜오고 있는 점 등으로 위로부터의 붕괴가 없는 한은 붕괴가 가까운 장래에 이루어질 것을 기대하기는 어려울 듯하다.

그럼에도 불구하고 남북 간의 경쟁을 기본으로 하고 있는 한반도의 특수상황에서는 힘의 격차 때문에 북한의 붕괴 또는 그에 따른 통일이 필연이라고 본다. 그 경우 다음과 같은 방식이 예상된다.

▶제1유형: 남북전쟁과 북한의 한국으로의 흡수.

▶제2유형: 급속한 붕괴. 이것은 북한의 군부가 주도하는 김정일체제의 타도와 같은 경우이다.

▶제3유형: 점진적인 붕괴. 이것은 주요세력 및 주민이 결합하여 일으키는 체제전환의 경우로서 시간적으로는 약간 지체되면서 생길 것이다.

▶제4유형: 연착륙에 의한 일시적 안정 후의 붕괴. 이것은 독일의 예와 비슷한 상황전개를 말하는 것으로 미국 등이 유도하고 있는 듯하다. 중국식의 개방을 택할 경우에도 이 유형의 붕괴현상이 나타날 수도 있다.

북한이 어떤 형태로 붕괴될 지는 지금 아무도 정확히 점칠 수 없다. 북한사회는 너무도 특이하고 불합리한 요소로 움직이는 면이 많기 때문이다. 그러므로 지금 우리가 할 수 있는 일은 어떤 유형의 붕괴에도 모두 대비하는 일이다. 그리고 오랜 고통 뒤에 붕괴하도록 할 것인가, 아니면 고통을 줄이기 위해 빨리 손을 쓸 것인가의 매우 어려운 결정을 하지 않으면 안 된다. 그것은 명분론과 현실론 중에서 어느 쪽을 택할 것인가의 문제이기도 하다. 명분에 치우칠 때에는 일을 그르칠 수 있고, 영원히 우리가 바라는 통일을 이루지 못하는 한을 맞을 수 있다.

반대로 현실론에 치우칠 때에는 주변과 국민의 따가운 눈초리를 받는 고통을 감수해야 한다.

따라서 우선은 양자를 조화시키는 길을 택할 수밖에 없을 것이다.

예컨대 북한에 대한 식량지원은 군관용 불사용 보장과 대남화해 및 인도적 민간수준의 지원 등으로 명분론과 현실론을 조정할 수 있을 것이다.(『통일문화』, 1998.1)

5. 반미에서 배미로 되지 말아야

요즈음 꽤 많은 사람들이 '반미' 또는 미국에 대한 비판적 의견을 내놓고 있다. 6·25전란 중에 일어난 노근리사건, '매향리' 오폭사건, 용산 유해물질 방류사건이 'SOFA협정'의 개정작업과 맞물려 그러한 감정이 증폭되는 듯하다.

미국이라면 껌벅 죽을 듯 했던 우리 국민이 왜 이렇게 미국부정으로 가게 됐는가. 일차적으로는 앞의 사건들에서 보듯이 미국의 잘못이 크다. 매향리 오폭사건에 즉각 사과하는 성의를 보였다면 격렬한 데모는 없었을 것이다. 전란중 피아(彼我)를 구분하기 어려운 긴박한 상황에서 일어난 일이니 적절한 조치를 곧 취하겠다고 했으면 노근리사건도 '학살'로 매도되지는 않았을 것이다. 유해물질 방류사건도 역시 그렇다. 즉각 고위당국자가 사과하고 차후에는 그런 일이 없도록 하겠다고 곧 말했으면 수습됐을 일이다.

SOFA협정의 개정문제는 더욱 그러하다. 다른 나라와 맺은 내용의 수준에서 개정하겠다고 진작 말했으면 한국민의 자존심을 건드리지 않았을 것이다. 이 모두가 미국의 대국주의적 자세에서 나온 것이고 그 때문에 한국민의 자긍심을 상하게 하여 '반미'의 불에 부채질하게 되었다고 생각한다.

반미나 미국 비판론의 원천이 미국에게만 있는 것은 아니다. 어떻게 보면 우리 자신에게 더 많이 있다고도 생각한다. 정치·경제적으로도 어느 정도 수준에 이르게 되니 우리자신을 과대평가하는 데서 그러한 감정이 나왔다고도 생각되는 것이다.

어느 택시기사로부터 이산가족 상봉이 있은 직후 이런 말을 들은 적이 있다. '이제 곧 통일이 될 겁니다. 우리끼리 힘을 합치면 통일이 안 될 리가 없어요. 미국 따윈 필요 없게 됐다는 말입니다.'고 적지 않은 사람이 이렇게 생각하는 것 같다. 실로 현실을 모르는 자기 과장적 평가이며 희망일 뿐이다. 남북정상회담이 미국의 정책이 없었다면 과연 가능했을까? 미국의 TMD계획을 걱정한 중국이 북한을 설득했던 것이다. 통미배남으로 미국에서 경제난의 돌파구를 찾으려 했지만 북미회담은 지지부진했다. 테러지원국해제를 미국은 끝내 거부하고 미사일 개발중지만 요구했다. 이러한 미국의 태도에 북한이 이른바 통미배남 정책을 포기한 것이다. 오히려 한국에 매달려야 하겠다고 방향전환을 한 것이다.

생활이 향상되고 경제선진화소리가 요란하니까 미국의 협력을 우습게 생각하는 사람들도 있다. 그러나 이 또한 황소 앞의 개구리 같은 생각이다. 엄청난 외채를 지고 있는 우리나라에서 미국을 건드려 미국 돈이 일시에 빠져나가면 당장 외환위기가 재발할 수 있지 않은가. 지금 세계는 미국의 단일적 패권에 의해서 움직이고 있다. 정치도 군사도 경제도 문화도 화폐까지도 미국에 의해서 좌지우지되고 있다. 그러한 미국에 다른 선진 국가들도 엎드려 있는데 우리가 조금 생활이 나아졌다고 미국에 맞설 수 있겠는가!

남북정상회담이 이루어지고 6·15선언과 후속조치로서의 이산가족 상봉이 있자 이제 한반도에서 전쟁위험이 사라졌다고 생각하는 사람들도 적지 않다. 그러니까 미국은 과거의 동맹자였을 뿐 장차는 필요 없다고 생각하는 것이다. 과연 평화가 보장된 것인가. 6·15선언 어디에도 '긴장완화'와 '평화정착'에 대한 뚜렷한 표현은 없다. 다만 다른 항목들을 실천해가면 긴장완화에 도움이 되고 평화분위기가 증진될 수 있을 뿐이다.

북한은 '평화협정체결'을 주장하지 않았다. 그것은 미군철수와 직결되는 대목이기 때문이다. 그대신 남북교류 협력 및 통일방식에 역점을 두어 어떻게 보면 미국주둔의 길을 열어놓았다. 남북교류가 본격화될 때 대량난민의 남한유입을 막는 데는 미군이 있어야 하기 때문인 듯도 하다.

한국으로서도 미군의 주둔으로 북한을 비롯한 주변국을 견제함으로써 평화와 안정에 도움이 된다고 보아야 한다. 그리고 그것을 바탕으로 남북교류 협력이 가능한 것이다.

북한이 전쟁할 능력이 없다는 말은 종합적으로 판단할 때 가당치 않다. 동원능력·정신력·조직력·단결력을 바탕으로 한 북한의 전력(戰力)은 피상적·유형적인 것보다 훨씬 강하다. 우리가 전력 면에서 강하다는 자기과장심리가 북한전쟁능력을 업신여기고 미국의 전쟁억지역할을 부정하고 있는 것이다.

더욱이 지금 동북아에서는 신냉전질서가 형성될지, NATO식 다자협력조직체제가 만들어질지, 아니면 4대국 협력관계가 이룩될지 알 수 없다. 이러한 현실에서 미국이 손을 뗄 경우 우리는 조선조 말엽 청나라가 빠진 뒤의 일본과 러시아의 각축 및 전쟁 그리고 일본지배라는 과거의 역사가 되풀이 될 수도 있음을 알아야 한다. 지금 미국은 주변국과의 균형적 관계 속에서 한반도 안정에 기여하고 있다고 보아야 한다.

미국 배척론자의 가장 중요한 논리는 미국이 통일에 장애가 된다는 의견이다. 좌파에서 주로 제기되는 견해이다.

미군이 남한에 주둔하면서 자국의 이익을 확보하기 위해서 통일을 방해하고 남한을 식민지 내지 준 식민지로 경영하고 있다는 것이다.

미국은 과연 반통일국가이고 미군은 통일방해꾼인가. 한쪽 시각에서 보면 그렇게 생각할 수 있다. 주변의 네 나라가 정도의 차이가 있겠지만 현 상황에서는 통일을 적극 지원하고 있지 않다. 미국도 포함해서 그러하다.

6·25전란 중에 중국은 자유통일을 막았다. 미국은 공산통일을 막았다. 러시아와 일본도 그 와중에 어느 한편에 섰다. 통일을 막았던 것이다. 물론 무력전쟁통일을 막았다.

그때에 그랬듯이 앞으로도 전쟁통일은 막을지 모른다. 그러나 평화통일을 막는다고 단정할 수는 없다. 그것은 독일의 예에서 보듯이 미군과 러시아군의 주둔이 통일을 막기는커녕 오히려 도움을 주었다고도 볼 수 있지 않은가? 이렇게 미국에 대해서 지엽적인 문제 때문에 표피적인 정서로 접근해서는 안 된다. 본질적이고 종합적인 시각에서 생각해야 한다.

그렇기 때문에 반미적인 정서가 미국배척으로 발전해서는 안 된다고 보는 것이다. 넓게 보는 국민의 성숙된 안목이 절실히 요구된다.

더욱이 이데올로기가 가미되어서는 안 된다. 주체성 없이 미국에만 기대려는 것은 더욱 안 된다. 먼 민족의 장래까지 내다보면서 현실을 종합적이고 균형 있게 보는 지혜가 아쉽다.(『통일문화』, 2000.9)

6. 미국참사, 어떻게 볼 것인가

우리 인류는 공상영화에서나 있을 법한 참담함을 뉴욕과 워싱턴을 통해서 느끼게 되었다. 상상하지 못한 대참사에 미국인들은 분노와 절규를 했지만 이슬람인 일부와 반미주의자들은 섬뜩하게도 환호성을 질렀다. 분노하는 쪽에서는 끔찍한 사건을 '악의 후예'들이 저지른 만행으로 치부할 것이다. 반대로 환호하는 쪽에서는 실로 짜릿한 쾌감마저 느끼는 대거사로 평가할 것이다. 그러면 과연 이 참사를 어떻게 보아야 할 것인가? 그리고 그것은 어떤 교훈을 주는 것인가?

첫째, 전적으로 그러하지는 않지만 상당부분 문명충돌의 성격을 갖는 사건이라고 보아야 한다.

테러의 주체가 이슬람 원리주의자들이고 공격대상이 서양문명의 핵심지역이기 때문이다. 지난 수십 년간 서양문명권과 이슬람권 간에는 많은 충돌이 있었다. 이스라엘을 매개로 한 양대 문명의 전쟁이 이어졌다. 가장 심한 충돌은 미국주도의 서양 여러 나라들과 이라크 간의 전쟁이었다.

유일신을 믿는 기독교와 이슬람교 문명은 배타성이 강하여 문명융합을 하지 못하고 있다. 문명간의 이해와 융합이 이루어지기 어려운 것이다. 서양문명의 종주국으로서의 미국이 미국식 세계화를 밀어붙이고 이에 소외되거나 위기감을 갖는 아랍인들의 반발이 화해를 이루지 못한 것이다. 그런 점에서 이번 참사는 피할 수 없는 것이었다고 볼 수 있다.

둘째, 이번 사건은 열전과 냉전시대에 볼 수 없는 새로운 형태의 위협이 얼마나 가공한 것인가를 전 인류에게 보여준 대사건이었다.

우리들은 전쟁에서 사용되는 각종 무기의 가공할 위력에 놀라곤 한다. 그러나 이번 사건은 통상적 무기가 아닌 민간 항공기가 '무기'로 이용됐고 그 위력은 핵무기에 버금갈 정도였으니 실로 대경실색할 일이 아닐 수 없다. 위협무기의 다양화를 의미하는 것이고 그에 따라 보이지 않는 위협자와 보이지 않는 무기를 상대로 한 21세기형의 새로운 전쟁을 예상케 한다. 이 얼마나 어처구니없고 지난(至難)한 해결과업인가?

셋째, 안보에 대한 위협이 항상 존재하고 위협자가 불분명함을 보여준 사건이다.

일반적인 군사전쟁위협은 나라와 나라 간에서 일어난다. 그것은 대체로 선전포고에 의해서 시작되고 강화(평화)조약으로 끝맺는다. 그 기간을 통상 전시라고 한다.

그러나 내전(시민전쟁)의 경우나 이번의 테러공격과 같은 경우는 나라 간에 이루어지는 것도 아니고 일정기간 진행되는 것도 아니다. 탈냉전시대가 왔다고 태평성대를 말하게 된지 얼마 안 된 '비전 시'에 나라도 아닌 주체가 얼마든지 다양하게 실질적 전쟁행위를 할 수 있음을 보여준 것이다. 위협의 항상성(恒常性)과 위협주체의 다양성을 새삼 일깨우게 한 사건이기도 하다.

넷째, 우리들이 전선(戰線)이 확연하지 않은 상태에서 어디서나 공격 위협에 노출되어 있음을 다시금 알려준 사건이다.

통상적 전쟁은 전쟁장소가 대체로 정해져 있다. 그래서 전쟁위험이 있거나 전쟁 중에는 그곳을 피하여 피난함으로써 생명을 보전하게 된다.

그런데 테러에서는 장소를 예측할 수 없다. 그 장소가 내 집일 수도 있고 내 사무실일 수도 있고 여행 장소일 수도 있다. 전후방도 없고 시도 때도 알 수 없이 예측할 수 없는 장소에서 위협이 다가온다. 예측불가능의 위협이야말로 가장 무서운 위협이 아닐 수 없다. 아마 아무도 미국의 심장부에서 저렇게 엄청난 재앙을 일으키리라고 상상하지 못했을 것이다. 외부위협의 안전지대로 자만하고 있던 미국에게 일대타격을 주었다. 안보위협의 내외재(內外在)적인 전면성(全面性)을 보여준 것이다.

다섯째, 세계화와 세계질서 형성이 한 나라에 의해서 독점적으로 진행되는 것이 얼마나 어려운 일인가를 보여준 사건이다.

냉전질서의 붕괴는 미국 패권질서의 형성을 의미했다. 미국만이 유일 초강국으로 어떤 나라의 제재도 받음이 없이 세계질서를 이끌어가고 있다. 달러가 세계화폐가 됐고 영어가 세계적 공용어가 되다시피 했다. 미국적 문화가 세계를 휩쓸고 미국이 세계정치를 좌우한다. 그러나 아직은 미국의 유일패권이 완성된 것이 아니며 진행되고 있을 뿐이다.

이 과정에서 가장 소외된 세계의 극단적 반발이 이번 사건이라고 본다면 미국적 세계화는 엄청난 도전에 방법을 달리하거나 더욱 밀어붙이는 어려운 선택을 해야 하는 기로에 놓였다. 밀어붙인다면 문명충돌이 본격화될 것이다. 융합과 조화를 이루며 진행시킨다면 시간은 걸리지만 화평 속에서 상당수준의 목적을 달성할 수 있을 것이다.

이상에서 볼 때 워싱턴과 뉴욕의 참사는 우리에게 적지 않은 교훈적 시사와 의미를 주는 것이라고 생각한다.

우선 문명사적 관점에서 볼 때 유사한 사건들이 계속될 가능성이 있어 대량 석유소비국인 우리나라는 생존전략 수립을 새 패러다임을 가지고 세워야 한다. 그 경우 경제적 안보가 매우 중요시되어야 할 것이다.

그리고 정책당국은 물론이고 일반국민이 종합안보의식을 분명히 가져야 한다는 것을 사건은 알려주고 있다. 외재적 위협뿐만 아니라 내재적 위협의 중요성, 위협발생의 상시성, 위협형태와 위협주체의 다양성, 전시와 비전시 구분의 모호성, 군사와 비군사 조정의 필요성 등으로 종합안보의 사고가 필요하다. 따라서 안보대책도 종합적이어야 하고 항상 대비하여 한 치의 소홀함도 없어야 할 것이다.

또한 국가가 크고 넓은 문제나 대외문제에 치중하고 작은 듯하고 국내적인 관심을 소홀히 할 때 얼마나 큰 화를 입는가를 보여 주었다. 미국의 이 교훈이 우리라고 예외가 될 수는 없을 것이다. 미국이 그럴진대 우리는 말할 나위 있겠는가?

아무쪼록 이번 사건이 강 건너 불이 아니고 우리가 원래부터 생각했어야 할 것들을 다시 생각하게 하는 계기가 되기를 바랄 뿐이다.(『통일문화』, 2000.10)

7. 중·장거리 미사일을 개발해야 할 것인가

1) 본격화된 미사일 주권문제

요즈음 미사일 주권문제가 많이 제기되고 있다. 그 문제가 최근에 본격화 된 것은 지난 7월 초 김대중 대통령이 미국과 캐나다를 방문하는 도중 미국 대통령과의 회담에서 우리도 5백km 사정거리 미사일을 개발해야 하겠다는 의견개진이 있은 때부터이다.

물론 미사일 개발문제가 한·미간에서 제기된 것은 이번이 처음은 아니다. 1970년대 박 대통령이 미사일과 핵무기 개발을 시도했을 때부터 미국은 한국의 그러한 뜻과 계획을 강력히 막아왔다. 그리하여 핵과 미사일 개발은 전두환 행정부의 등장과 더불어 중단될 수밖에 없었다.

그 뒤 북한의 단거리 미사일 개발과 실전배치가 있자 단거리 미사일 개발에 양국이 합의한 것으로 알려지고 있다. 그런데 북한이 작년에 중·장거리 미사일을 개발하고 비교적 장거리의 미사일(북한은 인공위성이라고 주장·발표했음) 발사실험을 하면서 우리는 적어도 평양까지 커버할 수 있는 3백km 사정거리의 미사일 개발과 실험을 하게 되었다. 그러나 북한은 미사일의 개발, 실험뿐만 아니라 모든 한반도 및 주변지역을 사정권에 넣을 수 있는 미사일 무기체계를 실전 배치하고 있다. 거기에 더하여 금년 여름에는 미국까지 도달할 수 있는 대포동 2호 미사일 발사실험 준비를 마친 것으로 알려져 있다 미국을 직접 위협할 미사일체제를 북한이 가질 때 미국이 과연 우리 안보를 담보할 의지를 더 확고히 가질지 아니면 오히려 종래보다 소극적으로 바뀔지 모른다는 데에 우리의 우려가 있는 것이다.

이와 관련하여 우리는 미사일 주권을 가져 미국이나 북한의 어떠한 의지에도 대처할 태세가 필요하게 되었다고 보는 견해가 많아진 것이다. 미사일을 개발해야 한다는 찬성론자의 구체적 논거는 무엇인가?

첫째, 앞에서 지적했듯이 북한이 이미 장거리 미사일 개발을 상당히 진행했고 금년 여름에 5천 km 내외의 장거리 미사일 발사실험을 할 것이기 때문이다.

북한은 지난해 8월 대포동 1호 미사일 발사실험을 한 바 있는데 이번 여름에 실험되는 미사일은 작년 것보다 훨씬 장거리의 미사일이다.

이와 관련하여 미국은 북한이 그 미사일을 발사할 경우 한·미·일 3국은 이미 합의한 대로 어떤 반응을 보일 것이며 그것은 매우 심각한 외교적·경제적 결과로 나타날 것임을 밝히고 있다.(「보즈워스 주한미대사의 13일 관훈클럽 강연」, 1998년 9월 14일 『동아일보』 게재)

아마도 미국이 미국 내 북한재산 동결, 식량과 기타 경제지원 중지, 관계개선노력 중지 등 조치로 북한을 고립시켜갈 수 있다. 일본은 KEDO 분담금 지급유보와 국교회담 유보는 물론이고 조총련계의 대북송금 중지 등도 고려할지 모른다.

한·미·일 세 나라의 만류에도 불구하고 북한이 미사일 실험을 '인공위성 발사 실험'이라는 명목으로 강행할 경우 한국은 미사일문제에서 북한과의 심각한 불균형에 처하게 되기 때문에 적어도 견제능력만이라도 보유해야 한다는 생각을 하게 되는 것이다. 미사일로 북한을 견제할 수 있는 최소한의 능력조건은 함경북도를 포함한 전한반도가 사정권 내에 들 수 있어야 하기 때문에 5백km 내지 6백km 이상의 사정거리 미사일 개발이 요구된다는 논리가 정당화 될 수 있는 것이다.

둘째, 앞의 것과도 연관되지만 전쟁을 억제하기 위해서도 중·장거리 미사일 개발이 필요하다는 것이다.

북한은 남한 전지역은 물론이고 미국까지 도달할 수 있는 미사일을 개발하였다. 그리고 남한 전지역을 공격할 수 있는 미사일 무기 체제를 배치하였다고 알려지고 있다. 중동과 유고전쟁에서 보듯이 미사일 공격무기는 전쟁의 승패를 좌우할 수 있다. 월등한 미사일능력을 북한이 가지고 남한의 주요시설을 파괴할 수 있다는 자신감을 가질 때 남침의 욕이 일어날 수 있을 것이다.

그 경우 한국이 그에 상응한 미사일 전력체제를 갖추고 있을 때는 전쟁억제효과가 날 수 있다. 불행하게도 한국자체로서는 그럴만한 단계에 와있지 않은 것이다. 최근 보도되고 있는 북한 미사일기지 건설이 한·만 접경의 북향 산자락이라면 더욱 그러하다. 북한이 우리의 미사일 개발 사정거리 밖에 미사일기지를 건설할 때 우리 자신은 그것들을 이용한 북한의 미사일 공격을 막아낼 수 없는 것이다. 한국이 북한 미사일기지를 앞서서 공격할 수 있는 능력을 갖추지 못하는 한 북한의 남침의욕은 감소되지 않을 것이다. 따라서 우리가 북한 전 지역에 도달할 수 있는 미사일 능력을 가져야만 북한의 전쟁욕구를 확실하게 억제할 수 있다는 논리가 타당성을 갖게 되는 것이다.

셋째, 21세기 우주시대에 우주개발 및 여행계획을 차질 없이 수행하고 발전시키기 위해서도 미사일 개발은 불가피하다는 것이다.

지금 우리나라도 독자적인 인공위성을 보유하고 있기는 하다. 그러나 그 위성은 우리의 독자적인 개발로 이루어진 것이 아니다. 주요부품은 물론이고 기술을 외국에 의존하고 있는 것이다. 외국의 기술과 도움 없이는 우주시대 대열에서 뒤질 수밖에 없다. 따라서 21세기 선진국을 지향하는 우리는 장거리 미사일 개발 특히 로켓 추진 체의 개발이 필수적인 것이다.

21세기는 인공위성을 지배하는 나라가 하늘을 지배하고 하늘을 지배하는 나라가 세계를 지배할 것이다. 무수히 떠있는 인공위성을 통하여 다른 나라, 특히 적대적 나라에 대한 정보를 정확히 얻어낼 수 있다. 정확한 정보는 정확한 대처를 할 수 있기 때문에 위성을 쏘아 올리고 보유하는 나라만이 스스로 안전을 담보할 수 있는 것이다. 이런 뜻에서도 미사일 주권은 확보되어야 한다는 논리가 타당성을 갖는다.

2) 반대 · 신중론자들의 논거

중 · 장거리 미사일 개발에 대한 이러한 긍정적 주장이 있는가 하면 독자적 중 · 장거리 미사일 개발에 반대 또는 신중한 입장을 취하는 논지도 적지 않다. 그것은 주로 국내보다는 미국으로부터 제기되고 있는 것이다.

첫째, 한국마저 중·장거리 미사일을 개발하면 주변국의 미사일 개발을 자극하여 미사일 확산이 된다는 점에서 반대 입장을 취하고 있다. 김대중 대통령이 5백km 미사일 개발을 제기했을 때 클린턴 대통령은 찬성을 표시하지 않고 실무적으로 검토할 것을 말했다. 이것은 미국정부는 한국이 독자적으로 중·장거리 미사일 능력을 갖는데 대하여 부정적이라는 것을 우회적으로 표시한 것이라고 볼 수 있다. 보스워스 주한미대사도 한국의 중·장거리 미사일 개발에 대해서 부정적인 반응(『동아일보』 1998년 7월 14일자)을 나타냈던 것이다.

미국의 입장에서는 많은 나라들이 중·장거리 미사일 체제를 갖추는 것을 찬성할 수 없다. 한국마저 중·장거리 미사일체제를 갖추게 되면 일본은 물론이고 동남아 국가들도 미사일 개발을 서두르게 될 것이고 이것은 핵 확산과 함께 미국의 이익에 반하는 것이 될 것이다. 그것은 분쟁 가능성의 확대와 함께 미국 패권질서의 약화를 가져오는 것이기 때문이다. 물론 한국은 5백km 사정거리는 한반도 전수방위일 뿐 중국이나 기타 국가를 위협하지 않는다고 말하지만 주변국을 자극할 것이 분명하다는 것이 미국의 시각이다. 따라서 3백km 사정거리에서 만족하기를 바라고 있는 것이다.

둘째, 미국이 찬성하지 않는 중·장거리 미사일 개발은 현실적이지 못하기 때문에 그것은 희망사항일 뿐 지금 당장 이룰 수 없는 안을 가지고 미국과의 갈등을 빚을 필요가 없다는 주장이다.

전략적 차원의 안보는 미국이 책임질 터이니 한국은 전술적 차원의 안보태세를 갖추는데 몰두하기를 바라는 입장이다. 즉 중국과 일본을 자극하지 않는 범위 내에서의 자위태세를 갖출 것과 핵이나 중·장거리 미사일 같은 전략수준의 안보는 미국이 담보하겠다는 생각이다.

바로 이 점이 방위주권 또는 자주국방과 관련한 최대의 시각차이라고 볼 수 있다. 한국은 이제 능력 면에서 자주국방을 할 수 있는 단계에 왔기 때문에 모든 부문에 자위능력을 스스로 판단하고 보유해야 하겠다는 것이고 미국은 한·미 안보체제 속에서 그것을 조정하려 한다.

그리하여 자주적인 미사일 주권이라는 이상은 한·미 관계라는 현실과 부딪치게 되는 것이다. 한·미 공조가 불가피한 현실에서 우리의 뜻대로만 될 수가 없는 것이 현실이다. 구체적으로는 중·장거리 미사일 개발에 필요한 기술과 부품을 미국의 도움 없이 지금 갖고 있다고 보기 어려워 더욱 고민하게 된다고 본다.

셋째, 한국은 미·일의 북한 미사일 개발 및 발사에 대한 반대 입장을 동조하고 있어서 한국 스스로 중·장거리 미사일 개발을 꾀할 경우 자기모순에 빠진다는 것이다. 지금 미국과 일본은 북한의 대포동 미사일 개발과 새로운 실험에 대해서 강력히 반대하고 있다. 만약 북한이 반대에도 불구하고 대포동 장거리 미사일의 개발·실험·수출을 계속한다면 그에 상응한 보복적 조치를 취할 것임을 경고하였다.

그것과 더불어 두 나라가 중심이 되어 대만지역까지 포함한 미사일 방공망 구축을 위한 국제체제를 추진하고 있다. 미·일의 노력에 비해서 한국은 이들 두 가지 노력에 소극적이다. 한국은 이미 북한의 단거리 미사일 공격사정권 내에 들어있기 때문에 북한의 장거리 미사일 개발 반대에 대한 절실성이 없기 때문일 것이다. 미사일 방공망 구축체제에 적극 참여하지 않는 것도 역시 같다고 본다. 물론 한국은 북한의 미사일 개발과 실험에 찬성하는 것이 아니며 반대하는 입장이다. 북한의 미사일 개발에 반대하면서 우리 스스로 개발 노력을 하는 것이 쉽지 않은 것이다.

3) 당위를 추구하는 현실에 바탕 돼야

이상에서 본 바와 같이 5백km 사정의 중·장거리 미사일 개발문제에 대해서는 찬·반 양론이 있을 수 있겠으나 그것은 당위론과 현실론의 차이에서 나온 것이라고 볼 수 있다. 그러므로 해결방안은 자연히 당위를 추구하되 현실에 바탕을 둔 대안이 모색되어야 할 것이다.

우선 5백km 사정거리 미사일을 개발만 하고 발사실험은 양자합의로 또는 상당기간 지난 뒤에 실시할 것을 전제로 미국과 협의하는 방안이 생각될 수 있겠다. 이것마저 어려울 때는 인공위성 개발, 특히 위성발사 로켓의 개발에 주력하면서 독자적 위성개발 능력을 보유토록 하는 방향에서 만족해야 할 것이다.(『북한』, 1999.8)

8. 6·25 당시와 오늘의 국내 정세

1) 변함없는 북한의 대남적화 및 혼란공작

6·25전란 당시를 회고하고 지금에 비추어 보면서 미래를 생각해 보는 것은 뜻이 있다고 본다. 전쟁은 군사적 요인에 의해서 일어나기도 하지만 피아간의 내부적 상황이 고려되어서도 일어나는 것이다.

그런 뜻에서 6·25 당시 및 그 직전의 한국 내의 정치사회 상황을 현재와 비교하면서 검토해보는 것은 의미가 있을 것이다. 그때와 지금을 비교하기가 쉽지 않아 6·25 때를 위주로 상황을 제시하려 한다. 그리고 어떤 사항은 비교가 어렵기 때문에 정치사회 통합력이 큰가 작은가에 치중해보기로 한다.

북한과 공산당은 한반도 적화를 위해서 남한 내에서 동조세력을 강화하고 남한 소멸의 공작을 계속했는바 6·25 때와 비교해본다.

첫째, 6·25 때나 지금이나 북한의 신년사에는 북한 주도의 통일의지가 담겨있고 남한주민을 선동하고 있는 점이다.

먼저 6·25 당시의 김일성의 신년사 중 관련부문을 보기로 한다. 즉 김일성은 "새해를 맞이하는 전체 조선인민들 앞에는 미 제국주의자들과 이승만 매국역도를 반대하는 투쟁을 일층 맹렬히 전개함으로써 국토완정(國土完征)과 조국통일을 급속히 실현시키는 숭고한 투쟁임무가 제기되고 있다.”고 강조한바 있다.(김영훈, 『분단과 전쟁』, 1995, 255쪽 재인용)

2) 한국정부와 민중을 북에 유리하게 유도

국토완정은 한반도 전체를 정복한다는 말이다. 무력통일을 암시한다. 또한 그는 남조선 인민들도 이 일에 함께 나서야 한다고 강조하고 ‘통일된 조선인민 만세’를 외쳤던 것이다.

한편 2003년의 신년사 중 필요한 몇 부문을 제시해본다.(『북한』 2003년 2월호, 125~126쪽) 거기에서는 ‘…모든 투쟁을 반미에로 확고히 지향시키고 각 계층을 망라한 대중적인 반미항쟁, 주한미군 철수투쟁의 불길을 더욱 거세차게 지펴 올려 미국의 식민통치에 파열구를 내고 반미 애국성전의 일대승리를 안아오는 자랑찬 해로 만들자’면서 반미 애국성전은 우리민족 대 미국 간의 사생결단의 대결전이라는 것이다.

남북한 인민이 손잡고 미국을 몰아낸 뒤 북한주도의 통일을 생각하는 시사가 다음의 내용에서도 나타나고 있다. ‘이북의 선군정치는 이남까지 포괄하여 전민족의 존엄과 안전, 이익을 지키는 애국애족의 정치’라고 강조한 점이 바로 그것이다.

6·25 때나 금년이나 모두 신년사에서 공통으로 북한 주도의 한반도를 내세우고 있다. 다만 6·25 때는 정복을 노골적으로 표현했고 금년에는 선군정치의 남한포괄로 표현하고 있다.

그리고 6·25 때는 반미와 반정부를 강조했으나 금년은 반미를 위해 전 민족이 함께 투쟁할 것을 강조하고 있다. 반정부는커녕 ‘친미 반통일 보수세력의 아성인 한나라당의 집권을 분쇄하는 자랑찬 승리를 이루어냈다.’고 하여 야당을 적대시하고 있는 것이다. 한나라당이 ‘이승만 도당’에 대치되었음을 알 수 있다. 한국정부와 남한민중을 북한 편으로

끌어들이려 함을 엿볼 수 있다.

둘째, 6·25 때나 지금이나 북한이 남한적화의 바탕을 만들기 위해서 직접공작을 한다는 것이다.

북한은 1946년 2월 8일 처음으로 인민유격대 양성소인 '평양학원'을 만들어 대남반(對南班)을 두고 월북한 남로당원들을 대상으로 정치 및 유격교육을 시켜 남파했다. 그리고 '강동정치학원'을 만들어 약 6,000명의 유격대원을 졸업시켜 남파시켰다.

이들이 6·25 전까지 남한 전지역에서 각종 테러, 파업, 폭동을 일삼고 산악을 중심으로 빨치산 활동도 하였다. 대표적인 사건이 1948년 4월 3일에 일어난 제주도 폭동사건인데 1949년 5월에야 진압이 되었다.

또 다른 사건은 '여·순군반란사건'인데 이 사건도 북의 공작에 의해서 포섭된 40여 명의 행동대원과 1천여 명의 반란군이 참여한 큰 사건이다.

3) 북의 대남 특별지시, '속내 숨기며 활동해도 좋아'

지금도 친북적인 운동단체들은 북한의 지령 또는 의도가 반영되어 움직이고 있다고 알려지고 있다. 한총련을 이적단체로 규정한 대법원에 의하면 한총련 의장이 북한의 "구국의 소리방송의 녹취물과 김정일 연설문, 로동신문 기사나 사설 등을 교육 자료로 활용하고 있다."는 것이다.(『중앙일보』, 2003년 5월 14일자) 뿐만 아니라 "북한 통일전선부 산하인 범청학년 북측 본부와 팩스를 교환하고 투쟁지침을 전달받아 노선을 정한다."는 것이다.(『미래한국』, 2003년 5월 11일)

북한이 남한적화를 위한 공작을 하고 있음을 김정일의 '적지역 활동지침' 특별교시(일본 현대코리아지가 입수한 비밀문건을 한국발전연구원,『리뷰』 제101호가 수록)에서 엿볼 수 있다.

김정일은 말하기를 "나는 최근 남조선에 파견된 공작원들이 보내온

보고 자료를 보았는데 그들은 한결같이 조국(북한)에서 부여한 강령이 너무 강하기 때문에 그것을 사업대상으로 삼을 수 없다고 말하고 있다."는 것이다.

이 지령에서 실토한 것은 두 가지이다. 하나는 북한이 남한공작을 하고 있다는 점이다. 어떤 사람은 그 수가 수만 명은 될 것이라고 한다. 다른 하나는 너무 강하게 밀어붙이는 지령을 하지 말라는 점이다. 유연성을 가지면서 목표를 달성하면 된다는 것이다.

유연전략으로 다음과 같이 제시되고 있다. 김정일은 "약 5~6년간을 겨냥하고 우리 조직에 더 많은 대중을 묶어두는 것이 목표임으로 그것만 달성되면 좋습니다. 우리의 사업방향이 우경화하고 있다는 소리가 적들 사이에 퍼져나가도 좋아요. 김정일 장군이 아마도 개량주의로 바뀐 것 같다는 소리가 나돌아도 괜찮아요. 붉은기를 마음속에만 간직하면 되요."라고 말하고 있는 것이다.

여기서 주목할 대목이 둘이 있다. 하나는 5~6년 내에 북한 추종세력의 우위를 남한에서 확보하겠다는 점이다. 이 교시가 1999년 4월 20일 평양에 간 서만술(徐萬述) 재일동포에게 말한 것이니까 2004~2005년 내에 북한이 바라는 남한 내 우세를 설정한 것이 된다. 지금 생각하면 김정일의 목표는 상당히 이루어지는 듯이 보이고 있기도 하다.

다른 하나는 북한(김정일)이 변했다고 남한에서 인식시키는 것과 공산주의자임을 감추고 위장해도 좋다고 한 부분이다. 지금 적지 않은 한국 사람들이 북한이 변했다고 말하고 있는데 이런 말은 김정일의 위장론에 딱 맞는 것이다. 또 수박과 같이 붉은 색을 감추고 활동하는 사람들이 남한에 많이 있을 것임을 뜻하기도 한다.

북한이 6·25 남침을 할 때 남한 내 봉기를 기대했는데 그 근거(세력)는 무엇이었을까.

하나는 6·25 때까지도 활동을 하고 있었던 공산유격대원 400여 명이다. 이들이 후방에서 치안교란을 크게 할 것으로 기대했던 것이다.

한국군의 전력을 전후방으로 상당히 분산시킬 것으로 믿었을 것이다. 그리고 반공세력이 분열될 것이라는 점이다.

다른 하나는 고정간첩(공작원) 약 3천 명이 폭동 등 민중봉기를 일으켜 한국의 행정력을 분산시켜 전쟁수행력에 타격을 줄 것으로 기대했던 것이다.

4) 6·25 때보다 약한 정치통합력

또 하나는 앞의 것과도 관련되지만 남한 내에 있는 공산 잔존세력과 그 동조자들이 도처에서 남침에 맞추어 대대적인 민중봉기를 할 것으로 기대했을 것이다.

그러면 6·25 당시와 지금을 비교할 때 반대세력과 동조세력이 어떤 수준인가. 첫째, 6·25 때에 비해서 동조세력인 좌익의 세력이 더 커지고 활동적이라는 점이다.

남한에는 1949년 6월 5일에 결성된 보도연맹이 있었다. 이 단체는 남로당을 비롯한 좌익단체에 가입했던 사람을 이 연맹에 가입시켜 국민으로 포섭시키기 위해 만들었는데 약 20만 명의 맹원이 가입됐다.

1950년 남로당 중앙당 당수 김삼룡(金三龍)과 고문 이주하(李舟河) 등 간부들도 체포되었다. 결국 남로당은 표면적으로 소멸되었다. 그러나 좌익전향자 모임인 보도연맹원과 지하로 들어가 잠복한 공산당원을 북한이 믿었던 것이다.

이렇게 좌익은 6·25 때에 표면적으로만 소탕되고 지하에 잠복한 상태여서 완전히 정치통합력이 강력하게 남한에 존재했다고 보기 어렵다. 그런데 설상가상으로 우익도 크게 두 갈래로 갈려 있었다.

그러면 지금은 좌익이 어느 정도 될 것인가.(『월간조선』, 2002년 5월호) 월간조선에 의하면 친북·좌익세력의 총규모가 430여만 명이고 그중에서 핵심 분자가 1만 2천 명, 동조분자 32만 명, 부화뇌동자 4백 만이라는 것이다.

그리고 사회주의 통일희망자가 9.3%, "김정일정권이 선이다."라고 응답한 사람이 12.4%라고 조사된 것으로 보도했다.

좌익 및 친북세력이 이 정도라는 것은 매우 심각한 의미가 있다. 러시아혁명 때 혁명 전 1905년에 볼셰비키당원은 4만 명에 불과했다. 혁명 직전에는 23,600명밖에 안됐다. 이로 볼 때 남한의 친북, 좌익세력은 매우 강력한 것이다.

5) 남한 내 좌익활동 강화와 정치권의 분열

이 중에서도 핵심좌익인 12,000명인데 이는 남한의 좌익세력의 충격 완충능력을 초과한 것이라고 볼 수 있다. 그리고 이들은 남한의 문화계와 지식산업계, 노동계와 학원 등에 크게 침투한 것으로 보이며 일부는 권력기관에도 들어가 있는 것으로 짐작된다.

이 같은 현재의 남한 좌익세력 분포를 놓고 북한은 두 가지 생각을 모두 고려할 수 있다. 하나는 6·25 때에 생각했던 남진과 남한 내의 봉기로 이중 공격으로 적화를 쉽게 할 수 있겠다는 생각이다.

그리고 다른 하나는 남침을 안 해도 북한이 생각하는 '고려연방공화국'안이 남한 스스로 택하여 북한 주도의 통일이 될 것이라는 생각이다. 6·25 때보다 오히려 상황은 더 나쁘다고 할 수 있다.

둘째, 반북·반공세력은 6·25 때에 못지않은 분열을 하고 있고 좌·우익이 확연히 구분되기 어려운 상황이다. 해방 후 우익의 분열은 이승만(李承晩) 및 한국민주당세력과 김구(金九) 및 한국독립당세력의 분열이 주된 것이었다. 김구와 이승만의 갈등은 숙명적인 것이었다.(신복룡,『한국분단사연구』, 2001, 360~390쪽)

귀족출신에 학력이 높은 이승만과 그 반대인 김구, 부르주아 민족주의자 이승만과 민족지상주의자 김구, 친미외교중심주의자 이승만과 투쟁중심의 김구, 현실주의 이승만의 단독정부 불가피론과 그 반대인 김구의 대립·분열은 불가피한 것이었다.

남한만의 정부수립을 이끈 이승만계가 남한정국을 주도했지만 그 반대편에 선 우익세력도 만만치 않았다. 중도우파와 한독당계열의 우파가 1950년 5월 30일에 실시한 총선거에서 약진하는 현상이 나타났다. 우익의 대립은 매우 심각하여 한국의 정치적 통합력이 크게 훼손되고 있었다.

한편 지금 남한의 우익은 어떠한가? 정당구조로만 볼 때에는 국회의석을 차지하고 있는 것은 모두 우익이다. 그러나 민주당이 보다 좌익적이고 한나라당이 보다 우익적이라고 하고 정당 내에 좌·우가 부분적으로는 섞여있는 상황이다.

민주당이 정권지탱세력이기 때문에 한나라당이 국회 다수석을 차지했다고 해도 한국정치가 6·25 때와 같이 우익 일변도로 기울 수는 없다.

또한 국민의 다수가 우익적 성향을 가지고 있다고는 하나 활성적 좌익과 비활성적 우익이 존재한다고 볼 수 있다. 금년 3·1절 기념으로 우익이 수십만의 군중집회를 한 것이 고작이다.

북한의 입장에서는 무행동성의 우익을 크게 두려워하지 않을 수 있다. 이것은 강한 반공의식으로 무장됐던 6·25 때의 우익의 모습과는 대조적인 것이다.

1950년 6월 25일 남침전쟁의 주요배경의 하나가 남한 내의 좌익폭동과 준동이다. 해방 후 좌익이 남한에서 주도한 각종 소요사건을 모두 거론할 필요는 없다고 생각한다. 대한민국 정부가 수립되기 직전 후에 일어난 세 개의 큰 사건만을 제시하려는 것이다.

6) 6·25 직전 공산주도의 폭동 및 반란사건

첫째는 대한민국 정부수립을 방해하기 위해 1948년 2월 7일에 일으

킨 '2·7폭동'이다.(신복룡, 『한국분단사연구』, 2001, 538쪽)

남로당은 2월 7일을 기하여 남한의 모든 기관에 파업을 감행했다. 파업이라고는 하나 폭력적 행동투쟁이었다. 그래서 2월 7일에서 2월 8일까지에 지서습격 26곳, 기관차 8대 파괴, 통신시설 13곳 파괴, 방화 10건, 테러 24건, 파업 14건이 일어났다.

그리고 이때부터 5월 27일까지 64명의 경찰관이 피습사망하고 145명이 부상하고 가족 9명이 사망했으며 경찰서 111개소가 파괴되었다. 해방 후 있었던 몇 건의 폭동파업 중 가장 큰 피해를 준 사건이다. 전국적 규모의 이 폭동사건은 주동자 306명의 체포로 일단락됐다.

둘째는 정부수립을 반대하기 위해 일으킨 '제주 4·3폭동사건'이다. 1948년 4월에 일어난 제주 폭동사건은 1949년 5월에야 진압됐는데 그곳에 좌익의 뿌리가 깊었기 때문이다.(신복룡, 『한국분단사연구』, 532~533쪽)

일본과 가까웠던 그곳에는 군정이 실시되기 전에 인민위원회가 해방 직후 조직되고 남로당원이 5만 명이나 있었다. 5만이라고 하지만 대부분은 부화뇌동한 농민 등이다.

좌익세력과는 대조적으로 한민당은 지부도 없었고 한독당(김구계열)만 지부를 두고 소수의 당원을 가지고 있었을 뿐이다. 이러한 정치적 배경하에 있었던 제주도에 남로당은 군사조직 민병대(民兵隊)를 조직하여 미군정산하 및 한국산하의 경찰병력에 대응하고 있었다. 사건의 발단은 밀수단속을 이유로 한 경찰의 고문치사, 기타 강간 등에 원한을 품은 가족들의 보복 습격에서 비롯됐다.

이를 계기로 남로당 민병대장 김달삼(金達三)의 지휘로 공산주의자, 사회주의자, 민족주의자 중의 일부 등이 가담한 대대적 무장투쟁으로 확대되었다.

1년여 동안 쌍방간의 전투가 치열하여 사망자가 25만 군민 중에서 2만 명이나 됐고 가옥손실도 2만여 채에 이르는 큰 피해가 났다.(신복

룡, 『한국분단사연구』, 538쪽)

어찌됐던 제주 4·3사건은 국방경비 대내에 침투한 남로당 문상길(文相吉)과 김달삼의 주도로 일으킨 좌익 폭동사건이다. 이 사건으로 1948년에 예정된 5·10선거가 1949년 같은 날로 연기됐고 완전한 사건 진압은 1952년 11월에야 이루어진 것이다.

셋째는 정부수립 후 군대반란으로도 최초로 있었던 '여·순반란사건'이 있다. 여·순반란사건은 제주 4·3사건이 계기가 되어 일어난 사건이다. 제주폭동을 진압하기 위해서 여수에 주둔 중이던 제14연대를 출동시키기로 되어 있었다. 이 정보를 알게 된 군대 내의 남로당 적화(赤化) 책임자인 이재복(李在福)의 지령으로 연대내의 조직책 지창수(池昌洙) 상사가 조정해 일어난 반란이다.

연대내의 김지회(金智會) 중대장을 중심으로 하여 출동 직전인 1949년 10월 19일 반란을 일으킨 것이다. 여순 반란군은 곧 순천을 점령하여 수일간은 이 지역 일대가 공산세력의 지배하에 들어갔다.

7) 남한사회의 혼란성 가중

반란군은 10월 24일 여수에서 그리고 10월 27일 순천에서 소탕됨으로써 쉽게 진압되었다. 그러나 일부세력은 지리산, 백운산 등지로 들어가 그 뒤 유격활동을 했고 반란사건의 피해 또한 적지 않았다.

반란과정과 처리과정을 지나는 동안 사망 5,379명, 중상 3,067명, 행방불명 313명, 가옥전소 7,086채, 반소 3,931채, 기타 물적 재산 피해액 109억 1,352만 원 등의 피해가 있었다.

그런데 주목할 것은 반란군의 주장구호이다. 반란군은 '경찰반대, 동적상쟁의 제주출동반대, 남북통일실현, 북조선 인민군의 남진' 등을 기치로 내세운 것이다.

이 가운데서 더욱 중요시 되어야 할 대목이 통일실현과 인민군의 남진이다. 인민군이 와서 통일해 달라는 것이라고 볼 수 있다. 그런 점에서 이 반란사건은 남침전쟁과 무관하다고 보기 어렵다.

이렇게 6·25전의 남한에서는 각종 폭동과 반란 등이 있었으나 지금은 불법적 폭동이 거의 없고 반란은 더욱 없다. 그대신 각종 불법적·합법적 시위, 파업 등이 끊이지 않고 일어나고 있다. 물류대란 같은 매우 심각한 경제타격의 파업들이 자주 일어나고 있는 것이다. 이런 상황은 북한으로 하여금 남한사회가 매우 취약하고 혼란스러운 곳이라고 생각케 할 수도 있다. 6·25 때도 오판으로 남침한 것이다.

공산유격대에 의한 남한 내의 투쟁은 대한민국 정부의 수립과 때를 같이 하여 매우 조직적이고 적극적으로 전개되었는데 두 갈래로 일단 나누는 것이 편리하다.

하나는 북한으로부터의 남파유격대 활동이고 다른 하나는 지방 공산유격대(남로당 중심)의 활동이다.

먼저 남파유격대 활동을 보도록 한다. 인민유격대 양성소인 '평양학원'과 '강동정치학원'에서 양성하여 남파한 유격대원 수가 6,000여 명에 이른다. 이들은 주로 여순반란사건이 일어난 다음날(1948년 11월)부터 1950년 봄까지 10차에 걸쳐 남파됐다.

8) 과거 공산유격활동에 따른 치안불안

남파된 유격대원들은 남한출신 청년들로 3~6개월의 훈련을 받고 주로 태백산맥을 거쳐 침투됐는데 대체로 그 내용은 다음과 같다.(민병천,『한국방위론』, 1983, 137~138쪽)

제1차 침투는 1948년 11월 14일 오대산으로 180명이 들어왔지만 대부분 소탕됐다. 제2차 침투는 1949년 6월 1일 역시 오대산 지역으로 약 400명이 들어왔으나 38선 부근에서 타격을 받고 소수가 남하했다. 제3차로 1949년 7월 6일 역시 오대산 지역으로 약 200명이 침투했는데 대부분 소탕되고 30명만 중봉산으로 도주했다.

제4차 침투는 1949년 8월 4일 경북 일월산(日月山)으로 약 300명이 들어와 지역 공산세력과 합세해서 통합제1군단(동해여단)을 만들어 김달삼(金達三) 지휘를 받으며 지리산에서 유격전을 벌였다. 제5차는 며칠 뒤인 8월 12일에 철원에서 명지산(明智山)으로 침투하여 용문산(龍門山)까지 진출했다.

제6차 침투는 같은 날 용문산에 40명이 들어와 20명은 사살되고 20명은 월북으로 도주했다. 제7차는 1949년 9월 20일 태백산에서 경북으로 인민유격대 제1군단 약 360명이 침투했으나 100명만 보현산으로 도주해서 김달삼 부대와 합류했다. 이어 제8차로 9월 28일 양양부근에서 50여 명이 침투했으나 섬멸됐다.

제9차로 1949년 11월 6일 경북으로 100여 명이 들어와 동해여단 및 김달삼 부대에 합류했다. 그리고 6·25전쟁이 나던 봄인 2월 25일에 주문진 일대로 300여 명이 침투했으나 역시 섬멸됐다. 3월 28일에는 동부 38선 일대에 700명이 유격대[김무현(金武顯)]부대가 들어와 중부 강원도 일대에서 준동했지만 1개월 만에 소탕됐다.

이렇게 북한이 양성한 6,000명의 유격대 요원을 파상적으로 계속 남파하여 6·25전까지 유격활동을 시켰다. 실로 신생 한국정부는 이들을 소탕하는데 많은 힘을 쏟아야 했고 농촌지역 주민은 불안 속에 살아야 했다.

9) 북, 남의 후방교란과 민중봉기 기도

그러는 과정에서 자발적 또는 비자발적으로 그들에 협력한 사람이 생기게 되고 이것이 또한 좌우극한대립의 작은 불씨가 됐다. 그리고 살기 위한 불가피한 협조를 공산 측에 대한 자발적 지지로 오인한 북한은 남침의 성공을 믿었던 것이다.

한편 정부수립 직후부터 6·25까지 남한에서는 제주사건과 여순반란 사건에서 패주한 잔당이 각각 입산함으로써 호남지방을 중심으로 지방 공산 유격대가 상당기간 준동하였다. 그것을 시기별로 네 단계로 나누어 볼 수 있다.(민병천, 『한국방위론』, 1983, 139~140쪽)

제1기는 여순반란 직후인 1948년 11월에서 1949년 4월까지로서 경상도와 전라도 일대 산악을 중심으로 꽤 활발한 공산유격활동이 있었던 시기이다.

제2기는 1949년 5월부터 8월까지로서 경남북과 호남에서 상당세력을 가지고 공산유격대가 준동한 시기이다.

제3기는 1949년 9월에서 12월까지로 호남일대의 활동이 계속되는 가운데 경북에서는 김달삼 부대가 보현산을 중심으로 동해여단이 준동하고 오대산에서도 계속 활동하는 유격대가 있었다.

제4기는 1950년 1월에서 6·25까지의 기간이다. 이때에는 이미 세력이 약화되고 정부의 소탕작전도 강력해진 시기이다. 그러나 공산 측은 6·25를 앞두고 평야로 진출하려고 정부군을 동서로 갈라놓으려 했다. 소탕작전에 밀려 6·25전쟁 직전까지 불과 400~500명 정도로 세력이 약화되기는 했으나 완전 소탕되지는 않았다.

그래서 북한과 공산세력은 남침할 경우 그들을 중심으로 한 후방교란과 기왕에 있었던 좌익세력의 민중봉기가 있을 것으로 기대했을 것이다.

치안력 약화와 공산유격활동에 대한 과도한 기대 및 남한 내 친공세력 봉기에 대한 믿음 등이 남침을 감행하게 한 주요요인이 됐음을 전쟁 처리과정에서 보인 북한의 태도에서도 알 수 있다.

10) 현 상황, 6·25 직전보다 좋지만은 않아

이상에서 1950년 및 그 직전의 남한의 정치사회 상황을 살피고 현재와 부분적으로 비교해 보았다. 그 결과 다음과 같은 몇 가지를 알 수 있었다.

첫째, 그때나 지금이나 북한의 남한 정치 및 사회분열 및 적화공작은 변함없이 계속되고 있다는 점이다.

둘째, 남한의 정치통합력은 6·25 때보다도 약화되어 있어서 북한의 적화의욕이 더욱 자극 받을 수 있다.

셋째, 6·25 때 및 그 직전에는 반정부(반국가)적 폭동과 게릴라 준동이 상당했으나 지금은 다른 형태의 불안요인이 있고 치안능력은 크게 향상되었다.

넷째, 1940년대 좌·우(보·혁) 갈등이 심했거니와 현재도 그 당시와 비슷한 양상이 일어나고 있어 국론분열과 국민 분열이 있다.

이러한 것들로 볼 때 지금의 상황이 6·25 직전에 비해서 좋아졌다고 볼 수만은 없게 됐다. 대한민국의 정통성을 유지하고 평화를 지키면서 민주통일을 바라보는 자세가 6·25전란 53주년의 화두여야 할 것이다.(『북한』, 2003.6)

제3부

우리도 변해야 한다

제1장
동구가 변했다

1. 개혁의 고통을 겪는 러시아

1) 기내의 사회주의 분위기

공산국가하면 우리에게는 어쩐지 무서운 땅, 음흉한 지도자가 도사린 곳이라는 인상이 든다. 자유가 박탈된 암울한 땅이라고 알려진 그곳이 이제는 그러한 부정적인 인식은 사라지고 가까워질 수 있는 나라로 우리의 마음에 다가 오고 있다. 88서울올림픽을 계기로 우리와 그 나라들은 적대관계를 청산하고 새로운 관계를 세워가고 있는 것이다.

그러나 나에게는 아직은 그곳이 서먹하고 어쩐지 망설여지는 땅이기도 하다. 평소에 갖고 있는 인식 때문일 것이다. 그러한 땅을 밟게 된다는 것이 기대와 설레임 그리고 약간은 조심성이나 두려움 및 호기심을 불러 일으킬만한 것이었다. 때문에 학자들, 언론인들, 공산권연구를 하는 사회(연구)단체 대표들로 구성된 동구권시찰단에 기꺼이 참가하기로 하였다.

1989년 11월 중순의 비교적 쌀쌀한 날씨에도 불구하고 동경행 대한항공을 타기 위해서 새벽부터 일어나 준비하느라 부산을 떨었지만 마음만은 흥분 속에 차 있었다. 평상시에는 그 시간에 일어날 수 없었는데 모스크바를 가본다는 흥분이 잠을 설치게 하였던 것이다.

우리 일행은 공산권의 경제·사회 등을 보고 상호 교류·협력의 가능성 등을 생각하고 부수적으로 공산사회와 자유세계를 비교하는 것을 목적으로 하고 있었다. 북한문제·통일문제·공산권문제 등에 관심이 있는 나는 이 여행을 절호의 기회로 생각하여 기꺼이 동참하기로 한 것이다. 고르바초프의 개방정책과 서울올림픽 후의 한·소관계의 개선이 없었던들 모스크바나 공산권의 여행은 나와 같은 일반학자에게는 꿈도 꿀 수 없는 일이었다.

드디어 대한항공은 예정시간보다 약간 늦기는 했으니 동경을 향하여 이륙하였다. 기내에서 나는 몇 가지 의문이 떠올랐다.

첫째는 소련이 중심이 되어 추구하고 있는 공산국가들의 '개혁'과 '개방'정책의 실체와 본질은 무엇인가를 확인할 수 있을까?

둘째는 현재 공산국가들이 추구하고 있는 새로운 정책은 어떤 방향으로 전개될 것이며 아울러 성패가 어떻게 될 것인가?

셋째는 '지상의 낙원'을 지향하고 있는 공산주의 이론이 실제로 어떤 모습으로 현실에 나타나고 있는가?

그리고 그러한 의문과 물음에 대한 명쾌한 해답을 이번 여행을 통해서 얻을 수 있을 것인가?

이러한 문제제기가 머릿속에서 채 정리도 되기도 전에 태극마크의 대한항공은 나리타 일본 국제공항에 도착하였다.

우리 일행은 동경에서 에로프로트(Aerofolt: 소련비행기)로 갈아타고 모스크바로 향하였다. 비행기에 타면서부터 나는 사회주의 방식이 자본주의 방식과 다르다는 것을 곧 느낄 수 있었다.

무엇보다도 소련제 비행기가 서방세계의 모형과는 적지 않게 다름을 알 수 있었다. 비행기를 타기 전에 좌석이 정해지는 것이 아니고 타는 순서에 따라 본인의 희망대로 아무데나 앉을 수 있는 방식도 생소하였다. 소련식의 평등주의가 그런 방식을 낳게 했다고 생각하여 그때는 호의적으로 받아 들였다. 그러나 이후 어떤 사람의 설명에 의하면 귀빈(고관) 중 1등석에 앉지 못한 경우 일찍 태워 좋은 자리를 차지하게 하는 것이기 때문에 오히려 평등주의와는 거리가 먼 방식이라고 한다. 뒤에 안 일이지만 한국의 경제단체장 등 유수의 실업인이 소련을 방문했을 때도 일찍 태워 좋은 좌석을 차지할 수 있는 기회를 주었다고 하니 차등주의 때문이라는 말이 더 근사할 것 같기도 하다.

기내에 올라 자리를 찾는데 약간의 지체를 해야 했다. 줄좌석 번호가 천정에 표시되어 있고 ABCD의 표시도 찾을 수 없어 소련비행기를 처음 타는 우리들에게는 불편했다. 우리 일행은 좀 늦게 탄 관계로 대부분 금연석에 탈 수 없었으나 나는 19번 금연석에 앉는 행운을 얻었다.

그리고 좌석 앞뒤와 옆과의 간격이 좁아 다리가 긴 서양 사람들이 발을 뻗는데 약간의 고통을 받을 것 같았다. 그런데 내 좌석은 고장이 나서 항상 뒤로 젖혀져 있는 자세로 고정되어 있어 뒤에 앉은 동독의 고등학생이 다리를 뻗을 수 없었다. 결국 그는 일등석에 앉은 그의 어머니(동독의 저명한 가수로서 일본공연을 마치고 귀국하는 길이라고 함)곁으로 가버리고 말았지만……

좌석 바로 위 짐 넣는 곳은 좁은 편이어서 큰 가방(속칭 007같은 것)을 가진 사람은 의자 앞에 놓고 10여 시간을 견디어야 하는 비행기 구조였다.

비행기 규모는 좌우 3열식의 좌석을 가진 1백 50명 정도의 탑승규모의 작은 편이었는데 요란한 소리(서방제 비행기에 비하면 퍽 큰 소리)를 냈지만 흔들림이 없는 점으로 보아 안전도에 있어서는 오히려 더

나은 것 같았다.

식사대와 창가리개 및 식사그릇들이 철판과 단단한 알미늄으로 만들어진 것으로 미루어보아 고분자공업(플라스틱 제품공업)의 기술이 뒤졌음을 곧 알 수 있었다.

또한 기내의 분위기와 봉사 등이 서방세계에서의 그것과는 적지 않은 차이가 있음을 알 수 있었다.

승무원은 회색 상의와 곤색 하의에 청홍색 스카프, 타이를 맨 훤칠한 아가씨들이었고 20여 년이나 근무한 경력의 여사(?)도 있었는데 한국인 승무원(대한항공)과 같은 봉사태도를 기대할 수는 없었다. 다만 그들의 우리 일행에 대한 큰 호기심이 우리들의 마음을 흐뭇하게 할 뿐이었다. 25년간 비행기 탑승을 했다는 헝가리 출신의 여승무원은 처음으로 남한의 단체손님을 모시게 되어 기쁘다고 만면의 웃음을 보였기 때문이다. 이는 모스크바가 남한사람에게는 그만큼 머나먼 곳에 위치한 별도의 세계에 있는 도시이기 때문일까? 최근에 소련을 찾는 사람이 약간 있었겠지만 대개는 서유럽의 다른 나라(독일·프랑스)를 경유해 갔기 때문이거나 극소수가 일본경유의 코스를 택해 갔기 때문에 그들에게는 생소한 것이었다.

금연석이 엄연히 구분되어 있는데도 앞좌석(3~4번쯤)에서는 계속 서양인이 담배를 즐기고 있었고 자본주의적 자유분망성을 보이고 있는 한 서양청년(미국인인 듯)은 이상한 천을 걸쳐 늘어뜨리고 담배를 피면서 기내를 왔다 갔다 하는 무례함을 저지르고 있었다. 그런데도 승무원은 아무 주의도 주지 않았다. 국공영제도하의 근무자에게는 그런 무례가 영업에 지장을 주더라도 근무자에게는 아무 상관이 없었을지 모른다.

식사는 알루미늄상자(약간 단단하여 옆자리 일행의 손을 베게 했음)에 비프와 계란으로 만든 고기와 빵(비행기는 물론 뒤에 묵은 호텔에서도 빵은 뻣뻣한 것이었음)을 먹을 수 있었는데 대한항공의 1960~1970년대 초 식사수준인 듯싶다. 야채와 생선을 먹지 못한 식사(호텔에서도 마찬가지였음)였으나 5시간 이상의 공복을 채우는 데는 별로 지장이 없었다.

주스와 포도주 한 잔은 무료 제공되었으나 술, 맥주 등은 미국 비행기에서와 마찬가지로 돈을 받았다. 하이네켄 맥주 한 깡통을 1달러에 팔고 있었다. 소련에서는 맥주를 생산하지 않을지도 모르지만……

어떻든 소련제 비행기와 비행기 안의 분위기는 서방세계의 그것과는 약간 다른 생소함을 보였고 그것들이 사회주의 사회를 처음 접해보는 것 같은 강한 이질감을 던져 주었다.

2) 사회주의 때문에 가난

동경을 떠나 모스크바에 이르기까지 10여 시간을 그 좁은 비행기 안에서 지내야 하는 괴로움과 지루함은 장거리 국제여행을 경험해 본 사람이면 누구나 짐작할 것이다.

그러나 내게는 그 시간이 지루하지 않았다. 소련을 간다는 다소 들뜬 기대감도 있었지만 기내에서 만난 동독의 고등학생과 재소동포와의 흥미 있는 대화가 나를 지루한 10여 시간을 즐거운 10여 시간으로 만들었던 것 같다.

일류 음악가인 어머니의 동경공연(?) 길에 동행하여 귀국 중이라는 동독학생과 우리 일행과의 대화는 우리에게 시사하는 바가 적지 않았다.

일행교수: 동독의 민주화시대에 대해 어떻게 생각하는가?
동독학생: 별로 놀랍지 않으며 당연시된다.
일행교수: 동독의 다른 학생들도 그렇게 생각하고 있는가?:
동독학생: 그렇다.
일행교수: 동독이 경제적으로 서독에 비해 크게 뒤지고 있다고 생
　　　　　각하는가?
동독학생: 그렇게 생각한다.

일행교수: 왜 그렇게 됐다고 생각하는가?
동독학생: 사회주의 때문이다.
일행교수: 사회주의의 무엇 때문에 그렇게 되었다고 생각하는가?
동독학생: ……

사회주의 체제가 동독을 서독보다 못살게 만든 요인이라고는 말하고 있었으나 동기부여가 거기에 없기 때문임을 인식하지는 못하는 듯 했다. 사유, 이윤(이익), 소유욕, 경쟁욕구 등에 존재하지 않는 사회주의 (공산권)체제의 경제성장에 한계가 있음을 뒤에 소련에서 확인할 수 있었거니와 사회주의 체제하의 고등학생으로서는 생각할 수는 없었는가 보다.

기내에서 만난 재소동포 정모 씨는 서울을 다녀오는 길이라면서 50kg이나 되는 선물보따리를 가져오느라 혼이 났다고 말한다. 운반수속에는 힘들었지만 소련에서 구하기도 힘들고 꼭 필요한 좋은 물건들을 가져다 친인척들에게 나누어 줄 생각으로 아주 기뻐하는 표정이었다. 그리고 서울과 남한에 대해 너무도 호의적인 태도와 생각을 가지고 있는데 대해 오히려 우리를 당황하게 하였다.

그는 비행사 아들, 공장 기사장의 아들을 둔 집단농장의 농민으로, 은퇴(정년)한 평범한 우리 동포였다. 소련거주 2세인 그는 우리말에 능했고 일본말까지도 할 수 있을 정도였는데 그것은 부모덕분이라고 한다.

일행 : 소련에서 무슨 선물을 사가는 것이 좋을까요?
정씨 : 고사리나 가져가시죠?
일행 : 고사리라구요? 고사리나물 말입니까?
정씨 : 그렇습니다. 다른 물건은 한국 것이 모두 좋아서 사갈 것이
       없으니까요.

정씨의 말에 따르면 소련인은 일상생필품이 부족하여 일상적 상품 중에서는 살만한 것이 전혀 없다는 것이다. 생필품이 부족하다는 말은

서울을 떠날 때 이미 들었던 일이라 놀랍지는 않았지만 3개월에 비누가 한 개밖에 배급되지 않는다는 말에 그 말을 새삼 실감했다. 세수를 하루에 한번하고 목욕을 한달에 한번하면 될 정도일까?

그전에 소련을 갔다 온 사람이 "소련사람의 머리에서 냄새가 나더라"는 말이 이제야 이해될 수 있었다.

일상적인 소비생활품이 귀한 것은 아마도 사회주의 체제가 지니는 속성 때문일 것이다. 사회주의식 생활에서는 자본주의 사회에서 볼 수 있는 향락적, 소비지향적 생활이 존재하지 않는다. 거기에서는 중공업 우선정책과 근검·절약·금욕 등이 칭송받는 가치로 일반화되고 있다.

그런 점에서는 비누가 기타의 소모성 생활용품의 부족을 소련에 대한 나쁜 면으로 평가할 수만은 없을 듯도 하다.

정씨라는 사람은 6·25전쟁을 북쪽에서 일으켰다는 얘기를 같은 동네에 사는 북한 인민군 예비역 소장에게 들었다는 중요한 말을 했다. 그 예비역 소장은 해방과 더불어 소련에서 북한으로 들어가 인민군 장군까지 됐다는 것인데, 그 장군의 말인 즉 6·25 때 소련으로부터 많은 무기를 받아 들여 전쟁준비를 해놓고 남침했다는 것이다.

6·25남침설에 대해서는 인민군 부참모장을 거쳐 주소대사였던 이상조 씨의 말을 텔레비젼을 통해 들은 바 있거니와 해외에 있는 북한출신 장군의 또 하나의 증언을 간접으로나마 다시 들을 수 있었다.

저녁 때문에 어둠이 깔렸는데도 공항이 시내에서 멀리 떨어진 곳이어서인지 접근할 때 근처에서인가 불빛을 볼 수 없었다. 다만 넓은 공항의 희미한 불빛 속에 군용차 비슷한 것이 내 눈앞에 들어온 것으로 보아 군민공용의 비행장인 듯 하다.

지금까지 여러 나라를 여행했지만 소련만큼 까다롭고 시간이 걸리는 입국수속의 경험을 해보기는 처음이다. 입국심사관이 몇 번이고 사진을 대조해 보고 또 가지고 있는 서류를 뒤적이는 통에 적어도 1인당 5분 이상의 시간이 걸렸다. 내 앞에서 심사를 받은 모 대학 교수는 키가

잘달막하고 옷차림도 간편해서 그랬던지 아니면 동양인에 대해서는 연령이나 인상을 구분하기 어려워서인지 모르나 심사에 거의 10분은 걸렸는가 싶었다. 얼굴을 몇 번이고 사진과 대조해보는 것이었다. 아직 국교가 없는 나라에서 임시비자로 그것도 단체입국을 하니 빨리 통과될 리가 없었을 것이다.

세관에서의 돈 신고는 더욱 까다로웠다. 모든 외국화폐는 정확히 신고 되어야 했고 사람을 보아 가면 실제로 돈과 신청액을 대조·확인하였다. 일행 중 재수 없는 사람(?)은 확인·대조를 받았다.

자본주의 국가의 돈이 소련에 반입되어 소련의 금융질서와 경제 질서를 교란시킬지 모른다는 우려 때문에 돈의 출입을 그렇게도 까다롭게 체크하는 것 같았다. 암달러 시세는 공정환율(16루블이 1달러)의 10배(5~6루블이 1달러)나 되기 때문에 암거래를 막아 소련이 바라는 경제질서를 보호하려하는 듯 했다.

공항대합실은 다른 나라와 같이 복잡했는데 특징적인 것은 어두컴컴한 분위기와 다른 나라에서 보기 힘든 군인들을 많이 볼 수 있었던 점이다.

공항의 짐 나르는 손수레는 서구의 다른 나라에서도 볼 수 있듯이 Sam-Sung 마크가 달린 우리나라 제품이었다. 정말로 세상이 많이 변했구나 하는 생각이 들었다. 서울올림픽 전까지만 해도 서먹하고 적대성마저 있었던 한·소관계를 생각할 때 모스크바공항에서 우리나라 손수레로 짐을 나를 수 있게 됐다는 것은 참으로 감회어린 일이 아닐 수 없는 것이다.

공항에서 시내로 접어드는 길목 어귀에도 삼성의 광고 입간판이 서 있었고 시내에서도 'Goldstar'와 'Daewoo' 그리고 '진도모피' 등의 우리 상사 광고판을 볼 수 있었는데 이 얼마나 희한한 일인가.

호텔까지 오는 길은 10차선 정도의 넓은 도로가 흰 눈으로 덮여 있었고 교통은 거의 막힘이 없었다. 짜증스러운 서울거리와 비교할 때 너무도 시원스러움을 느끼지 않을 사람은 없었을 것이다.

건물은 서양의 다른 근대적 대도시에서 볼 수 있듯이 대체로 거대했고 도로망도 쫙쫙 뚫린 듯 하다. 길과 건물을 보고서 비행기와 공항에서 가졌던 소련에 대한 실망을 씻을 수 있었다. 역시 강대국인 것을……

공항과 길거리에서 흔히 볼 수 있는 것은 털모자를 쓰고(90% 이상) 짙은 색(검은색 또는 쥐색)의 옷차림을 한 시민들과 국방색의 군인이다. 일조시간이 적은 이 나라에서 짙은 색은 보온을 위해 불가피했는지 모르지만 사회분위기를 반영하는 것으로 보였다. 그리고 군인이 그렇게도 많은 것은 이 나라에 군인이 많음을 알리는 것은 아닐지……

호텔(3천 50백 명을 수용하는 대형 호텔로 1980년 올림픽 때 건립되었다고 함)에 도착하고 우리는 다시금 체제상의 이질감을 맛보게 되었다.

호텔 출입문에는 양쪽에 정복차림의 군인이 출입자를 체크하고 있었고 위병소(수위실)에도 몇 명의 군인이 앉아 있어서 마치 계엄령하에서나 볼 수 있는 진풍경이었다. 모든 호텔(외국인 전용?)이 다 이러하다는 것인데 경비뿐만 아니라 소련시민의 출입을 막기 위해 배치되어 있다는 것이다.

호텔은 수십 층의 거대한 호텔이었지만 현관의 대기홀에 모래와 흙이 흩어져있는 데는 놀라지 않을 수 없었다. 서방세계의 호텔현관은 너무 매끄러워 미끄러질까 두려웠으나 이 호텔은 짐이 더러워질까 걱정이 될 정도이다. 홀에 대기하는 동안 앉는 의자의 비닐도 벗겨져 있다. 이 두 가지는 사회주의 생활방식을 나타내는 또 하나의 상징일 것이다. 손님을 끄는데 경쟁을 벌일 필요가 없으니 깨끗하게 계속 청소할 필요가 없었을 것이다. 이윤을 얻기 위한 소유자가 있어 깨끗이 하도록 호통을 치지도 않았을 것이다. 국유(공유)제도와 무이윤 및 경쟁이 인정되지 않는 사회에서는 좋게 보면 검소와 실용만이 가치 있게 숭상되는 까닭이리라. 사치를 눈꼴사납다고 생각한 내게는 그런 것들을 별로 불만스럽게 여기지는 않았으나 자본주의 생활에 젖은 사람에게는 적응

되지 않는 이상함을 느끼게 할 것이다.

방 배정을 받은 일행은 식당에서 다시금 검소(?)함을 알게 되었다. 신선한 야채와 생선은 구경할 수 없고(이 호텔에 묵는 동안 계속 그러했다) 짜게 절인 생선과 뻣뻣한 빵 등 생소하고 맛없는 음식에 접했기 때문이다.

뒤에 들은 얘기지만 수송과 보관이 잘 안되어 산지의 야채와 생선이 이곳에 대량으로 수송할 수 없어 그런 일이 생긴다는 것이다.

호텔 식당 전면 무대에서는 쇼가 벌어졌다. 자본주의 사회에서 보는 것 같은 관능적이고 화려한 것이 아니고 밴드에 맞추어 가수가 노래를 부르는 정도이고 저녁 아홉시에는 끝나는 매우 건전(?)한 쇼이다. 물론 시내에도 화려한 술집과 쇼를 하는 곳이 없는 듯하다. 사회주의 사회에서 생활하는 사람들은 서방세계 사람의 척도에서 보면 매우 불쌍하고(?) 재미를 모르는 사람들이라고 할 것이다. 그러나 한편으로 보면 얼마나 가정적인(?) 생활을 하는 것인가 하는 생각도 해본다.

3) 크레믈린궁과 전승박물관

우리 일행은 본격적으로 소련사회를 이해하기 위한 모스크바 시찰에 나섰다.

모스크바는 인구 9백 만의 도시로서 130개 민족과 15개 공화국을 통합한 소비에트 연방의 수도이자 한때는 공산권의 실질적 수도이기도 했다. 세계가 다원화되면서부터 모스크바도 공산권 수도로서의 위치가 약화되고 말았다. 그러나 아직도 공산주의와 공산권하면 소련 및 모스크바를 연상하리만큼 이곳 모스크바의 힘은 남아있는 것이다.

3백 만이 통근을 한다는데도 통근시간이 지나서인지 교통은 혼잡하지 않았다. 두 칸을 달고 다니는 전차도, 도로도, 전기버스도 텅텅 비어 있었다. 출근시간 뒤의 한산한 거리와 퇴근시간 뒤 상점 앞에 길게 줄을 선 모습은 사회주의 국가의 대도시에서는 공통적으로 볼 수 있는 모습이다. 텔레비전을 통해 평양의 거리를 보면 낮에는 아주 조용한 전원도시 같은 것을 상상할 수 있었듯이 모스크바도 그러했다. 낮에 쏘다니는 사람은 대체로 외국인 관광객들뿐이다.

교통체증이 없고 어깨가 부딪치는 일이 없고 와글대지 않는 도시풍경을 사회주의 소련사회에서 보게 되는 것은 모든 사람이 직장 속에서 일을 하고 있기 때문이다. 남자는 물론이고 모든 여성도 일터에서 반드시 일을 해야만 하니 공연히 나다니는 사람이 없을 수밖에 없다. 실업자, 공짜로 먹고 사는 사람, 부인과 여성들, 대학생들이 뻔질나게 왕래하는, 사람과 자동차의 홍수 속에서 시끌시끌한 자본주의 체제하의 대도시와는 대조적이었다. 조용하고 쾌적하기는 하나 죽은 듯한 대도시와 시끄럽고 정신없기는 하나 활기가 있는 자본주의의 대도시는 이렇게도 다른 것일까?

모스크바를 찾는 사람에게 가장 관심이 가는 곳은 크레믈린궁이다. 음흉하거나 속을 내보이지 않는 경우 '크레믈린 같다'는 말을 들어본 적이 있다. 그러나 곁에서 본 이 궁전은 웅장하고 화려하기만 했다. 1411년에 건립됐다는 이 궁전은 두 개의 강을 양쪽에 낀 섬과 같은 위치에 자리하고 있었는데 꽤 거대하였다. 프랑스나 스페인 궁전 등 서양대국의 궁전과 비슷한 규모였으나 조각예술품의 부착은 별로 없었다.

지금의 크레믈린궁은 13세기에 원(몽고)의 침공 때 소실된 목조궁전들을 석조로 개조한 것이다. 세계적 영웅이라는 나폴레옹의 침공 때도 제3제국을 꿈꾼 히틀러의 침입에서도 점령되지 않았거나 일시 점령된 이곳 모스크바가 키 작은 동양인에게 오래 유린당한 것이다. 오늘날 몽골리안의 후예들은 무력으로서가 아니라 자본과 기술을 가지고 소련에 쳐들어가고 있다고 생각하니 한·일 양국 기업의 교역과 투자는 참으로 뜻 깊다고 하지 않을 수 없다.

궁전으로 가는 광장어구에는 그리 크지 않은 희랍정교의 사원이 화려한 색채를 발하고 있었다. 혁명 전에는 황제의 대관행사가 여기에서 이루어졌으나 이제는 박물관으로 사용되고 있다는 것이다.

크레믈린궁 앞 광장에는 붉은 색 대리석으로 만든 거대한 레닌묘가 위치하고 그곳을 지키는 보초병은 매우 엄숙하게 인민독재체제를 탄생시킨 창시자 묘를 지키고 있었다. 묘 안에 들어가려면 상당기간 전에 예약신청을 해야 하기 때문에 우리 일행은 곁에서만 볼 수 있었다. 다른 많은 관광객도 이곳을 찾았으나 특별히 묘에 참배하는 사람은 없었다.

아마도 자정에나 행한다는 보초교대식의 진풍경을 보기 위해서 오는 사람들은 공산혁명을 성공시킨 지도자에게 경의를 표하는 일이 많을지 모르나 낮에는 외국인들의 단순한 관광이 있을 뿐이다. 진눈깨비 내리는 날씨에도 불구하고 각국에서 온 관광객은 이념과 사상을 초월하여 그의 묘 앞에 서 있는 것이다. 아무 생각 없이 서 있지는 않겠지만……크레믈린궁은 1960년대에 와서야 공개되기 시작했다고 한다. 물론 지난날의 경복궁 뜰 안을 들어가는 것과 같이 뜰 안으로 들어갈 수 있을 뿐 집무하는 건물 안을 공개하고 있는 것은 아니다.

고급승용차가 담 안팎으로 뻔질나게 드나들고 또 그 차들은 건물이 있는 별도의 곳으로 들어갔다. 붉은 깃발(소련국기와 같은 문양이 들어 있지 않고 적색만의 깃발)을 게양한 그곳에서는 고르바초프를 비롯한 정부 관리들과 입법기구가 들어있다고 한다.

건물 안에 들어갈 수 없었던 우리 일행은 뜰 안에서 지난날의 영광을 기념하기 위한 대포 등의 전시물을 보면서 크레믈린이 이제 확장주의, 공산혁명 수출의 본산으로서가 아니라 실로 평화공존과 평화 속의 서방제도의 부분적 도입을 설계하는 본부이기를 빌 뿐이었다.

크레믈린궁전은 희랍정교의 사원 꼭대기같이 양파모양의 지붕을 하고 있고 문은 여러 개 있었으나 공개된 출입문의 상단에는 큰 시계가 만들어져 있었다. 1480년까지 몽고가 2백 50년간이나 모스크바를 유린한 뒤에 세워진 이 궁전은 이태리식의 건축방식과 성당식의 뾰죽당문이 여기저기에 설치된 요새궁전이다.

우리 일행은 자동차공장 시찰이 계획되어 있었으나 4~5명만 선발해 주면 그들에게 보여줄 수 있다고 해 그 예정을 취소하고 다른 관광을 하기로 했다. 매우 조심스러운 소련이니 우리들의 자동차공장 시찰을 정중히 사양한 것이라고 볼 수 있다. 왜 그랬을까? 자동차공업이 꽤 발 달한 한국이 소련 공장으로부터 무슨 자료라도 얻어갈까 걱정해서 그 랬을까? 아니면 기술 집약의 자동차공장을 보임으로로써 소련의 기술 및 공장수준을 알리기 싫어서일까?

모스크바 관광에서 가장 인상 깊었던 것의 하나는 보르지노 박물관 이다.

이 박물관은 1812년에 있었던 나폴레옹군 공격을 격퇴시킨 대결전의 승리를 기념하기 위해서 1백년 뒤인 1912년에 대형그림을 이곳에 특수 설비를 갖추어 보관한 일종의 전승박물관이라고 볼 수 있다. 원통형의 건물 벽에 원형으로 그림을 설치했는데 관람대에서 14m나 떨어진 곳 에 총길이 1백 45m와 높이 15m의 전투장면 그림인데 막사나 병사 그리 고 장교들의 크기는 실물 크기로 그려진 생생한 것이었다.

모스크바 교외의 이 전투에서 러시아군이 나폴레옹군을 물리쳤다는 것을 후세의 국민들에게 보임으로서 러시아의 자긍심을 북돋우고 외국 인에게도 자랑코자 하는 듯 했다.

날씨는 쌀쌀한 편이었고 때때로 눈이 오는 흐린 날씨였다. 얼어붙은 날씨와는 달리 나는 오늘을 기다리는 마음으로 훈훈함과 즐거운 기대 를 하고 있었다. 그것은 모스크바에서 소련 및 재소학자와 만나게 되어 있었기 때문이다. 그들과의 만남을 통하여 우리들의 공통된 목적을 이 룰 수 있을 뿐만 아니라 학술교류 등 나 자신의 목적도 이룰 기회를 가 질 수 있을 것이기 때문이다.

모스크바대학은 1745년에 창립된 아주 오래된 대학으로서 3만 명의 학생(유학생이 2천 명인데 그중에서 북한 유학생도 있었는데 최근에 소환됐다고 함)과 7천 명의 교수, 직원 그리고 19개 단과대학을 둔 매우 큰 대학이다. 33층의 높고 거대한 건물(모스크바에서 제일 높은 건물)은 마치 봉건영주(왕조)시대의 장원이나 성곽과 같이 건물이 큰 도로를 앞에 두고 배치되어 있었다. 대학 앞은 수백 미터의 길이와 넓이로 확 트여 있고 그 넓은 시야 속에는 여기저기 공원과 같은 수목 밭이 들어있었다.

7백만 권의 책과 7천 명의 교수, 직원을 가지고 있다는데 놀라움과 부러움을 갖지 않을 수 없었다. 모스크바 시내에 두 개의 종합대학밖에 없다고 하니 그 두 곳에 힘이 기울어져서 그런 대규모화가 이루어졌는지도 모른다.

소련의 학문연구는 우리나라와 달리 모스크바대학과 같은 일반대학은 주로 기초(학부)중심으로 운영되고 실제적인 현실분석·연구는 주로 '소련 과학아카데미'에서 이루어진다고 한다. 꼭 그런 것은 아니지만 이론과 실재가 기능적으로 분립되어 있는 듯하다.

'소련 과학아카데미'에서 우리와 깊은 관련이 있는 연구소(아카데미의 하위조직)는 '동방학 연구소'이다. 이 연구소의 규모와 기능에 대해서는 소련에 가기 전에 어렴풋하게 들은 바 있지만 연구원이 1천 명에 이른다는 데는 다시 놀라지 않을 수 없었다.

그 연구소에서는 서울을 다녀간 몇몇 동포학자를 비롯해서 한인학자들도 큰 몫을 하고 있다고 한다. 그들은 주로 한반도문제를 담당연구(각 분야별 연구)하고 있지만, 인도네시아, 유럽 등을 연구하는 사람도 있었다. 이 연구소와 내가 속한 대학과의 공동연구·자료교환 등 학술교류를 하자는데 의견을 같이 하고 내 저서 등을 연구원을 통해 전하니 그는 매우 좋아하는 것 같았다.

모스크바대학에서 관계학자와의 토의가 있었는데 과학아카데미의 미주연구책임자가 토의에 참여했다. 대학 측과 서로 협조가 이루어진 듯하다. 그는 우리와의 대화에서 다음과 같은 비교적 솔직한 말을 하고 있었다.

  o 남북교차승인문제: 점진적으로 진행되어야 한다. 남북관계의 개선에 병행하여 진행될 수 있다.

  o 개방정책추진문제: 개방정책 및 개혁정책은 착착 진행될 것이다. 그러나 그것은 사회주의의 변질이나 포기를 뜻하는 것은 아니다.

  o 한·소관계: 한·소관계는 계속 진전을 보일 것이지만 정치와 경제는 따로 생각되어야 한다. 대사관 설치는 점진적으로 진행될 것이다.

  o 소련에서의 정치·교육문제: 지금 이 문제가 매우 심각하고 어려운 과제로 되어 있다. 너무 경직된 정치(사상·이념)교육을 어떻게 변환시킬 것인가 고민하고 있다. 종래의 역사에 대한 평가도 재평가되고 있다. 따라서 당분간 역사를 시험에서 제외시키고 있다.

  o 자유민주제와 공산제의 장단점: 각각의 역사와 사회·문화적 배경에 따라 이념과 제도를 택해야 할 것이다. 즉 어느 것이 옳고 그르다는 것은 생각하는 사람에 따라 다르기 마련이다.

이 사람은 매우 유창한 영어로, 그리고 매너에 있어서도 서방세계의 상류층에 뒤지지 않는 자세로 우리와 토의를 하였다. 그런 점에서 볼 때 과학아카데미가 소련에 있어서 국책의 브레인 집약소이기는 하지만 유능한 '학술적인 홍보원'을 내놓은 것이 아닌가하는 생각도 들었다.

모스크바대학에 자료교환의 기초를 마련하기 위하여 내가 가지고 간 개인 저서와 학교의 요람 등을 건네주고 더 많은 대학당국자와의 대화를 갖지 못한 아쉬움을 남긴 채 낮 동안의 중요한 행사는 마칠 수밖에 없었다.

우리 일행은 '피는 물보다 진하다'는 우리의 속담을 확인할 수 있는 기회를 가졌다. 우리 측의 초청으로 모스크바에 있는 한인 중 지도급 인사들과의 만찬 및 대화의 시간에서 우리들은 서로 사상을 달리할지라도 자주 만나는 아주 가까운 친척을 만난 듯 반갑고 즐거운 시간을 가졌던 것이다.

대화를 위한 만찬은 지금까지 우리들이 소련에서 먹어 보지 못한 생선과 야채 등 우리나라에서 흔히 뷔페식사에 나오는 정도의 것들이 대개 나올 만큼 나왔다. 이는 소련기준으로 볼 때는 엄청날 만큼의 호화식탁(칵테일 파티식)이었다. 소련사회에서도 돈을 많이 주면 좋은 음식을 먹을 수 있는데 상급호텔에서조차 이정도의 음식이 전혀 나오지 않았던 것이다. 당간부를 비롯해 일부층만이 이런 정도의 회식을 하는가 보다.

대화장소에는 소련의 극동담당관(?)도 나왔다. 일본말을 유창하게 구사하고 일본에 상당기간 관리로 근무했다는 그는 지금은 공무원이 아니라고 했다. 그러나 그의 언행의 세련됨과 침착성 및 내용으로 보아 외무성 요원이 아니라면 방계기관의 요원이거나 KGB요원일지도 모른다는 생각이 든다.

그의 참석과 그의 말에 담긴 내용으로 보아 소련이 한국을 매우 중요시하고 있음을 알 수 있었다. 어떻게 하든지 한·소관계를 증진하려는 소련의 의중을 읽을 수가 있었다.

소련은 우리로부터 기술도입을 바라고 있다. 그것을 위해서는 투자에 수반하는 기술도입, 유학생 및 학자교류를 통한 도입, 물자교류를 통한 도입, 기술협력 등의 방법이 쓰여질 것이다. 그리고 소련은 자본도입을 바라고 있다. 시베리아개발을 비롯한 건설(개발)참여에 의한 투자, 각종 합작사업으로 한국자본을 받기 원한다. 그러면서도 장기적인 전략적 포석을 위한 대한접근을 생각하고 있는 것이다. 미군감축 및 미국 영향력의 감소와 반비례하는 친소화를 다져 한반도 전체가 반소권이 안되게 하려는 장기전략이 대한정책에 깔려 있다고 본다. 그러한 느낌은 소련인들과의 대화에서 은연 중 풍기는 것이었다.

그밖에도 소련인 몇 명이 있었는데 그들은 한쪽이 한국인 조상을 가진 3세나 2세라고 한다. 그 속에는 올림픽 때 한국을 다녀간 바 있는 유명한 성악인 루드밀라 남 여사도 끼어 있었다.

우리 동포들과의 대화에서 공통되거나 특징적인 것을 추려보면 다음과 같다.

올림픽 주최로 소련에서의 남한에 대한 인식이 확연히 달라지고 약간 업신여기던 한국인에 대한 평가와 태도가 싹 가셨다는 것이다. 그에 따라 재소한인의 사회적 진출 등에도 긍정적인 요소가 될 것이라고 한다.

남한이 그렇게 잘 사는지는 정말 몰랐다는 것이었다. 보도나 문헌 등 간접적으로 발전하고 있는 것은 알고는 있었으나 올림픽 그리고 직접 서울방문을 하고서는 놀랐다는 것이다. 그에 비하여 씨도 안 먹히는 '주체'를 내세워 뒤지고 있는 북한이 딱하다는 것이고 이제 재소한인들이 크게 친한화하고 있다는 것이었다.

조국이 더욱 발전하기를 바라고 또 꼭 그렇게 되리라고 확신한다는 것이다. 소련에서도 우리민족의 우수성이 인정되고 조국도 발전하여 세계속의 한민족이 우뚝 설 수 있다는 자신을 갖게 되었다고 자랑스러워하고 있다. 그리고 한·소관계가 더욱 발전하여 헝가리와의 관계처럼 더욱 밀접하게 이루어지도록 공동 노력하자는 얘기도 나왔다.

연회장에서의 우리들은 모두가 수십 년 지기와 같이 가깝게 그리고 허물없이 대화하였다. 아주 진한 핏줄의 훈훈함이 연회장을 가득히 메운 가운데 몇 사람이 부르는 우리 노래가 자랑스럽게 흘러 나왔다. 그 가운데서도 루드밀라 남녀사의 '아리랑'은 너무도 고운 목소리와 우리 민족의 정서를 담았기에 더욱 가슴에 와 닿았다.

우리 모두는 교류를 통한 한·소관계 개선과 통일의 벽돌을 하나씩 쌓는 역사적 임무를 다할 것을 각자의 마음속에서 다지며 '우리의 소원은 통일'의 노래로서 모스크바의 대화와 연회의 아쉬운 시간을 마감해야 했다.

4) 개혁의 어려움 겪는 소련

모스크바를 떠나기까지 며칠간의 소련 경험은 내 평생에 잊지 못할 것이다. 그러나 소련을 떠나면서 이 나라에 들어올 때 제기된 문제를 완전히 풀기는 어려웠다. 짧은 기간에 완전한 해답을 얻는다는 것이 당초부터 지나친 기대였는지 모른다. 그러나 그렇게도 생활(일용)필수품이 부족하여 생활이 궁하고 경제가 침체되고 있는 이유가 무엇인가에 대해서 내 나름대로의 잠정적인 결론을 얻을 수 있었다.

집단농장의 국유경영방식을 부분적으로 포기하고 임대영농을 실시했는데도 대도시에서 식량과 채소가 왜 부족한가? 사원(노동자)이 주를 가지면서 공장을 운영하는데도 물품이 딸리는 것은 무슨 이유인가? 국영택시와는 따로 임대택시를 운영하는데 그것에 문제가 생기는 것은 왜 그런가?

이 모두가 사회주의 방식을 기조로 하고 아주 제한된 개혁을 하기 때문이라고 생각된다. 대부분이 국영(집단농장)이고 극히 일부만 임대농장으로 농촌이 운영되는데 임대는 사유가 아니어서 신이 나지 않고 임대농장을 갖게 되었지만 종자나 비료, 농기계와 그 부품은 국영업체로부터 공급받아야 하고 그것도 제대로 공급을 못 받으니 임대로 증산을 하는 것이 어려웠다고 본다. 또 약간의 증산을 한다고 해도 저장과 수송 및 판매체계는 국영시설을 이용해야 하니 거기에도 장벽이 있게 마련이다.

노동자가 주주가 되는 기업운영으로 생산성을 높이려는 개혁정책도 택했지만 9할 이상이 국영기업으로 그런 기업은 극소수에 지나지 않아 경제 전반을 좌우할 수 없었다고 본다. 국영기업 또는 국가기관으로부터 원료공급을 받아야 하고 또 판매는 국영판매체계를 통해야만 한다.

토지나 가옥 및 기업 등에 대한 사유가 인정되지 않고 다만 임대(임대택시도 있음)만 하는 제도, 시장제도와 경쟁제도가 없는 곳, 평등주의가 확고하여 개인의 경제적 성공이 무시되는 분위기, 일당지도체제 등은 소련 지도층의 개혁(발전)정책을 성공시키는데 결정적인 장애가 되고 있는 듯 했다.

　　지금과 같은 임대 정도의 개혁(그것도 아주 적은 부분의 임대)만으로는 소련이 목표로 하는 15년간의 GNP 두 배 성장은 이룩하기 어렵지 않겠는가 하는 깊은 의구심을 갖는다. 연간 성장률 5%를 이루려면 사회주의의 상당한 부분을 포기해야만 될 것이다. 군축에 의한 군사비 지출의 감소만으로 경제성장을 이룰 수는 없을 것이다. 다만 자본주의 사회가 지니고 있는 독소적인 병폐를 막을 수 있는 장치만 갖춘다면 자본주의 사회에서 사회주의적 방식(통제나 계획경제방식 및 부분적 공영)을 부분적으로 수용하고 있듯 소련도 자본주의적 방식을 부분적으로 채택하여 도움을 얻을 수 있을 텐데……

　　이러한 생각들을 하는 동안 어느새 찬 새벽공기를 가르고 나를 실은 항공기는 눈이 두텁게 깔린 폴란드의 수도 바르샤바공항에 도착하였다.(『북한』, 1990.1)

2. 폴란드의 수난과 독일 통일

1) 독립성 강한 폴란드 민족

　　동유럽의 여러 나라들을 2차대전 후에 공산화시키는 작업을 주도했던 심장도시 모스크바를 떠나 바르샤바로 가기 위해 우리 일행은 출국 수속을 받았다. 출국 때에는 입국할 때보다는 덜 까다로웠으나 돈을 신고해야 했다. 아마도 입국했을 때보다 외화가 많아지면 곤란할 것이라는 생각이 들었다.

　　외국인에 대한 출국 때의 짐 검사는 없는 듯 했다. 그러나 소련사람인 듯한 출국자의 짐은 우리 김포세관 내국인 입국자의 짐 조사보다도 더 철저히 뒤지고 있었다. 드디어 한 서양인(소련인?)이 걸린 모양이다. 이리 불려가고 저리 불려가고 딱지를 떼고 난 뒤에 출국을 시키는 모습은 다른 어떤 나라에서도 보기 드문 심한 출국자 짐 조사였다.

출국수속을 다 마치고 바르샤바로 갈 예정이었던 항공기 탑승을 1시간 연장한다는 안내만 있을 뿐 그 이유를 구체적으로 알리지 않아 궁금하였다. 바르샤바에 도착한 뒤에 안 일이지만 바르샤바공항에 눈이 많이 와서 4시간 이상 공항이 폐쇄되었기 때문이었다.

바르샤바 입국수속은 간편하였다. 현지인의 특별안내를 짧은 시간에 끝낼 수 있었고 매우 친절하였다. 우리와 국교를 맺은 지 얼마 안 되서 비자 등은 소련에서와 마찬가지로 별지의 특수비자였지만, 외화신고 등 입국이 간편했다. 입국관리가 이모저모 자세히 대조하지도 않았고 우리에게 미소로 응대하여 인사까지 하는 것이었다.

호텔은 1988년에 서구자본의 체인으로 지었다고 하는데 비교적 깔끔하고 소련에 비해서는 여모로 갖추어져 있었다. 서구식의 경영을 하기 때문에 우리의 체질에 맞았다고 생각된다. 식사도 서구의 호텔과 비슷하였다. 소련에서처럼 딱딱한 빵과 버터가 아니고 부드러운 것들이 나왔고 다양하였다.

어디에서나 콧수염(바웬사와 같은 모양)을 기른 사람들을 많이 보게 되는데 그것은 폴란드사람을 상징하는 것이라고 한다. 이 모습에서 폴란드인의 강한 민족의식을 엿볼 수 있다. 어느 면에서는 저항적 민족주의를 상징하는 것일 수도 있다. 폴란드인에게서 폴란드인다움을 나타내려는 그러한 의식은 소련과 게르만(독일)에 의해서 18세기 이래 계속 분할 점령되어 온 역사의 산물일 것이다. 중간적 위치에 있던 지정학적 특성이 폴란드인을 오랜 외국지배의 역사 속에서 살게 했고, 그러기에 강한 민족주의를 길렀는지 모른다.

소련이 제2차 대전 후 공산세계를 주도하면서 미국 등 자유세계와 냉전대결을 시작했을 때도 바르샤바조약기구를 이 나라에서 발족시켜 전진적 기지로 삼은 바 있는 것이다.

바르샤바는 모스크바 같이 육중하지 않고 아기자기한 숲속의 전원도

시와 같은 느낌이 들었다. 거대한 건물이나 넓은 길보다는 작지도 크지도 않은 길과 건물로 이루어지고 나무가 많은 도시로 보였다. 남한인구와 비슷한 3천 8백 만 인구인데, 수도인 바르샤바의 인구는 1백 70만 정도니까 거대할 필요가 없을 것이다.

그러면서도 가톨릭사원이 많고 기독교적인 문화가 물씬한 곳이기도 하다. 가톨릭교도가 95%나 되고 기독교와 관련된 공휴일(부활절·크리스마스 등)이 일년에 네 번(전체 공휴일 7일)이나 되고, 기독교적 습관이 생활화되어 있는 것이다. 이렇게 강한 기독교적 뿌리를 뽑지 못한 채 공산주의 이념과 체제를 이 나라에 이식시킨 소련은 원천적으로 실패의 씨를 안고 있었다고 본다. 마르크스의 이념이 뿌리 내리기 어려운 토양이었기에 1980년대에 들어와 발틱해 주변의 공업지대(레닌조선소)를 중심으로 하는 이 나라의 자유화·민주화운동이 성공할 수 있었을 것이다.

우리 일행은 시내에서 약 8km 떨어진 곳에 위치한 트랙터공장(URSUS)을 시찰하였다. 이 공장은 1만 6천 명의 종업원을 가진 상당히 큰 규모의 공장이었다. 이곳에서 생산된 트랙터는 스칸디나비아 등 북구 여러 나라는 물론이고 서방세계에도 수출된다고 자랑하고 있다. 그러나 많은 작업포스트에 사람이 비어 있고 기계가 안 돌아가는 것을 보니 부분 단축조업을 하고 있는 듯하다. 안내원이 열심히 자랑을 하고 있었지만 자동차공업에 있어서 세계적으로 인정을 받고 있는 우리나라의 일행들에게는 감명을 주기는커녕 약간 지루함마저 느끼게 하였다.

한국에 대한 인식이 상당하다는 것은 이 공장의 노동자들의 반응에서 알 수 있었다. 우리 일행이 시찰을 하고 있는데, 한 노동자(소조의 조장인 듯 했다)가 다가와서 물었다.

노동자: 치나? 베트남?

우리 일행: ??……

우리 일행은 그의 발음의 정확하지 않고 또 중국과 베트남을 물을 것이라고 상상치 않았기 때문이다.

우리 일행: 코리아, 서울 코리아

그냥 코리아라고 했을 때 무표정했던 노동자들이 서울 코리아라고 하자 엄지손가락을 펴 보이는 것(제일이라는 뜻)이 아닌가? 그리고 이어서,

노동자: 올림픽, 세울 꼬리아라고 큰 소리를 지르는 것이었다.

그리고 그들은 미소 지으며 계속 꼬레아를 연발하는 것이었다.

그들은 아마도 베트남이나 중국 등에서 자기들의 큰 공장을 견학하여 배우러 왔는가 싶었던 것 같다. 그런데 올림픽을 치른 선진국(?)에서 온 사람들이니, 그리고 처음 만나본 남한의 서울사람이니 놀랄 수밖에 없었을 것이다. 실로 올림픽이 우리의 국제적 인식을 크게 전환시킨 중요한 계기가 됐구나 하는 것을 소련에 이어 또다시 느끼면서 이 공장을 떠났다.

시내에서 아주 작은 소형차(우리 프라이드 정도)가 많고 중형 이상의 큰 차는 거의 보기 힘들었다. 피아트와 합작한 1개 공장과 자체공장 1개에서 자동차를 생산한다니까 기계공업은 꽤 발전했다고 보아야 할 것이다. 모든 사회주의 나라가 그러했듯이 이 나라도 전후에 공산화되면서 추구한 중공업정책이 기계공업을 어느 정도의 수준까지 발전시켰을 것이다.

그러나 바로 그것이 원이 되어 폴란드는 동유럽국가 중 최초로 자유노조가 주축이 된 일당독재체제의 타도를 성사시켰다고 볼 수 있다. 또 중공업 우선주의가 주민의 일상생활을 궁핍하게 하고 경제 침체를 가져오게 했을 것이다. 이제 폴란드는 수백 억의 외채와 2배에 이르는 물가상승에도 불구하고 침체와 궁핍에서 벗어나기 위한 몸부림을 치고 있다. 그것을 위하여 그들은 한국에 적극적으로 접근하고 있는 것이기도 하다. 우리의 자본과 기술이 필요하기 때문이다.

외국여행자가 겪는 어려움 중의 하나는 자기 집으로 전화를 거는 일

일 것이다. 궁금한 일이 있어도 시차가 안 맞기 때문이다. 그러나 공산권에서는 시차보다도 빨리 연결이 안 되어 통화를 하기 어렵다. 소련에서는 5시간 이상 되어야 통화가 가능하다는 것이고, 폴란드에서는 2시간 이상을 기다려야 통화할 수 있다는 것이다. 한 자리에 그렇게 오래 기다릴 수도 없으니, 시차도 있고 해서 통화를 하기 어려웠다. 결국 우리 일행 대부분은 서독으로 와서야 통화를 할 수 있었다.

소련에서도 그랬지만 폴란드에서는 더더욱 선물이 될 만한 것을 살 수 없어 고생이 되었다. 20불을 환전(소련에서는 외국인이 달러를 직접 쓰게 함)했는데, 물가가 우리에 비해 아주 싸기는 하나 물건이 시원치 않아 그 돈을 쓰는데 쩔쩔맬 수밖에 없었다. 몇몇 사람은 서양화 그림을 사는 행운이 있었으나, 그렇지 못한 사람은 담배를 사는 것이 고작이었다. 나도 그 축에 끼었다.

바르샤바 시내에서 우리 일행은 바르샤바대학(1백 20년 전에 건립), 고궁, 문화과학궁전 등을 볼 기회가 있었다. 고궁은 다른 유럽고궁과 비슷한 형태와 양식으로서 석조 내부에는 벽화들이 그려져 있었으나, 그 규모에 있어서는 서구대국에 비해 적은 편이었다. 나라의 힘을 나타내는 것이라고 생각한다. ‘문화과학궁전’은 천주교회식의 건축방식으로 지어진 것으로서 2차대전 뒤에 스탈린이 특별히 지어준 바르샤바 최대의 건물이다. 북한에서 문화궁전을 크게 지은 것도 이러한 사회주의 국가들의 것을 모방한 듯 하다. 스탈린이 그렇게 거대한 바르샤바 중심부에 지어 주었다는 것에서 어떤 의미를 찾을 수 있을 것이다.

오랫동안 폴란드를 분할 지배했던 소련이 제2차 대전 후에 다시 이 접경국가를 공산화시킬 때는 영구적인 위성국을 생각했을 것이다. 그러기에 소련의 위세를 상징하는 이 건물이 바르샤바의 도시중심에 우뚝하게, 그리고 웅장한 모습으로 위치하고 있다고도 생각된다. 그러나 바로 그러한 점들은 폴란드인의 반소적 민족주의와 결부된 자유화, 민주화, 반공산주의 운동을 잉태하게 한 것이리라.

새벽 6시에 바르샤바를 떠나도록 되어 있었는데, 전화벨소리가 나서 모닝콜(기상전화)인줄 알고 세수와 면도를 하였는데, 동료교수는 그대로 자고 있는 것이다. 안 일어날 것이냐고 물으니 한밤중이라는 것이고, 방금 걸려온 전화는 모르는 말(폴란드 말?)인 점으로 보아 기상전화가 아니고 잘못 걸려온 전화라는 것이다.

잠을 설친 나는 간단한 출국수속(소련에 비해서)을 받은 뒤 독일로 향하였다. 그런데 비행기 탑승방법이 희한했다. 트랩 아래 줄을 서게 하고 7~8명씩 떼를 지어 태우는 것이다. 그런 탑승방법은 처음 보는 일이었다. 기내에서의 혼잡을 피하기 위해 트랩 아래 세워 두는 것인가 보다.

2) 동독 속의 자유의 섬 베를린

우리 일행은 베를린에 가기 위해 중간지점으로 프랑크푸르트에 기착하였다. 이곳에 들어오면서 당장 느낄 수 있는 것은 공산권과 너무도 대조적인 광경들이다. 공항의 상점, 상점의 간판, 네온사인, 그리고 바삐 움직이는 사람들의 모습에서 서방세계의 단면을 즉각 엿볼 수 있는 것이다.

공항에서 호텔까지는 자동차로 불과 20분밖에 안되는 거리였지만, 우거진 숲들이 겨울인데도 포근함을 느끼게 하는 것이었다. 미국의 케네디 대통령이 이 길을 지나간 뒤부터 이곳을 케네디로라고 부르고 있고, 다른 곳에도 케네디로가 있다고 한다. 우리나라에서 그런 일이 있으면 사대주의로 비난받을 일인데, 부유하고 선진된 독일에서는 아무렇지 않게 오랫동안 그렇게 부르고 있다는 것이다. 우리는 너무 옹졸한 것이 아닌지?

프랑크푸르트를 전진기지로 한 우리 일행은 분단의 현장, 허물어지고 있는 장벽의 생생한 모습을 확인하기 위해 베를린으로 가는 미국비행기 탑승수속을 시작했다. 베를린은 동독 속의 자유의 섬이기에 아직도 형식적으로는 미국의 점령 관할지역이다. 그러기에 그곳은 서독의 권력이 미치지 않는 특수지역이다. 서독항공기가 아니라 미국항공기(연합국 측)만이 운항되는 이유도 그 때문일 것이다. 그래서 그런지 짐 검사가 매우 철저했고 탑승보안심사는 입국심사만큼이나 까다로웠다.

심사관: 무기류 등을 가지고 있는가?
본인: 무기는 없고 소형칼이 빽 속에 있을 뿐이다.
심사관: 전자등 장치가 있는 물건을 가지고 있는가?
본인: 카메라를 가져왔을 뿐이다.

우리 일행 모두에게 거의 똑같은 질문과 응답을 하고도 짐을 철저히 검사하는 것이었다. 아마도 외국여행 중 이렇게 철저한 보안검사를 받기는 처음이다.

철저한 보안검사는 당하는 사람에게는 일시적인 불편이나 불쾌와 함께 안전을 확보한다는 이중적인 것이기에 기분이 크게 상할 정도는 아니었다. 더욱이 47km에 이르는 동·서베를린의 장벽이 허물어지고 있는 현장을 가본다는 설렘과 기대감이 우리 일행을 안위시켰는지도 모른다.

서베를린은 2차 대전 후 4개국(미·영·소·불)에 의한 분할(동독과 서독)을 하는 과정에서 수도로서의 상징성 때문에 동독 내에 있으면서 분할 속의 분할이 된 곳이다. 그리고 다른 서독지역은 행정권이 서독정부에 이양되어 있는 것은 물론이고, 서독 군대가 연합군과 같이 국방을 담당하고 있다. 그러나 베를린에는 4개국 연합사령부가 존재하고 양독의 군대는 둘 수 없게 되어 있다. 그에 따라 서베를린의 행정도 특수한 위치에서 행해지고 서베를린에는 3개국 연합군이 2만 명가량 주둔하고 있다. 동·서베를린으로 가른 뒤 동쪽으로부터 서쪽으로 탈출하는 것을 막고 서쪽으로부터의 자유의 바람을 막기 위해서 동독이 만들어놓은 것이 시멘트담의 장벽이다. 적어도 3미터 이상이나 되는 듯한 장벽의 벽면에는 갖가지 사연들이 분단을 원망하면서 적혀 있다.

그러나 그 장벽도 우리 조국의 장벽만큼은 두텁지 않았다. 쌍방을 격리하는 거리가 우리는 4km나 되지만, 그곳은 바로 벽담으로 약간 떨어져 있을 뿐이었다. 우리는 엄청난 병력이 엄청난 장비를 가지고 대치하면서 비난과 적대성을 보이고 있지만, 이곳의 분위기는 본래부터 그럴 정도는 아니었다.

더욱 신기한 것은 장벽 가까운 서쪽에 소련군인의 작은 막사가 그대로 있고, 거기에는 소련군 25명 정도가 주둔하고 있다는 것이다. 소련군이 베를린에 먼저 진주하였다가 그곳에 막사를 설치한 뒤 경계선이 확정된 후에도 그대로 눌러 있다는 것이다. 서방 측은 소련 측의 때쓰는 것을 지금까지도 묵인하고 있다. 그리하여 그 작은 병영막사(약 1천 평 정도의 터에 작은 막사가 있음)는 서베를린 속의 동베를린이 되어 있다. 이것도 남북한의 휴전선에서의 긴장과는 대조되는 하나의 상징이 아닐 수 없다. 이 얼마나 부러운 일인가? 우리 일행이 베를린에 머문 것은 주말이었다. 동베를린으로부터 넘어오는 사람의 홍수를 보는 데는 안성맞춤의 요일이었다.

1989년 11월 9일 동독이 국경선을 개방한 뒤 반달 동안에 4백만 명이 서베를린을 다녀갔는데(이주해 온 사람은 몇 만에 불과함), 이 수는 서베를린의 총인구 1백 90만의 2배가 넘는 숫자이다. 동독인이 되돌아가는 것은 경계선이 개방됐기 때문에 언제든지 다시 서쪽에 가볼 수 있다는 점, 동독자체도 상당히 민주화 및 자유화되어 가고 있고, 또 그것을 촉진하는 운동을 전개하는데 참여할 필요가 있다는 점, 동독으로 귀환하는 사람에 대한 후대, 서독에서의 노동환경이나 거주환경에 적응하기 어려운 점에 대한 두려움 등 때문이다.

서독여행을 한 뒤 동독으로 대부분 귀환하기는 하지만, 한번 가보고 싶은 자유지역으로의 여행충동, 서베를린으로 오는 동독인에 대한 여

비보조 등으로 동쪽에서 서쪽으로 오는 인파와 차량의 행렬은 줄을 이었다. 반대로 서독인이 동독으로 가는 사람은 많지 않으며, 동쪽으로 가는 사람의 대부분은 귀환하는 동독인들이다.

우리가 베를린에 간 것은 자유왕래(개방)한지 10여 일이나 되었는데도 장벽주위와 브란덴브르크문이 있는 광장 일대는 말할 것도 없고 서베를린의 중심거리 등에는 온통 인파로 대혼잡을 이루고 있었다. 동독인들을 위해 상점들이 늦게까지 문을 열고 그들에게는 무료 또는 특별가격으로 봉사하는 모습도 볼 수 있다. 거리가 온통 데모대들이 움직이는 것 같은 인파의 홍수로 붐비고 있었다.

동독에서 온 젊은이들은 거리를 쏘다니면서 관광을 하고 서독에서 받은 보조금으로 물건을 사고 밤을 세운 뒤 되돌아가는 것이다.

브란데브르크문 앞에서는 벽을 깨는 사람과 장벽을 제거하겠다는 동독 측의 발표가 있어 역사적 순간을 지켜보려는 각국의 방송(촬영)차(한국의 방송차도 있었음) 등으로 뒤범벅이 되어 있었다. 그 추위와 복잡함 속에서도 모든 사람의 얼굴은 밝았고 젊은이들은 들떠 있었다. 10여 일이 되었는데도 그렇게 흥분하고 있는 것은 분단장벽의 제거를 독일인이나 세계 각국 모든 사람이 얼마나 갈망했는가를 웅변하는 것이기도 하다.

경계를 넘어 가족과 친지가 부등켜안고 좋아하는 모습과 콘크리트 담을 헐기 위해 추운 날씨도 잊고 돌을 치는 모습이 그렇게도 아름답고 부러울 수가 없었던 것은 나만의 느낌이었을까? 우리 일행은 물론이고 우리 온 겨레가 부러워할 광경이 아닐 수 없다.

우리는 왜 그렇게 될 수 없는 것인가? 우리는 왜 선망의 대상이 되지 못하고 동정이나 비웃음의 대상이 되어야 하는가? 이런 생각을 하니 분함을 참을 수 없다. 그러나 철통같은 휴전선 장벽도 봄과 함께 눈 녹듯 풀리겠지 하는 한 가닥 희망을 걸면서 무너진 베를린 장벽을 뒤로 해야만 했다.(『북한』, 1990.2)

제2장
미래를 설계하자

1. 21세기를 맞으며

1) 20세기 물질문명의 해독과 21세기의 가치

오늘은 20세기 물질문명의 해독에 대해 말씀드리겠습니다. 우리는 지금 20세기를 마감하면서 21세기를 향하고 있습니다. 20세기의 서양적 문명이 갖는 여러 부정적 요소들을 극복하면서 21세기에는 새로운 삶의 양식을 만들어 내야하기 때문입니다.

지난날의 서구적 물질문명은 적어도 다음의 몇 가지 해독을 남기고 있다고 생각합니다.

첫째는 물질중심의 문명발달에 수반한 대량살상무기의 등장으로 엄청난 전쟁희생을 가져오고 있는 점입니다. 인류역사를 전쟁의 역사라고도 볼 수 있지만 근대 이후 서구에서 발달한 무기의 확대발전으로 두 차례의 세계 양차 대전에서 우리 인류는 엄청난 피해를 보았습니다.

그럼에도 불구하고 핵무기와 생화학무기는 계속 생산되고 있습니다. 유럽인들의 물질중심주의와 확장주의가 낳은 비극적 결과입니다.

둘째는 물질중심적 문명의 발달로 자연환경 파괴가 계속되고 그에 따른 인간 존립의 기초가 잠식되고 있는 점입니다. 대대적 개발과 대량생산의 산업화가 계속되면서 공기오염, 수질과 토양 변질, 생태계 파괴 등 생존환경이 크게 손상되고 있습니다. 인간의 지혜로 전쟁을 예방할 수 있을지 모르나 자연파괴의 업보는 막아내기 힘들 것입니다. 물질중심적 서구문명의 물결에서 필연적으로 파생되는 문제이기 때문입니다.

셋째는 물질문명이 인간에게 표피적이고 가시적인 단맛들을 제공하고 있으나 그것들은 원천적으로 도의와 인성 등의 정신적 풍요를 주지 못하고 있는 점입니다.

물질중심의 서구문명의 물결 속에서 인간은 편리함을 얻고 있어 물질에 더욱 가치를 두게 됩니다. 그리고 부의 가치를 더욱 숭상하게 됩니다. 그리하여 인간의 도덕적 가치가 소유의 가치보다 낮게 평가되는 현상이 일어났습니다. 그러므로 물질문명사가 21세기를 이끌어가는 것은 문제가 됩니다.

서구적 물질문명의 이러한 문제점과 약점 그리고 한계 때문에 그것은 다가오는 세기를 이끌어갈 중심적 가치가 될 수 없을 것입니다. 그렇다면 "무엇이 21세기를 담아내고 이끌어 갈 보편적 가치일 것인가. 무엇이 우리 인류의 삶의 기준이며 양식일 것인가." 이 물음에 대한 해답을 선뜻 내놓기는 쉽지 않을 것입니다.

그러나 적어도 서양적인 물질 중심적 문명에서 그 해답을 찾을 수는 없을 것입니다. 너무도 많은 문제가 있기 때문입니다. 결국 동양적인 문화 속에서 서양적인 물질문명의 약점을 보완할 수 있는 것들을 찾아내거나 아예 동양적인 것으로 대체해야만 할 것이라는 주장들이 있습니다.

그것은 토인비의 문명사론을 빌리지 않더라도 문명의 주도축이 21세기에는 태평양 및 동양으로 옮겨질 것이라는 예측과도 무관하지 않습니다. 이미 태평양시대가 전개되고 있거니와 지금은 미국이 주도하는 시대이지만 21세기에는 그렇지 않을 가능성이 크다는 것을 전제로 한 예측이겠습니다. 문명사의 변천보다는 동양사상과 문화가 갖고 있는 특성 때문에 새 세기에는 동양적인 것이 더욱 중요시된다고 보아야 할 것입니다. 그것을 어떤 이는 가족주의제도와 효의 문화에서 찾고 있습니다.

자본주의가 그 기반이 되는 개인주의와 결합해서 극단적인 이기주의적 인간을 만들어 살벌한 세상이 되었습니다. 그 폐해의 확산을 막으려면 가족공동체에 기초한 부모공경에서 출발해야 합니다. 부모와 자식 간의 관계는 공리주의나 이기주의가 아닌 이타와 자기희생에서 출발하기 때문에 서양적 물질문명에서 나타나는 병폐를 상당부분 예방할 수 있습니다. 유교의 근본이 되는 효와 부모의 은혜를 중히 여기는 불교의 가르침은 분명히 21세기의 혼돈문명을 예방할 수 있을 것입니다.

서양적 물질문명의 폐단을 21세기에서 막아내기 위해서는 불교의 윤회설에서 그 길을 찾을 수도 있을 것입니다. 우리가 살고 있는 세계와 인간이 유한한 것이고 그 유한 속에서 순환하면서 영속될 수 있다고 불교는 보고 있습니다. 윤회와 순환과 유한사상은 자연히 탐욕을 막아주게 됩니다. 현실세계에서 물질적 풍족을 누려 행복을 찾기보다는 현세에서 많은 복덕을 짓는데 관심을 갖게 됩니다. 그리하여 물질적 탐욕은 줄어들고 투쟁과 전쟁도 줄어들게 됩니다. 정신적 풍요 속에 있기 때문입니다.

서양적 문명의 폐단을 막는 또 다른 동양사상으로 중용과 중도를 들 수 있습니다. 앞의 것은 주로 유교에서, 뒤의 것은 주로 불교에서 찾을 수 있습니다.

서양인들은 현상을 대립적으로 인식하고 분석하며 행동하는 변증법적인 경향을 강하게 나타냅니다. 거기에서는 나 이외의 것에는 배타적이기 마련입니다. 아마 유일신을 믿는 기독교적 문명이 낳은 필연적 결과라고 봅니다.

이와 달리 유교 및 불교문화권의 동양인들은 극단적 대립관계로 문제를 보거나 해석하지 않고 항상 중용과 중도를 염두에 둡니다.

자연과 인간을 대립시켜 자연을 극복하여 문명을 만들어가는 서양적 생각과 달리 동양사상은 자연에 순응합니다. 그러므로 동양적 생각에서는 자연파괴가 예방되는 문명이 만들어질 수 있습니다.

사람들 관계에서도 역시 마찬가지입니다. 중용과 중도는 조화를 전제로 하기 때문에 융화와 화합을 생산합니다. 따라서 투쟁과 전쟁을 막고 공존공영과 화합의 신문명질서를 만들기 위해 동양적 가치가 꼭 빛을 낼 것으로 믿습니다.

21세기에 불교적 가치가 서양적 가치에 대치될 수 있다는 믿음 속에서 불자들은 오늘을 충실히 사는 지혜를 가져야 하겠습니다.(1999.12)

2) 풍요로운 통일국가 이루자

새해를 맞았습니다. 21세기가 2000년부터라고 주장하는 사람과 2001년부터라는 주장이 있었지만 이제 완전히 21세기에 들어선 새해를 맞게 됐습니다. 그런데 그 21세기가 인류에게 있어서 또는 우리민족에게 있어서 어떠한 세기일 것인가. 문명사가들은 21세기를 '제3의 문명'의 물결 속에 살아가게 되는 세기라고 볼 것입니다. 농경 생활을 위주로 했던 '제1의 문명'에서 산업혁명으로 이룩된 사업화 문명 즉 '제2의 문명' 물결을 거쳐 가고 이제 '제3의 문명' 물결이 밀려 왔다는 것입니다. 제3의 문명은 지식정보문화의 생활이 중심이 될 것입니다. 한편 세계사를 정치권력의 역사라는 시각에서 보면 21세기는 '태평양세력의 세기'라고 말할 수 있습니다.

그 경우 태평양권에 속해있는 미국, 중국, 일본 등이 중심이 되어 힘의 주도권을 놓고 겨루게 될 것입니다. 어떻게 보면 '헌팅톤'이 말하는 동서(중국과 미국)문명의 충돌 가능성과 그러한 와중에 역내 국가들이 휩쓸릴지도 모릅니다. 이러한 21세기의 큰 흐름과 우리민족이 무관할 수는 없지만 또 다른 시각에서 볼 때 우리민족에게 있어서 21세기는 매우 중요한 세기가 될 것입니다. 우리민족에게 20세기는 통한의 세기인 동시에 긍지의 세기였습니다. 외세에 의한 직접지배라는 치욕의 역사도 겪었습니다. 오랜 분단과 남북전쟁의 고통도 겪었습니다. 그러나 우리는 지난 20세기에 제2문명의 산업화를 이룩하고 제3의 문명 문턱에 이르게 했습니다.

다른 민족들이 수세기 간에 이룩한 것을 우리는 불과 몇 십년만에 이루었습니다. 고통을 딛고 시쁨을 만들어낸 위대한 힘에 긍지를 갖게 한 세기였던 것입니다. 이제 다가온 21세기는 통일의 세기이고 풍요의 세기가 되리라고 믿습니다. 통일로 가는 길은 여러 가지가 있을 수 있습니다. 21세기에 통일이 될 때 있을 수 있는 통일의 길을 다음과 같이 상정할 수 있습니다.

21세기에 있을 통일의 길에는 표와 같이 여러 갈래가 있을 수 있겠습니다. 구체적으로 통일이 진행되는 과정에서 표의 길 외에 그것들의 중간적 형태가 있을 수도 있습니다. 그런데 있을 수 있는 통일의 길과 바람직한 통일의 길이 반드시 일치할지 또는 아니할 지는 아무도 예측하기 힘들 것입니다.

무력통일의 길	흡수통일의 길	합의통일의 길
전면 또는 내전 후 무력통일	한쪽 붕괴 후 흡수	합의선거통일
연합(연방) 후 내전통일	연합(연방) 후 흡수	합의(연방, 중립)통일

바람직하기는 '합의에 의한 평화통일'일 것입니다. 그러나 지난날의 역사와 분단국의 통일사례에서 보면 무력통일과 흡수통일이 두드러졌

습니다. 예멘이 남북연합정부로 통일되었지만 일시적이었고 결국 내전 통일로 매듭지었습니다. 베트남은 말할 것도 없습니다.

독일의 경우 동독의 붕괴에 의한 서독으로의 흡수라고 볼 수 있습니다. 오스트리아만이 분단과 냉전체제가 고착되기 이전에 합의에 의한 평화통일을 했던 것입니다.

바람직한 '합의에 의한 평화통일'이 꼭 현실로 다가온다고 볼 수는 없을 것입니다. 북한이 표면에 제시한 노선은 분명합니다. 연방 후 또는 합의에 의한 연방통일입니다. 두 사상, 두 제도를 그대로 두는 연방통일은 '전쟁으로의 초대'라고 보는 사람이 있습니다. 예멘의 경험 때문입니다. 한국의 노선은 기본적으로 합의에 의한 선거통일입니다. 이것은 남과 북에 두 제도와 두 정부를 두는 것이 아닙니다. 완전통일입니다. 다만 그렇게 될 때까지 전단계로서 느슨하고 엉성하게 엮는 '연합'을 생각하고 있는 것으로 이해됩니다.

흡수통일과 합의통일은 모두가 평화적 방법에 의한 통일입니다. 따라서 '평화'의 환경이 구축되어야 합니다. 사실 평화(안보)와 통일은 두 개의 수레바퀴와 같습니다. 어느 한쪽으로만 돌아가고 맙니다. 평화에만 치중하고 집착하면 영구 분단의 길로만 빼집니다. 반대로 통일만 치중하게 되면 전쟁과 폭력 수단의 통일의 길로 흐르게 됩니다. 따라서 '선평화 후통일', 즉 평화가 정착된 뒤 통일을 하겠다는 주장은 상당기간 할 뜻이 없다는 것이거나 상황인식이 짧음을 나타내는 것입니다. 또한 만나기만 하면 통일을 외치는 것은 무력으로라도 통일을 할 수 있다는 생각을 나타내는 것이거나 현실을 착각하고 있음을 나타내는 것입니다.

그러므로 21세기 우리민족의 화두는 남북 간의 화해를 심화시켜 평화를 확보하는 과제와 남북 간의 교류협력을 발전시켜 모든 장벽을 허무는 통일을 이룩하는 과제를 동시에 해결하는 것이어야 합니다. 그렇게 함으로써 '평화통일'을 이룩하여 후세들에게 세기적 사명을 다했다고 떳떳이 말할 수 있을 것입니다.

통일과제는 '평화통일'을 이룩했다고 해서 할 일을 다 하는 것이라고 할 수는 없습니다. '번영'과 풍요를 기약할 수 있는 통일이어야 합니다. '가난'을 안겨주는 통일을 물려줄 수는 없다는 것입니다. 어떤 형태가 가난을 물려주는 통일이고 어떤 길이 번영을 가져올 통일인지는 이미 20세기 문명사에서 제시되었습니다. 역사를 후퇴시킬 수 없듯이 그 길도 후퇴될 수는 없을 것입니다.

번영과 풍요가 충만하는 우리의 통일국가는 '제3의 문명' 물결을 순조롭게 타게 됩니다. 새 문명의 중심권에서 주요역할을 하게 된다는 것입니다. 20세기와 달리 21세기가 우리민족에게 있어서 영광된 통일조국의 세기가 될 수 있게 오늘을 사는 우리는 지혜를 모아야 하겠습니다.(『의정과 인물』, 2001.1)

3) 남북대학총장 교류의 가능성과 방법

(1) 대학총장 교류의 필요성

남북한 간의 통일은 현상적으로 보면 장벽의 제거이다.

장벽은 지리적 공간에도 존재하고 정신적 의식 안에도 존재하며 제도에도 존재한다. 지리적 장벽은 휴전선에 의해서 형성되어 있고 제도적 장벽은 체제와 정권에 의해서 이루어지고 있다. 그러나 의식 및 문화적 장벽이나 사회적 장벽을 허무는 데는 상당히 오랜 시간을 필요로 한다. 그리고 사회·문화적 통합(통일)은 체제나 정권의 단일화 또는 경계(휴전)선의 제거에 앞서 얼마든지 진행시킬 수 있다. 그리고 지리적 통일이나 정치적 통일(정권통일)이 된 뒤에도 사회·문화적 통합은 장기간에 걸쳐 추진해야만 할 일이다. 그런데 사회·문화적 통합에서 중요시되는 것은 주민의 의식형성에 결정적인 작용을 하게 되는 교육분야에서의 교류와 통합이다.

정반대의 방향으로 주민을 교육하고 있는 한 완전한 의식의 통일은 불가능하기 때문이다. 그리고 교육을 주도하고 있는 대학의 총장과 교수 및 학자의 교류 없이는 사회적 통합도 민족동질성의 회복도 남북 간의 화합도 이루어질 수 없기 때문이다. 이렇게 대학총장의 남북교류는 사회·문화적 통합을 위해서나 남북 간의 화해를 위해서나 또 이 민족의 정신적 지도자로서 통일이라는 민족적 소명을 수행하기 위해서나 필수적으로 있어야 할 일인 것이다. 그런 뜻에서 대학총장 교류가 어떻게 하면 가능할 것이고 어떻게 성사시켜야 할 것인가? 배경적 환경조성문제는 논외로 하고 구체적인 방법을 생각해보기로 한다.

(2) 대학총장 교류의 가능성

대학총장의 남북교류가 필요하다고 해도 그것의 가능성이 있어야만 성사될 수 있다. 그런데 성사에 장애가 되는 요인이 적지 않다.

첫째, 최근에 일고 있는 남북 긴장관계가 쉽사리 해소되기 어렵다는 점이다. 북한은 현 김영삼 정부와의 어떤 교류, 대화도 기피하고 있으면서 남북 긴장을 고조시키고 있어 교류는커녕 전쟁 일보전의 상황에까지 이르고 있는 것이다.

둘째, 북한이 민간교류를 북한에 유익한 경우에 한할 때만 진행시키고 있다는 점이다. 북한은 남한 당국과는 대화를 기피하고 있으면서 민간교류는 거부하지 않고 있다. 정부와 민간을 분열시키려는 의도를 담고 있는 것이다. 이른바 '하층통일전선'이 가능하고 북한에게 유리한 경우에만 그것을 수용할 것으로 생각된다. 노동자, 농민, 학생은 북한이 기꺼이 대화, 교류대상으로 보겠으나, 총장은 북한의 목적에 활용될 수 없다고 볼 것이다. 종교인의 경우는 물질적 지원이라도 기대하고 북한이 종교에 대해서 종래와 달리 유화적임을 나타낼 수 있어서 교류를 추진할 수 있지만 총장은 다르다는 것이다.

셋째, 북한이 남쪽 총장을 자기편으로 만들 수 없다고 생각하듯 한국도 남북 총장의 교류에서 현실적 이득이 많다고 보지 않을 수 있다는 점이다. 행정가나 정책수립자는 가시적이고 목전의 성과를 매우 중요시하는 경향이 있다. 따라서 총장교류가 장기적·거시적으로 볼 때 평화통일에 기여한다고 해도 다른 부문의 교류에 비하여 열매가 적다고 평가할 수 있을 것이다.

이러한 불가능 요인이 있음에도 불구하고 총장교류가 갖는 강한 당위성 때문에 그것의 성사에 비관만 할 수는 없다고 본다. 성사 가능한 요인으로 다음과 같은 것을 생각할 수 있다.

첫째, 북한이 '전쟁'의 길을 택하지 않는다면 결국 화해교류를 해야 한다는 점이다. 현 정부와의 직접적 정치대화는 북쪽이 기피하며 청년학생들의 대화는 남쪽이 기피하고 있어서 당분간은 비정치적 사회지도자로서의 총장의 교류는 오히려 가능할 수도 있다. 북쪽으로 볼 때도 총장은 종교지도자와 같이 영향력이 있으나 정치인이 아니고 남쪽의 입장에서도 교류에 따르는 위험부담이 없기 때문이다.

둘째, 아직은 남북관계가 매우 경직되고 긴장되어 있으나 필요에 의해서 변할 것이라는 점이다. 이른바 4자 회담이 제안한 그대로 열리든 아니면 변형된 형태로 열릴 가능성이 높다. 안 열린다고 해도 긴장완화의 다른 상황전개가 있을 수 있다. 그렇게 되면 남북교류도 현실화되어 대학총장 교류도 그 일환으로 성사될 수도 있을 것이다.

(3) 대학총장 교류의 방법

대학총장 교류가 실현되기 위해서는 다음과 같은 방법들이 고려됨직하다.

가. 대표단 구성

① 남북한 동수로 한다.
② 대학의 규모와 종류를 감안하여 선정한다.

③ 대표단은 각각 자율적으로 선정되며 거부되지 않는다.
④ 총장을 원칙으로 하되 소수의 부총장과 교수를 수행할 수 있다.
⑤ 대표단은 쌍방 당국의 인정을 받는다.
⑥ 대표단 인원은 각 10명에서 20명 이내로 한다.

나. 교류형태와 내용

① 상대지역의 대학을 방문하며
② 필요에 따라 민족교육 및 통일교육에 대한 토론회를 갖는다.
③ 방문대학은 자매결연 등을 고려하여 방문교의 희망을 존중한
   다. 다만, 규모와 기능에 따라 유사성격의 대학방문을 권장한다.
④ 교육제도와 대학소개로 상호이해를 증진한다.
⑤ 교류의 진전에 따라 상호협력과 교수 및 학생교류문제를 협
   의, 추진한다.
⑥ 비정치분야의 학술발전을 위한 공동노력을 한다.

다. 교류성취 노력

① 직접교류에 앞서 제3국(예: 북경)에서 1996년 8월 15일 전에
   예비접촉을 갖는다.
② 또한 교류성취를 위한 실무대표자 회의를 갖는다.
③ 예비접촉은 총장급 대표로 한다.
④ 실무대표는 예비회담의 결정과 교류가 본격화될 때 실무지원
   을 한다.

(『대교협』 1996.4.26)

제3장

통일에 대비하는 교육이 필요하다

1. 한국의 국민정신교육 현황–한·중 교육연구 발표회 발표문–

1) 국민정신교육의 필요상황

어떤 나라든지 그 나라와 사회의 유지와 발전을 위하여 국민정신을 중요시한다. 국민정신이 건전한 나라일수록 건전한 문화와 사회 및 국가를 형성할 수 있기 때문이다.

건전한 정신을 국민이 갖도록 하기 위해서는 그에 대한 교육이 필요하다. 국민으로서 갖추어야 할 정신을 갖도록 교육하는 것을 우리가 국민정신교육이라 한다. 먼 장래를 생각할 때 그것은 매우 중요한 교육이다. 그것은 민족과 국가공동체의 존속과 번영을 위해 국민생활에서 요청되는 기본적인 가치관의 형성과 이에 따른 실천적 태도의 함양을 위한 교육으로서 도덕교육, 인간교육, 민주시민교육, 정치·사상교육, 통일·안보교육, 경제교육, 새마을교육, 국민윤리교육 등 모든 정신적인

교육을 포괄하기 때문이다.[1]

그러한 국민정신교육이 우리나라에서는 어떤 상황 때문에 요구되는 것인가? 그러한 요구상황에서 우리나라 국민정신교육이 어떤 내용으로 실시되고 있는가를 보기로 한다.

그러한 검토를 통해서 앞으로 어떤 방향에서 국민정신교육을 실시해야 할 것인가에 대한 어떤 시사를 찾을 수 있을 것이다.

어느 나라든지 그 체제의 유지와 발전을 위한 정신교육을 하고 있다. 다만 그 나라의 실정과 관련하여 내용이나 방법을 달리하고 있을 뿐이라고 본다. 보다 위기를 많이 느끼고 있는 나라, 또는 집권주의적 정치체제를 택하고 있는 나라는 그렇지 않은 나라보다 그 방법에 있어 더 직접적이고, 내용에 있어 더 국가주의적 성향이 강하게 나타날 것이다.

그러면 우리의 상황 중에서 정신교육이 요청되는 필요상황이 무엇인가를 보도록 한다.

국민정신교육이 '국가체제의 정당성에 대한 신념을 가지게 하며 국가와 민족을 위해서 봉사하는 태도를 갖추도록 하기 위한 교육'이라고 규정한다면[2] 그러한 교육은 우리나라에만 필요한 교육이 될 수 없다. 그것은 국가의 존속과 발전을 위하여 국민이면 누구나 가지고 있어야 할 기본적인 태도와 지식 및 가치관 등을 각인 내면화하도록 하는 노력이기 때문에[3] 모든 국가에서 필요한 것이지 우리나라만 요구되는 교육이 아니라는 것이다.

이렇게 국민정신교육은 모든 나라에서 요구되고 실시되는 교육임에도 불구하고 나라에 따라 그 요구도가 다르게 되는 것은 각국이 처한 상황 때문이라고 보는데 이제 우리의 정신교육의 요구상황을 들어본다.

---

1) 한국정신문화연구원, 『국민정신교육 기본지침서』, 1983, p. 3.
2) 문교부, 『국민학교 새 교육과정개요(연수자료)』, 1982.1.10, pp. 8~9.
3) 차경수, 『국민정신교육의 학교급별 지도방향(대한교과서주식회사, 국민정신교육지도자료)』, 1981, p. 136.

첫째, 국토의 분단과 민족의 분열 속에서 '이데올로기'를 수반하는 북한의 위협이 계속되고 있다는 점이다.

우리 국토는 제2차 대전 후 미국과 소련에 의해서 분열되었지만 각기 다른 이데올로기를 남·북한이 수용했기 때문에 분열성과 대립성은 보다 많이 나타나고 있다. 1950년 6월 25일 북한으로부터의 남침전쟁이 있은 뒤에 대립성은 더욱 강하게 나타나고 있고, 북한이 적극적인 공산화 정책을 추구함에 따라 공산위협에 대한 한국의 경각은 매우 강한 것일 수밖에 없다.

이런 상황에 처한 한국 사람에게는 북한에 대한 정확한 인식과 북한의 전략·전술에 대한 올바른 이해가 요구되는 것이다.

둘째, 한국이 산업화 과정에서 일어나는 모순과 관련하여 구미의 급진주의 및 신 마르크스주의가 대내적으로 생성할 수 있다는 점이다.

한국은 급속한 경제성장을 하여 왔다. 성장을 하는 동안 기업과 자본의 형성과정이나 자원의 배분과정에서 합리적이지 못했거나 불공정한 면이 있었다고 생각하는 지식인 속에서 급진주의 또는 신 마르크스주의가 성장할 수 있다.

이 내생적 공산주의를 북한으로부터의 위협에 못지않게 한국정부로서는 중요시하지 않으면 안 되기 때문에 그것을 예방하기 위한 조치로서의 정신교육이 요구된다고 본다.

셋째, 지정학적인 특성과 지난날의 많은 국난의 역사에 비추어 대국에 의한 민족의 희생에 항상 관심을 가져야 한다는 점이다.

우리민족은 수많은 외부로부터의 침략을 받아 왔고 직접적인 지배를 받기도 하였다. 800회 이상이나 되는 크고 작은 외침의 역사 속에서도 민족고유의 문화를 유지하고 있지만 그것은 대부분 강대국에 의한 민족적인 희생과 관련한다. 지금도 한반도는 강대국의 이해대립이 얽혀 있는 곳이다.

이런 상황에서 우리는 지난날의 민족사에서 교훈을 찾고 오늘의 처지에서 민족의 생존과 발전 및 통일의 길을 모색하는 자세정립의 정신교육이 요청되는 것이다.

넷째, 서구적인 물질문명이 물 밀 듯이 들어오고 현대적 산업사회가 형성되면서 가치관의 혼란에 빠질 염려가 생기고 있다는 점이다.

급격한 서구의 물질문명이 들어오면서 동양적인 정신문화가 많이 쇠퇴하고 그에 따라 동양적 또는 한국적인 생활윤리나 규범이 큰 시련을 받고 있거나 가치관이 크게 바뀌고 있다. 그러는 과정에서 전통문화와 외래문화의 조화의 문제가 생기며 외래문화 수용의 문제도 생기고 있거니와 분명히 가치관의 혼란이 일고 있다고 본다.

이러한 상황에서는 올바른 가치관이나 있음직한 생활윤리와 덕목에 대한 교육이 중요시 되지 않을 수 없다고 본다.

다섯째, 정치·경제·문화의 여러 측면에서 외부의 충격과 외래성이 강하게 나타나는 한국으로서는 주체적인 자기정립과 자아발견을 하지 않으면 안 된다는 점이다.

한국은 해방 후에 모든 부문에 걸쳐 외국의 영향을 많이 받지 않으면 안 되는 상황에 처하여 왔다. 외국 영향력을 받는 동안 외래문화와 제도가 크게 이 땅에 유입되고 그에 따라 주체적인 자기 문화에 소홀해질 수도 있게 되었다.

이런 상황에서 정신교육을 통하여 주체성을 확립하고 자기정립을 할 필요가 생긴 것이다.

2) 국민정신교육의 현황

우리나라에 실시되고 있는 국민정신교육은 시대의 변화에 따라 조금씩 그 내용을 달리하고 담당하는 기관도 점차 늘어나고 있거니와 그 현황을 기본적인 내용과 학교교육의 내용으로 나누어 제시하기로 한다.

(1) 교육의 목표와 내용영역

국민정신교육의 내용은 학교와 사회교육기관에서 실시하는 것에 약간의 차이가 있으나 대체로 같은 목표와 범위 및 내용을 가지고 실시되고 있다.

한국의 정신교육이 추구하는 기본목표는,

　　가. 민족의식, 국가의식, 공동체의식 및 애국애족정신의 함양

　　나. 국력신장의지와 진취적 기상고취

　　다. 민주국민의 자질과 능력배양 등에 있다.[4]

그러한 기본목표하에서 국민정신교육은 다음과 같은 9개 교육목표를 지향하고 있다.[5]

　① 주체적 민족의식과 역사의식을 함양하고 문화민족으로서의 긍지를 가지게 한다.

　② 애국애족의 국가관을 바탕으로 국가의 정통성을 인식하게 하고 일체성을 깨닫게 한다.

　③ 민주주의 체제의 우월성에 대한 신념을 내면화시키고 민주생활을 토착화하며 민주적 원리를 생활화한다.

　④ 자본주의 경제체제의 효율성 및 우리가 처한 경제현실을 이해시키고 경제생활의 합리성과 자립정신을 드높이며 경제윤리를 생활화한다.

　⑤ 현대사회의 여러 갈등현상에 대한 올바른 인식을 도모하여 협동과 신뢰의 정신을 드높이고 창조적 문화능력을 향상시킨다.

　⑥ 교육의 준수와 도덕심 향상을 통하여 준법정신과 질서의식을 함양한다.

　⑦ 국제질서 및 세계 속의 한국의 위치를 인식시켜 국력신장의지

---

4) 한국정신문화연구원, 앞의 책, p. 4.
5) 위의 책, p. 5.

를 강화하고 국제적 진취기상을 드높인다.

⑧ 공산주의의 본질과 북한 공산집단의 실상을 이해시켜 반공사상과 안보의식을 고취하고 민주적 평화통일관을 확립한다.

⑨ 민주사회의 주민의식과 책임의식 및 국가발전을 위한 역사적 사명의식을 고취한다.

이상의 교육목표에 따라 실시되고 있는 국민정신교육의 내용분야(영역)는 대체로 다음과 같다.[6] (괄호 안은 강의과목)

① 우리민족의 역사와 문화 (국사, 민족문화론, 한국사상 등)

② 국가이념과 체제 (한국헌정사, 한국정치＝정부론)

③ 민주정치와 정치생활 (민주주의론)

④ 현대사회와 공동생활 (현대사회론, 현대사상론)

⑤ 사회질서와 준법생활 (법과 생활, 질서의식론)

⑥ 경제발전과 경제생활윤리 (한국경제현황, 북한경제론)

⑦ 국제관계와 한국의 진로 (국제정세와 한국, 주변정세와 한국)

⑧ 국가안보와 조국통일 (내외정세와 안보, 북한공산주의, 북한의 대남전략, 남·북한의 통일정책, 공산주의론)

⑨ 국민의 역할과 책임 (새마을정신, 정의사회와 국민)

위의 교육목표들과 교육영역에서 보는 바와 같이 한국의 국민정신교육은 넓은 분야에 걸쳐 실시되고 있거니와 개인의 덕목에 못지않게, 어느 면에서는 그보다 더 강하게 중시되고 있는 것은 사회(시민)적인 윤리와 반공적인 국민윤리이다.

(2) 학교에서의 정신교육 내용

앞에 제시한 정신교육의 목표와 내용영역에 바탕을 두고 유치원(1~2년), 국민학교(6년), 중학교(3년), 고등학교(3년), 대학교(4년 또는 2년의

---

6) 위의 책, p. 6.

전문대학)의 교육이 실시되고 있는 바, 고등학교와 대학에 치중하여 교육내용을 소개하기로 한다.

학교의 수준에 따라 정신교육지도의 중점은 다르게 책정되어 있다. 전인교육을 통한 국민정신을 함양하는 것이 교육의 목적이 되고 있으나 유치원에서의 정신교육은 질서 지키기, 협동하는 습성의 배양에 중점을 두고 실시된다. 그리고 초등학교에서는 부모공경, 나라사랑의 정신고취에 치중된 정신교육이 실시되고, 고등학교에서는 준법정신, 자립정신, 책임의식지도 등에 치중된 교육이 실시되며 대학에서는 민족정신과 정통성 및 이데올로기 비판능력과 안보 및 통일관에 치중된 교육이 실시된다.[7]

한편 한국의 각급 학교에서는 직접 국민정신교육만을 다루는 과목으로서 초등학교와 중학교에서는 '도덕'(중학교에서는 3년간에 6권의 도덕 교과서)을 배우고 고등학교와 대학(전문 2년제 대학 포함)에서는 '국민윤리'를 개설하고 있다. 그리고 간접적인 과목으로서 국사 등이 있다.

그러면 고등학교와 대학에서의 국민정신과목으로서의 '국민윤리'의 교과내용을 보도록 한다. 고등학교의 '국민윤리'의 내용은 다음과 같이 구성되어 있다.[8]

① 인간과 윤리 (인생과 가치관, 인생에서의 청소년기, 청소년의 가치관, 자아실현의 생활)

② 우리 겨레의 사상적 전통과 윤리 (우리 겨레의 사상적 줄기, 전통사상과 국민윤리, 인간존중과 민족중흥, 전통윤리와 현대사회)

③ 문화와 윤리 (사상과 학문, 예술과 생활, 과학과 인간, 종교와 인생)

④ 현대사회와 윤리 (산업사회의 발달과 윤리, 현대사회의 윤리적

---

7) 문교부, 「국민정신교육 추진자료」, 1982.4 ; 홍성도, 「고등학교의 국민정신교육개관 및 발전방향」, 『국민윤리연구』 제14호, 국민윤리학회, 1982.7, p. 201.

8) 홍성도, 위의 글, p. 203.

문제, 우리 사회의 윤리적 상황, 바람직한 사회생활의 윤리)
⑤ 국가생활과 윤리 (민족과 국가, 국가발전의 정신적 기반, 우리의 민주주의, 복지국가의 건설)
⑥ 조국수호와 평화통일 (공산주의의 이론과 현실, 국제정세와 한반도, 북한사회의 특성, 북한공산집단의 침략정책, 우리의 통일정책, 국가안보와 우리의 사명) 등이 그것이다.

이상의 것에서 볼 수 있듯이 고등학교의 국민정신(국민윤리)교육은 개인윤리, 사회윤리, 국민윤리, 국가관, 반공관 등으로 이루어지고 있다.

한편 대학의 국민윤리(교양필수로서 국민윤리: 사회와 국민윤리 주당 2시간, 국민윤리Ⅱ: 정치와 국민윤리 주당 2시간)는 다음과 같은 내용으로 구성되어 있다.

국민윤리Ⅰ에서는 국민윤리의 내용과 성격(각국의 국민정신교육 포함), 현대사회와 윤리, 한국의 전통과 사상, 자본주의적 복지경제와 윤리, 역사창조와 국민 등의 내용으로 교육되고 있다. 그리고 국민윤리Ⅱ에서는 민주주의의 이념과 실제, 현대사조(민족주의, 사회주의, 전체주의 및 개인주의 포함), 공산주의이론, 공산주의의 유파와 전략전술, 북한공산주의, 민족의 생존과 통일 등의 내용으로 교육되고 있다.

앞에 제시한 대학정신교육의 내용에서 보듯이 대학에서는 현대사회 및 한국의 상황 속에서의 사회윤리(시민윤리)와 더불어 이데올로기에 대한 비판능력을 중요시하고 있는 것이다.

학교에서는 도덕과 국민윤리라는 과목을 통해서 국민정신교육이 실시되고 있지만 사회교육기관에서는 통일교육, 안보교육, 새마을교육, 경제교육, 이념교육, 사회정화(의식개혁)교육 등으로 그것이 실시되며, 구체적으로는 여러 과목들이 그것과 관련하여 번갈아가며 개설된다.

한국의 사회교육기관으로는 공무원교육기관으로 36개, 새마을교육기관으로 11개, 국영업체 등 공기관의 교육기관으로 10개, 기타의 교육기관으로 10개 등이 있다. 이들 교육기관은 연수를 실시하는 것을 주목적으로 하지만 국민정신교육을 하고 있는 것이다.

이상에서 한국의 국민정신교육을 그 필요상황과 내용면에서 간단히 살펴보았거니와, 한국과 같이 분단된 상황에서 이념대립을 하고 있는 상황에서는 국민정신교육이 필수적이겠으나 수준에 따라 교육의 중점 방향을 약간씩 달리할 수밖에 없을 것이다.

그런데 한국의 경우 학교에서의 정신교육의 교과목이 도덕과 국민윤리에 한정되어 있으나, 모든 교과목 속에 국민정신교육의 내용이 담겨지는 것이 바람직하다. 주과목과 더불어 타과목으로부터의 보완에 의해서 교육목적을 보다 확실히 성취될 수 있다고 보기 때문이다.

국민정신에서는 교육의 내용도 중요하지만 반복적인 교육에 의해서 보다 효과를 거둘 수 있다고 보기 때문에 가정과 학교 및 사회교육의 체계적인 연결성의 유지가 요구된다. 그것을 위해서는 '평생교육을 위한 사회교육'이 보다 활발하게 진행되어야 할 것이다.

모든 교육은 그것을 담당하는 사람에 따라 성과를 크게 달리하기 때문에 국민정신교육을 담당하는 교육자는 해당분야에 대한 많은 지식을 소유할 뿐 아니라 모범되는 인격을 가진 자여야 한다고 본다. 따라서 그것을 담당하는 자에 대해서는 지속적으로 연수교육을 실시할 것이며, 또 엄격한 심사를 거쳐 자격을 부여하는 제도화가 요구된다.

뿐만 아니라 국민정신교육기관간의 보다 유기적인 협동체제가 이루어져서 체계적이고 일관성 있는 교육이 되도록 하여야 할 것이다.

여하튼 국가와 민족 및 사회의 발전을 위해서는 물질문명에 못지않게 정신문화의 진흥에 힘써야 할 것이고, 그러기 위해서는 이 문제에 대해 계속적인 연구와 노력을 기울여야 할 것이라고 본다.(대한교련, 「한·중(대만) 교육연구발표회 발표문」, 1983.8.3)

2. 대학에서의 통일대비 교육방안과 대책

1) 통일교육여건조성

올 여름 이후 남북관계가 급속히 냉각되고 북한의 위협과 국내 친북 세력의 성장 등에 자극되어 많은 우려의 목소리가 나오고 있다. 특히 한총련의 연세대 사태 때문에 각 대학당국과 교수들은 사회와 일반시민으로부터 엄청난 비판과 질타를 받았다.

교수와 학교가 어떻게 학생을 교육하고 지도했길래 학생이 저 지경에까지 이르렀냐는 질타이다. 확실히 학교당국이나 교수는 이유가 많겠지만 그러한 문제와 관련하여 앞장서서 적극 지도하고 교육했다고 보기 어렵다. 소극적이고 형식적인 지도와 교육에 그친 면이 없지 않았던 것이다.

이제 우리 교육자는 교육적 차원에서 학생이 불행하게 되는 것을 막는 일에 적극 나서야 할 때가 다시 왔다. 아직 배우는 중에 있기 때문에 종합적 생각 없이 어떤 도그마에 빠질 우려가 있는 젊은 학생에 대한 일차적 지도책임이 우리 교육자에게 있기 때문이다.

그리고 학생들이 오해하고 있는 사항의 대부분은 통일과 관련한 내용들이다. 그리고 그것은 주로 북한이나 해방 이후 계속 이어져 온 급진 좌파의 논리에서 비롯되며, 그런 점에서 대학에서의 통일교육 내용에 관한 문제에 대한 교수와 교육자의 접근은 한국적 입장과 북한적 입장에서 제기되고 있는 통일논리를 비교하여 거기서 해답을 얻는 것에서부터 출발해야 한다고 본다. 분명한 사실이 왜곡되고, 옳은 것과 잘못된 것이 뒤집히고, 거짓과 진실이 뒤바뀌어 억지 주장이 통용되어서는 안 될 것이기 때문이다. 그리고 그 억지주장에 젊은층이 물들어 일생을 '허위의식의 포로'로 살게 할 수는 없다.

따라서 여기서는 대학 통일교육 내용을 교과목이나 교과목의 항목

등에 중점을 두지 않고 실질적인 것으로서의 쟁점풀이와 비교에 두기로 하였다. 쟁점비교를 통해 무엇이 잘못인가를 스스로 깨닫게 하는 것이 보다 교육적이기 때문이다.

대학에서 통일교육을 이론적이면서도 실질적으로 실시하여 소기의 목적을 이루려면 그 여건을 조성해야 할 것인바 몇 가지를 제시해 본다.

(1) 학과와 강좌의 확대 설치

통일에 대비할 역군을 양성하고 통일관련 학문을 체계적으로 정립하기 위해서는 무엇보다도 대학 내에 관련학과를 설치하는 것이 중요하다. 지금 '북한학과'가 3곳(동국대, 명지대, 관동대) 설치되어 있으나 서울소재 2개교는 야간학과로서 학문적 수준을 높이기 어렵다.

따라서 통일에 대비하여 볼 때 다른 외국(국제) 관련의 학과는 설치하면서 연구와 교육의 중심이 되어야 할 국내에서 '북한학과' 설치에 소홀한 것은 국책의 큰 오류가 아닐 수 없다.

전문야간(특수)대학원에 통일관련 학과가 몇 개 있고 전문대학원도 몇 곳 있으나 그것은 학부와 연계된 체계적 연구와 교육의 장소라기보다는 사회인에 대한 재교육일 뿐이다. 그러므로 학부, 석사, 박사과정을 개설하여 전문적 인재를 양성하는 것이 필수적이다.

한편 4년제 대학 중 절반을 약간 넘는 대학에서 통일관련 과목을 개설하고 있으나 '국민윤리'가 교양필수에서 폐지된 지금 모든 4년제 대학에서는 '교양 선택'으로 통일관련 과목을 꼭 개설해야 할 것이다. 전문대학의 경우도 교양 선택으로 개설해주는 것이 좋겠다.

(2) 전문교수요원의 육성

학과설치를 통하여 보다 장기적인 통일관련 전문요원의 양성이 될 것인 바 아마도 제 학과를 졸업하고 학위를 취득하는 인원이 충분히 채워지려면 약 10년이 소요될 것이다. 그러므로 지금은 기존의 관련분야 전공 또는 연구자에 대한 집중적 관리와 육성이 더 중요하다. 그러기 위해서는 몇 가지 조치가 필요하다.

① 전문가의 조직화와 조직적 관리

통일관련 분야라고 하지만 북한전문가, 통일 전문가, 안보(군사) 전문가, 이데올로기 전문가 등으로 세분화되며 이들은 하나의 조직에 속한 협동활동을 하는 것이 아니다.

따라서 이들을 통일원 또는 교육부가 주도하여 조직화함으로써 통일교육 내용을 보다 효과적으로 할 수 있도록 할 필요가 있다.(예: '통일북한학회'의 조직 등)

② 전문가에 대한 체계적 수련

통일관련 전문가라고 하지만 세부적으로 구체적 전문내용이 다를 뿐만 아니라 상황변화에 따른 논리개발이 요구된다. 따라서 조직화된 뒤에는 조직체(예: 통일북한학과)를 통해서 조직화되어 있지 않을 때는 행정부서(통일원 또는 교육부)에서 수련(합숙)회 또는 세미나를 갖도록 하는 것이 좋겠다.

③ 전문가에 대한 지원

통일교육을 담당하는 교수가 계속적으로 관련분야에 대한 교육내용을 개발할 수 있도록 연구지원을 파격적으로 해주어야 한다. 의식화됐거나 운동권에 참여한 학생은 물론이고 일반학생까지도 그런 연구를 하는 교수를 '어용'으로 보기 때문에 교수에 대한 보상적 의미와 국가적 사업을 수행하는 사람이라는 평가에서 연구에 재정적 지원을 아끼지 않아야 한다.

(3) 통일관련의 연구소 및 학생써클 지원

지금 4년제 대학 중 약 80개 대학에 통일관련 연구소가 있고 그들의 협의회가 있어 통일원의 지원을 받는 것으로 안다. 그러나 보다 많은 대학에 그런 연구소가 설치되도록 행정지도를 할 필요가 있다. 그러한 연구소를 통한 간접적 학생지도와 연구 장려가 가능할 것이기 때문이다.

그리고 대학생의 통일관련 모임은 30개교 정도가 있어 이들을 통한 수련대회, 논문모집 등이 통일원 후원으로 실시되고 있지만 모임 대학수의 증대와 지원내용, 지원방식 등도 크게 개선되어야 할 것이다.

2) 교육내용 구성의 기본방향

통일과 관련된 교육은 그 명칭사용의 변천에서 볼 수 있듯이 내용구성의 중점이 바뀌어 왔다. 1970년대까지는 '반공교육'으로 불려졌는바 이때의 교육의 중점은 말할 것도 없이 공산주의 및 북한의 이론적·실제적 오류를 밝히고 그 이론과 실체를 비판하는 데 두어졌다.

그러던 것이 1980년대부터는 '통일안보교육'이라는 용어로 사용되었다. '평화'와 '통일'이라는 두 가지 개념이 되었고, 북한의 위협으로부터 자유민주체제를 유지하면서 남북관계를 설정하는 것이 중요시되었다. 1990년대에 와서는 '통일교육'으로 바뀌었다. 안보가 후퇴된 것이다. 물론 안보와 관련한 교육내용이 완전히 사라진 것은 아니지만 상당히 엷어진 것만은 사실이다.

그러면 지금의 시점에서 '통일교육'은 어떤 것들을 포함하면서 지향하여야 할 것인가?

첫째, '통일교육'은 상당히 광범한 내용을 포함하는 것이어야 한다.

거기에는 공산주의 체제의 오류와 자유민주체제의 우월성, 한반도의 평화와 위협의 제거방안, 북한의 실상과 남·북한 비교, 통일이념과 방안 등이 포함되어야 한다는 것이다. 공산주의론, 민주주의론, 북한이해, 민족통일론 등의 과목이나 내용이 모두 포함되어야 함을 말한다.

급진 좌경세력이 사회혼란을 일으키고 그것이 북한과 연결되어 있다면 순전히 좁은 뜻의 '통일론'만 교육하는 것은 별로 의의가 없다. 무장간첩집단이 전면(대량) 침공계획 수행의 일환으로 대담히 침투하고 있는 현실에서 '통일'만 강조할 경우 그것은 비현실적이며 허공에 뜬 환상론이 될 염려가 있는 것이다.

둘째, 민족사적 정통성이 한국에 있고 북한이나 좌파의 통일안보관을 이론과 한국적 시각에서 비교하여 잘못임을 부각시켜야 한다.

남북관계를 대결적 관점에서 논리를 펴는 것을 장려할 수는 없으나 적어도 정통성 문제나 주요 통일관과 안보관에 대한 북한과 좌파이론의 왜곡, 허구성은 분명히 하여야 한다. 주요 쟁점을 부각시켜 뚜렷이 논리를 갖게 할 때 건전한 통일관·안보관·북한관이 정립될 수 있기 때문이다.

셋째, 통일의 이념과 통일국가의 미래상을 분명히 하여 어떤 길로 통일을 이루어야 하는가를 정확히 인식시켜야 한다.

통일만 되면 어떤 체제나 방식으로 되어도 무방하다는 생각을 갖게 하는 것은 가장 무책임한 태도이다. 적어도 최선의 국가가 통일된 미래에 이루어져야 한다. 그렇게 되려면 어떤 이념과 체제가 되어야 하는가에 대한 뚜렷한 이해가 요구된다.

이밖에도 통일교육에서 유념해야 할 사항들로 다음과 같은 것들도 생각해야 한다.

① 분단의 책임

한반도 분단은 여러 요인에 의해 고착된 것이고 어느 한쪽만의 책임이 아니고 과거역사에 대해서는 한민족 전체가 공통으로 연관된다.

② 내부문제인가, 국제문제인가

한반도 문제는 민족 내부문제이면서도 국제적 문제이다.

③ 통일방법

통일은 평화적이고 민주적이며 점진적인 정책으로 달성될 수 있다.

④ 통일의 당위성

남·북한에 살고 있는 사람들은 단일민족으로 공동의 민족원적(民族原籍)을 가지고 있어 반드시 통일되어야 하고 통일된다.

⑤ 통일의지

우리 한국정부와 국민은 확고한 통일의지를 가지고 있고 통일노력은 정당하다.

⑥ 북한실상 문제

북한주민도 통일을 원하고 있으나 외부에 대한 폐쇄정책으로 경제난에 직면하고 있으나 대남 적화노선은 포기하지 않고 있다.

⑦ 북한인권 거론문제

북한주민의 인권보장에 대한 우리의 주장과 요구는 민주주의에 입각한 권리이자 의무이며 내정간섭이 아니다 등을 생각할 수 있다.

3) 교육내용 중 중점을 두어야 할 논점

(1) 통일이념에 대한 좌우의 쟁점

통일교육에 있어서 가장 기본전제가 되는 것은 어떤 통일국가의 이념과 체제가 바람직한가에 있다. 한국은 체계적으로 밝히지는 않았으나 재건될 신생통일국가의 이념으로 '민족', '민주', '복지', '평화'를 내세우고 있는 바, 이를 부연설명하면서 북한 및 좌파의 논리와 대비시켜 보기로 한다.

첫째, 통일국가는 '민족주의'를 바탕으로 하는 나라여야 한다.

이것은 오랜 역사와 빛나는 전통을 지닌 우리민족이 하나의 통일된 민족국가를 재건하여 이 민족의 고유성과 정체성 및 전통을 유지, 발전시켜 나가는 것을 뜻한다.

따라서 통일국가의 미래에는 민족자존과 자주성에 바탕을 둔 정책전개가 있게 된다. 그리고 통합과정에서는 분단기간에 야기된 이질성을 극복하고 동질화된 현대적 선진국가가 건설되는 것을 말한다.

북한과 좌파에서는 '주체'로 상징화되는 자주성이 강하게 제기되어 '민족주의'와 상통한다. 그러나 남한 쪽의 민족주의는 폐쇄적인 것이 아니고 주변국과 공영·협력 속에 공생하는 민족주의로서 세계 속의 민족의 자주이다. 이에 대해 북한의 '주체'는 배타성을 갖기 때문에 세계가 좁아지는 21세기에 합치되기 어렵다.

둘째, 통일국가는 자유와 평등을 바탕으로 하는 '민주주의'를 이념으로 하는 나라여야 한다.

민주주의는 인류가 고안해 낸 최선의 생활양식이며 정치형태이므로 통일국가도 이를 지향해야 할 것이다.

그런데 민주주의에는 자유를 더 중요시하는 자유민주주의와 평등을 더 중시하는 '인민민주주의'가 있다. 우리가 지향하는 것은 자유와 평등을 동시에 추구하되 중심을 자유에 두는 민주주의이다. 그것은 모든 세력의 공생과 공존을 가능하게 하기 때문이며 인간의 존엄성이 보장되기 때문이다.

이와 달리 북한 및 좌파는 평등에 치중하는 민주주의를 지향하여 중앙집중식 민주주의 즉 '인민독재'를 실시하려 한다. 그에 따라 '인권'과 경제발전은 큰 장애를 받게 된다.

셋째, 통일국가는 풍요 속의 공정분배를 바탕으로 하는 국민복지주의를 이념으로 하여야 한다.

현대국가는 모두 복지를 정치의 이상과 목적으로 삼고 있음에 비추어 통일국가도 국민의 복리와 복지를 이념으로 함이 마땅하다.

그런데 복지는 가난 속에서는 이루어질 수 없다. 상당수준의 국부와 발전 속에서 참다운 복지가 가능한 것이다. 따라서 국민 복리를 위해서는 시장원리를 바탕으로 하는 자유자본주의 방식이 기본이 될 수밖에 없다. 자유자본주의가 갖는 병리를 최소화하는 계획과 분배의 원리가 요구될 뿐이다.

그러나 북한과 좌파에서는 사회주의적인 체제하의 복지를 생각하고 있다. 거기에 '주체'와 '자급자족'의 경제를 표방함으로써 '빈곤의 평등화'만 가져올 뿐이다. 빈곤의 평등화가 되는 통일국가를 바랄 수 없어서 자유자본주의에 의한 복지국가 건설이 불가피하다.

넷째, 통일국가는 민족화해와 세계평화에 기여하는 평화주의를 이념으로 해야 한다.

이것은 대내적으로 폭력, 압제, 공포, 계급투쟁이 횡행하는 나라가 아니고 전민족 구성원의 화해 단합을 지향하는 것을 말한다. 그리고 대외적으로는 모든 침략전쟁을 반대하고 인류의 공영과 민족, 국가 간의 공존에 기초한 평화를 지향함을 뜻한다.

분단시대에 장기간에 걸친 첨예한 대립을 하였기 때문에 국민화합이 무엇보다 중요하다. 그리고 대외적으론 우방을 가졌기 때문에 통일국가는 상당한 중립적 입장을 견지하면서 모든 나라와의 우호성과 평화 지향성을 가져야 한다.

그런데 북한과 좌파는 통일국가가 중립적이어야 함을 상정하고 있는 듯하다. 그러나 대내적으로는 계급투쟁론에 따라 어느 한쪽의 다른 쪽에 대한 투쟁과 타도를 추구하고 있어서 대화합이 이루어질 수 없다.

(2) 남북관계에 대한 좌우의 쟁점

통일교육내용을 논의할 때 직면하는 문제는 너무도 많다. 그 가운데서 먼저 남북관계와 관련하여 쟁점이 되고 있는 몇 가지를 제시하여 비교해 보기로 한다.

① 정통성 문제

정통성 문제는 좌우익, 남북한 간에 통일을 전제로 할 때 가장 중요한 문제가 되고 있거니와 그 논거들을 보자.

한국과 우파가 대한민국 정통성이 있다는 논거 중 중요한 것을 들어본다.

    ① 대한민국은 대한제국에서 대한민국 임시정부(상해)를 거쳐 대한민국으로 이어진 법통을 가지고 있다.

    ② 정통성 판단에서 가장 중요시하고 있는 관할 주민 수에 있어 북한의 두 배가 된다.

    ③ 정부수립 때에 범세계기구인 유엔의 유일 합법정부 승인을 받고 대부분의 유엔회원국이 승인하였다.

    ④ 민족과 나라의 상징인 태극기와 애국가를 이어 계승하고 있다.

    ⑤ 실효성(국민을 잘 살게 하는 지표)에 있어 북한에 비교가 되지 않을 만큼 앞서 있다. 등등……

이와 달리 북한과 좌파는 북한정권의 정통성 논리를 다음에 준거하여 펴고 있다.

    ① 북한은 항일독립투쟁세력이 세운 정권이지만 남한정부는 친일매판(일부의 친일세력이 가담한 것은 사실)정권이므로 북쪽에 정통성이 있다.

    ② 북한은 인민대중이 세운 정권이지만 남한은 그렇지 못하다.

③ 북한은 '주체'를 기본이념으로 하는 민족정권이지만 남한은 '미제'의 식민지배하에 있는 매판정권이라는 점이다.

여기서 가장 문제되는 것은 민족주의 세력이 누구냐이다. 중·소 분쟁이 있기 전 즉, 북한이 '자주'를 내세우기 전에는 김일성과 북한은 우파를 민족주의자라고 불렀다. 그리고 공산주의의 국제주의를 늘 강조하여 스탈린 초상화를 김일성 초상화와 나란히 걸고 소련기와 북한기를 나란히 걸었다. 형제국가와 형제당을 중시하는 것은 공산주의에 있어 가장 기본이 되는 논리이다.

1960년대 후반부터 제기된 북한의 자주와 주체는 비슷한 시기에 박대통령이 자주국방과 자립경제를 제창한 것과 같이 대외적인 입장이 기본이었다. 따라서 민족주의를 이론적으로 거부(북한사전은 1980년대까지도 민족과 민족주의를 낮게 평가했음)한 공산주의 북한과 이를 수용하고 있는 남한 민족주의와의 차이가 생긴다.

그리고 미·소의 지원으로 해방되고 각기 남북에 정권을 세웠기 때문에 이 문제는 별로 문제시되지 않는다.

② 분단의 책임문제

분단은 지리, 정치 사회(민족), 역사의 어느 각도에서 보느냐에 따라 달리 개념화되거니와 좌우익은 각기 다른 시각에 중점을 두고 파악한다.

한국과 우파의 다수는 지리적 개념에서 분단은 미·소가 38도선을 군사분계선으로 설정한 데서 비롯되었기 때문에 분단책임은 그들 나라에 있다고 본다. 그리고 일부 우파는 전쟁 전까지는 민족의 대결적 분열이 심각하지 않았다는 점에서 민족분열의 고착화가 김일성의 남침에 있다고 본다.

이와 달리 북한 및 좌파는 1948년 남한이 단독정부를 세웠기 때문에 분단되었다고 주장하고 지금도 통일(이 경우 북한주도의 통일을 뜻할 것임)을 방해한다고 말한다.

또 일부의 비교적 중립적 논자들은 분단은 원천적으로 일제지배에 근원이 있기 때문에 일본책임이라는 것이다.

지리적 분단은 미·소가, 정치적 분립은 남한이, 사회적 민족분열은 북한이, 역사적 근원은 일본이 각각 보다 더 많은 책임을 지고 있다고 볼 것이다. 그러나 무엇보다도 직접적이고 결정적 계기가 된 것은 미·소의 분할진주라고 보아야 할 것이다.

③ 통일의 주체와 좌파의 해방운동

통일을 주도해야 할 세력은 당연히 한국 및 우파여야 한다는 주장이 남쪽에서 제시되고 있다. 그것은 체제경쟁은 판정이 났기 때문에 보다 우월한 이념과 체제를 지니고 있는 한국이 통일을 주도해야 보다 잘 사는 통일국가를 만들 수 있다는 생각에서이다. 만약 북한 및 그 추종세력에 의해 통일된다면 번영되고 복된 통일국가를 기대하기는커녕 지금보다 훨씬 뒤진 나라가 될 것이라는 논리이다.

이와 달리 북한과 좌파는 남한정권—그것이 좌파 및 친북정권이 아닌 한— 똑같이 반민중적 정권이고 '미제'의 앞잡이이므로 그들이 통일을 주도해서는 안 되며 타도대상이라는 것이다. 따라서 통일의 주체는 남·북한의 인민(민중)이고 정부 간의 연합(연방)으로 통일해야 한다는 것이다. 따라서 북한과 남한의 좌파는 정부를 제쳐놓고 통일운동을 공동으로 전개하고 한국정부(및 우파) 타도를 지향한다.

그러므로 북한 및 좌파의 통일운동은 '미제'로부터의 '민족해방운동'인 동시에 파쇼, 매판자본가 세력으로부터 남한의 '민중(근로인민)' 해방운동이 된다.

④ 연방통일문제

북한은 1960년 이래 통일과 연관된 평화공세로서 '연방제'를 계속하여 주장해오고 있다. 세부면에서 조금씩 바뀌어 왔으나 큰 방향은 똑같다. 남한 내에서도 연방제, 연합제 등을 제안하는 경우를 학계와 정계에서 볼 수 있다.

그런데 북한 및 그에 동조하는 세력의 연방제안과 남한 내 정치인의 그것은 용어는 같으나 내용에 있어서는 근본부터 다른 점이 있다.

근본적으로 북한은 두 가지를 전제로 한 연방안이다. 하나는 북한이 금과옥조같이 내세우는 '주체'사상(북한식 사회주의)을 전국적으로 실현하기 위해서 연방을 해야 한다는 것을 전문(前文)에 뚜렷이 밝히고 있는 점이다. 다른 하나는 한국의 현존정부(공화당 정권, 제5공 정권, 제6공 정권, 현 정권)와 연방을 하자는 것이 아니고 보수 우익정권을 타도제거(민중혁명으로)하고 혁명(민중)정권 즉, 친공정권과 북한정권 간의 연방통일을 한다는 것이다. 베트남식 공산화와 비슷한 구도이므로 연방제안은 결국 한국과 우파를 제외한 통일정부의 수립이 된다.

우파를 제외한 통일정부안은 해방 후 미·소 공동위원회에서 제기된 이래 북한 및 좌파가 견지하고 있는 기본입장이다.

(3) 평화안보와 관련된 쟁점

안보문제에 대한 올바른 교육은 쉽지 않으나 매우 중요한 사항인 바, 그에 대한 한국(및 우파)과 북한(및 좌파)의 주장 중 큰 쟁점이 되는 몇 가지를 제시하여 본다.

① 적과 위협의 근원

남한에서는 여야를 막론하고 자유 민주 한국을 부정하고 파괴하려는 현실적 위협의 존재(적 또는 잠재적인 적)로서 북한의 공산집단과 그에 동조하는 급진 폭력 좌파세력으로 보고 있다.

북한은 한반도 전체의 적화와 북한식 체제화를 지향하여 남한의 자유민주체제 및 자유민주정권의 타도를 목표로 활동한다. 그러므로 자유민주주의를 옹호하려는 한국의 다수의 한국 사람은 북한과 그에 동조하는 세력을 적성적 또는 위협적 존재로 보게 된다. 그러나 북한의 일반대중도 위협자로 보지 않는다.

이와 달리 북한과 동조 좌파세력은 한국의 지배층과 미국을 적으로 뚜렷이 하고 북한집단을 적대자 및 위협자로 보는 것에 반대한다. '미제'와 '앞잡이 반동정권'은 민족과 민중을 압살, 억압, 착취하는 세력이기 때문에 적 또는 위협자로 보고 있는 것이다.

결국 자유민주주의를 수호하려는 입장이냐 사회공산주의를 통한 통일을 하려는 입장이냐에 따라 적 또는 위협자는 달라질 수밖에 없다고 본다.

② 남침이냐, 북침이냐의 문제

한국과 우파는 6·25전쟁은 명백한 남침이며 이 남침전쟁으로 남북분열과 분단이 확고히 고착되었기 때문에 김일성은 민족사에 중대한 죄를 지었다고 주장한다.

이와 달리 북한은 북침으로 전쟁이 났다고 계속 주장하다가 최근에는 그보다는 민족해방전쟁으로 미화하고 있다. 친북 좌파논자들은 개전책임이 문제되지 않으며 그것은 민중들의 통일의지가 표출된 전쟁이고 해방전쟁이라고 주장한다.

즉, 좌파는 남침을 외면, 호도하거나 북침으로 왜곡시키고 있으나 후르시쵸프 회고록, 중국공산당 기록, 최근 공개한 러시아의 문서들과 증언들에서 남침론이 보편화되고 있다.

③ 평화협정과 미군 철수문제

북한은 정전협정의 궁극적 주체인 미국(미군)과 평화협정을 맺어 한반도의 평화를 이루어야 한다고 주장한다. 정전협정에 직접 서명치 않고 작전통제권을 미군에게 이양한 한국은 평화협정 대상이 안 된다는 논리이다.

이에 대해 한국은 북한이 한국과 맺은 기본합의서도 전혀 지키지 않으면서 미국과 단독 평화협정을 맺겠다는 것은 한·미 이간과 협정체결 후 미군철수를 노린 계략이므로 일차적으로 남북합의서에 의한 남북관계 개선을 충실히 지킬 것을 강조하고 있다. 또 정전협정 당사자 문제에 있어서는 6·25 때 자유군대는 유엔군으로 참전하였으므로 유엔군 사령관인 미군사령관이 서명하였기 때문에 한국군도 그에 포함된다는 논리를 펴는 사람도 있다.

또한 작전권 운운하지만 현실적으로 60여 만의 군대를 보유하고 대치하고 있는 한국을 제외한 평화협정체결은 의미가 없다는 것이 한국 측의 입장이다.

그런데 평화협정과 미군철수는 사실상 하나의 문제이다. 북·미간에 평화협정이 맺어지면 자동적으로 제기될 문제가 미군철수이기 때문이다. 미군이 철수된 뒤에 게릴라침투에 의한 게릴라전을 전개하고 이어 정규남침을 한다면 미군의 재투입은 어렵게 되어 베트남식 적화전략이 성공할 수 있다고 볼 것이다.

한편 미군주둔을 두고 북한과 좌파는 '미제' 침략이니 미국 식민지이니 하는 주장을 하며 철수를 요구한다. 외국군대가 자국 내에 주둔하며 국방을 담당하는 것은 바람직하지 않다. 그러나 서독에는 한국보다 더 많은 미군이 주둔하고 베를린 같은 곳은 실제로 미군의 통치가 상당히 있었지만 서독인은 미군주둔을 주권침해나 식민지와 연관시키지 않았다. 오히려 평화와 안전을 위해 환영했던 것이다. 같은 논리로 한국에서도 미군의 주둔은 전쟁억제(평화)의 기능을 하고 그 덕으로 한국은 번영할 수 있다는 논리를 펼 수 있다.

요컨대 평화협정의 체결이 문제가 되는 것이 아니라 그것을 지키려

하고 한반도에 진정한 평화를 이루려는 의지가 있느냐의 문제이다. 협정체결이 새로운 전쟁을 필연적으로 가져오게 하는 것이라면 문제가 아닐 수 없다.

④ 북한의 위협과 보안법

한국은 북한이 한반도 적화통일 전략에 따라 계속적인 위협을 현실화시키고 있다고 보고 있다. 그 증거로는 당이 국가를 주도하는 북한에서 당규약에 공산북한에 의한 통일이 명시되어 있다는 것을 주로 들고 있다. 뿐만 아니라 청와대기습(1968년)사건, 아웅산에서의 한국대통령 등 요인암살사건, 대한항공기 폭파(김현희)사건, 이번의 강릉무장공작대(잠수함)사건 등을 증거로 제시한다. 또한 남한 내의 동조세력을 조직화하고 지원하여 한국정부 전복을 꾀하고 있다고 보고 있다. 이러한 위협 때문에 보안법이 필요하다는 주장이다.

분단상태에서 상대방이 이쪽의 타도를 목표로 하지 않는다면 사상의 자유와 보안법은 필요 없을 것이다. 분단과 위협이 제거될 때까지 남북한 주민은 보안법과 형법(북한은 형법내용에 한국보안법내용 이상을 규정하고 있음)의 테두리에서 살 수밖에 없을 듯하다.

분단 전에라도 그러한 제약을 제거하려면 상호 상대방의 제거(타도)노선이 말이나 글로써가 아니라 마음과 행동으로 나타나야 할 것이다. 그리고 어느 한쪽에서만 제약법규가 폐지될 것이 아니라 쌍방이 법규들 중에서 그러한 내용들이 함께 철폐되어야 한다고 주장해야 형평성을 갖는다.(대학교육협의회, 「대학의 통일교육 대비방안」, 1996.10.18)

3. 북한동향과 통일안보 교육과제

통일교육이 강화되어야 한다는 소리가 최근 높아지고 있거니와 그러한 주장이 제기된 직접적인 계기는 두 가지이다. 하나는 한총련이 주도한 연세대에서의 폭력적 과격행동을 본 국민들이 대학생에 대한 통일교육 노력이 강화되어야 한다는 강한 요구를 한 것이다.

한총련 사태가 있자 국민들은 대학당국과 교수들에 대한 질타를 했을 뿐만 아니라 정부의 그간의 대북, 통일교육정책에 대한 비판도 대단했다. 분명히 학교당국과 정부당국은 이유가 어디에 있던 학생들을 적극 지도하고 효과적인 교육을 하지 못했을 뿐만 아니라 때로는 정책적 혼란을 보이기도 했던 것이다. 그러던 중 강릉에 '북한군공작대'가 나타나자 대북관의 안이함에 대한 문제가 강하게 나타났다. 확실히 우리는 탈냉전을 내세워 북한에 대해 너무 안이하게 생각하고 대처해 온 것이다.

'전쟁불가피론'을 계속 내세우는 북한을 짐짓 외면하는 지식인, 설마 그럴 수야 없겠지 하고 생각하는 일반대중과 젊은이, 공산주의나 북한에 대해 환상적 생각에 빠져있는 일부의 학생층 등이 존재하는 현실을 극복해야 할 과제를 지니게 되었다.

북한의 대남전략에 변화가 없고, 계속되는 위협을 극복하기 위해서나 주사파적인 열병이 확산되는 것을 막기 위해서는 통일교육이 새 방향에서 새롭게 짜여져서 새로운 내용으로 강화되어야 한다.

그러면 어떻게 통일교육이 강화되어야 할 것인가? 통일교육이라고 하지만 방법상으로는 가정교육, 사회교육, 학교교육을 통해서 이루어질 수 있겠으나 여기서는 주로 학교(대학)교육에 대해서 검토하기로 한다. 그리고 교육의 내용에 중점을 두기로 한다.

1) 통일교육의 수단 강화

정신교육에서 무엇을 어떻게 해야 할 것인가 하는 것을 구체적으로 정하는 것은 교육의 수단이라고 해도 과언이 아니다. 누가 교육하는가, 어떤 내용으로 교육하는가 하는 것이 매우 중요하다는 말이다.

따라서 무엇보다도 교육의 수단들을 보다 정교하게 보강하는 것이 필요하다고 본다. 책과 논문, 강의, 강연과 좌담, 신문방송의 기사와 논평 등의 내용이 바람직한 것인가, 그리고 그러한 교육매체를 이용하는 교수, 강사, 전문가, 저자와 평자가 바람직한 사람들이고 충분히 능력을 발휘할 수 있는 여건 아래 있는가.

통일교육이 보다 효과적으로 이루어지기 위해서 어떤 여건조성이 있어야 할 것인가에 대해서 몇 가지를 제시해보기로 한다.

(1) 건전 통일교육매체의 확충

1980년대 후반 이후에 통일 및 그와 유관한 단행본 논문들이 쏟아져 나왔다. 그런데 간행물 중에 바람직한 내용을 담은 것들보다도 그렇지 못한 것들이 더 많이 쏟아져 나왔다. 자유민주적 시각에서 써진 것들은 묶은 '보수논리' 또는 '어용논리'로 매도당하거나 좌경화적 청년층의 사고흐름으로 외면당하는 일이 많았다. 한국 측에 불리한 내용을 담은 책과 논문이 젊은 층을 휩쓸게 되었다.

강연과 좌담의 내용은 1990년대 초에는 좌파적인 것이 약간의 우세를 보였으나 중반에 이르면서는 보수적인 내용의 것들이 앞서기에 이르렀다. 그러나 아직도 통일과 관련된 강연과 좌담의 내용 중에 바람직하지 못한 것들이 적지 않다고 본다. 강의(특히 대학 강의)도 비슷하다고 본다. 신문과 방송은 일시(1990년대 초) 문제점이 있었다고 보나 근년에는 그렇지 않은 것 같다.

그러므로 건전한 매체의 공급을 위해서 다음의 조치가 요구된다.

① 건전도서의 개발

건전한 내용을 담은 통일(교육)관련의 도서가 많이 개발될 수 있게 국가가 획기적인 지원을 해야 한다. 그리고 이미 간행된 도서 중 건전한 것은 '추천도서'의 형식으로 대량보급이 가능하도록 지원할 수도 있겠다.

② 건전한 논문의 개발

건전한 내용의 통일(교육) 논문들이 많이 나올 수 있게 대대적인 연구지원을 해야 한다. 이른바 운동권이나 '주사파' 학생들은 그들의 교육지침이 될만한 논문들을 대량으로 개발·확보하고 활용하고 있는데 건전논문들은 그에 미치지 못하니 딱한 일이다. 수적으로나 양적으로 건전논문이 훨씬 늘어야 한다는 말이다. 그러기 위해서는 막대한 연구비가 많은 학자들과 연구자들에게 지원되어야 할 것이다.

(2) 학과 및 강좌의 확대개설

통일에 대비할 역군을 양성하고 통일관련 학문을 체계적으로 세우기 위해서는 대학 내에 관련학과를 설치하는 것이 중요하다. 현재 대학 내 학부에 북한학과가 세 곳에 설치되어 있을 뿐이다. 야간의 전문대학원에 북한학과가 설치된 곳이 몇 있으나 그것은 사회인에 대한 재교육일 뿐 체계적 연구가 가능할 수 없다. 학부, 석사과정, 박사과정이 개설되어 체계적인 전문 인력이 양성되고 전문적 연구가 가능해야 할 것이다.

한편 대학에서의 통일관련 과목도 개설되어야 할 것이다. 지난날 '국민윤리'가 개설되었다가 폐지된 지금에는 통일과 관련된 과목들이 교양으로 개설되어야 한다.

뿐만 아니라 사회교육의 일환으로서의 건전한 내용의 통일, 안보, 북한관련의 강연회와 특강도 보다 활발히 전개되어야 한다. 각 연수원에서 그러한 과목(특강)들이 필수적으로 개설되어야 한다. 강릉사건이 났을 그때만 반짝 관심을 갖다가 곧 망각해버리는 현실은 고쳐져야 한다.

(3) 전문요원의 육성

대학에 북한학과가 설치되었지만 그곳을 나온 사람들이 전문가가 되려면 상당기간이 소요된다. 그리고 지금도 상당수의 전문가들이 존재한다. 그러므로 관련분야를 연구하는 사람들을 집중적으로 관리하여 보다 효과적인 통일교육을 할 수 있는 여건을 만들 필요가 있다.

① 전문요원의 조직화

통일관련 연구를 하는 사람은 많지 않다. 그리고 그들 중에는 상당수가 다른 분야를 전문으로 하면서 부차적으로 통일문제를 연구하고 있다. 또 통일관련 분야라고 하지만 안보(군사)문제 전문가, 이데올로기(이념)문제 전문가, 북한문제 전문가, 지역(국제)정치 전문가, 순전한 통일 전문가 등으로 나누어질 수 있다.

따라서 이들을 조직화함으로써 보다 효과적이고 종합적으로 통일교육이 가능할 수 있을 것이다. 이들을 통일원이나 교육부 등에서 조직화('통일북한학회' 같은) 하는 것이 좋겠다.

② 전문가의 연구의욕 촉진

통일교육을 담당하거나 통일문제를 연구하는 전문가가 계속해서 관련분야에 대한 연구를 더욱 깊게 하도록 도와주어야 한다. 국가적 사업을 대신하고 있다고 볼 수 있는 이들이 '어용'으로 몰리는 외로운 연구를 하고 있는 것에 대한 보상적 의미로도 국가는 이들의 연구를 도와줄 의무가 있다고 본다.

③ 전문가에 대한 지속적 수련

어떤 분야의 전문가도 다 그러하지만 관심분야에 대한 부단한 연구와 새로운 지식을 가져야 한다. 통일문제와 같이 복합적이고 예측 곤란한 문제에 대한 연구자는 그 필요성을 더욱 느끼게 될 것이다. 그리고 통일관련 연구자라고 해도 세부 관심분야가 다르기 때문에 다른 분야에 대한 지식의 확보가 더욱 필요하다. 따라서 조직(통일북한학회)을 통해서나 각 대학 또는 언론기관 및 일반 사회단체에 있는 '통일연구소'들을 통한 연수 또는 세미나를 자주 갖도록 해야 할 것이다.

④ 부적절한 강의담당 배제

사회교육기관에서는 그러한 경우가 많지 않겠으나 대학의 경우는 역효과를 내는 강의를 하는 강사가 있다. 북한이나 공산주의를 실질적으로 비판하지 못하는 내용 또는 오히려 선전하는 내용을 교육하고 있다는 얘기가 있다.

이것은 담당자 선정이 적절하지 못했기 때문이다. 교재에 대한 체계적이고 과학적 연구를 국가가 주도해야 할 뿐만 아니라 강의(특강)담당자를 선정하는데 있어서는 학교 또는 주관기관에서 세심한 관심과 주의를 가져야 할 것이다.

2) 통일교육 내용의 지향점

대학에서의 통일교육 내용은 교육이 지향해야 할 목적과 깊은 관련이 있다. 크게 자유민주체제의 유지를 바탕으로 통일을 하고 풍요롭고 평화로운 나라를 만드는 것인가. 아니면 통일의 당위에 중점을 두고 통일국가 달성을 최고의 가치로 보고 그것을 지향할 것인가로 나눌 수 있다.

아마도 전자를 통일교육의 목적으로 해야 한다고 일반적으로 인식할 것이다. 그럼에도 불구하고 중점을 어디에 둘 것인가와 관련하여 교육내용의 방향은 달라져 왔다고 생각된다.

1970년대까지는 '반공교육'으로 불리는 통일교육이 이루어졌다. 이때의 교육의 중점은 말할 것도 없이 공산주의와 북한에 대한 이론적·현실적 실체를 밝히고 그 오류와 모순을 비판하고 그에 대항할 수 있는 능력을 갖추게 하는데 있었다.

그러던 것이 1980년대에 와서는 '통일안보교육'이라는 용어가 일반화되었다. 공산주의 및 북한의 위협으로부터 자유 한국을 지킨다는 수세적인 면과 장차 있어야 할 통일이라는 적극적인 면을 포함하는데 교육의 목표가 두어졌다고 본다.

1990년대에 와서는 '통일교육'으로 바뀌었다. 그것이 함축하는 뜻은 공세적인 반공이라는 것과 안보라는 면이 후퇴한 것이라고 볼 수 있다. 민족(피)이 이념보다 더 진하다는 논리가 담겨져있는 듯하다.

그러면 현시점에서 통일교육 내용은 어디를 지향해야 할 것인가, 그리고 무엇이 중요시되어야 할 것인가.

통일교육 내용은 적어도 다음의 몇 가지를 지향해야 할 것이다. 그것은 교육내용의 목표일 수도 있고 중점방향일 수도 있다고 본다. 이것이 제대로 설정되지 않으면 무엇을 위해, 왜 교육을 하는 것인지가 뚜렷해지지 않을 것이다.

(1) 자유민주체제에 대한 확신

통일교육에서 추구해야 할 중요한 목표는 자유민주주의와 체제에 대한 우월성을 뚜렷이 인식케 하는 것이라고 본다.

일부의 젊은 지식인 또는 지식인화 되고 있는 학생들 중에는 이미 검증이 끝나 역사의 뒤안으로 사라진 마르크스·레닌주의에 매달려있는 사람들이 있다. 아니면 그에 대한 상당한 호기심을 갖거나 북한식 방식에 동조하려는 젊은이도 있다.

또 어떤 이는 통일만 가능하다면 어떤 체제나 방식도 무방하다는 무책임한 생각을 가진 사람도 있다. 적어도 통일로 제2의 건국을 해야 할 우리로서는 역사의 뒤안길로 사라진 이념과 체제, 가난과 생활후진을 거듭하는 체제와 집단에게 민족의 장래를 맡길 수는 없다.

따라서 자유민주체제만이 통일 전이나 통일 후에 유일한 우리의 대안임을 역사와 이론 및 실제에 증거하여 분명히 교육해야 한다.

(2) 통일당위성 인식과 통일의지 제고

통일은 저절로 이루어지는 것이 아니다. 통일하려는 강한 의지를 가지고 있을 때 통일여건 성숙과 더불어 통일노력이 있게 되고 통일은 이루어지는 것이다. 소련의 노선변화라는 통일 환경 변화에 때맞추어 독일 국민은 강한 통일의지 노력을 함으로써 그것을 이룩한 바 있다.

그런데 통일의지와 노력은 통일에 대한 필요와 당위성을 인식할 때 비로소 생겨난다. 필요성과 당위성이 없다면 통일노력을 하지 않게 된다는 것이다.

통일의 당위성은 너무도 많은 점에서 찾을 수 있다. 단일민족국가 공동체에서 살던 사람들이 인위적으로 분리되어 살 수 없다는 점, 지리적으로 분리되어야 할 조건(섬으로의 분리)이 없는 점, 재결합해야 할 이산가족이 많은 점, 동질적 민족문화의 복원의 필요성, 분립으로 인한 경쟁으로 민족역량의 소모, 대립에 따른 평화파괴의 위험, 통일에 의한 거대번영국가 건설의 가능성 등이 그것이다. 통일의 필요성과 필연성을 교육함으로써 통일의지를 북돋우고 통일에 대한 관심과 노력을 할 마음의 자세를 갖게 해야 할 것이다.

(3) 한국의 정통성에 대한 확신

어떤 체제와 정권의 안정성은 국민이 그에 대해 얼마만큼의 정통성을 부여하느냐에 따라 크게 달라질 수 있다. 정통성에 대한 부정 또는 회의적 시각이 국민사이에 팽배해 있을 때 그 정권과 체제는 지탱력을 잃고 다른 것으로 바뀔 수 있다는 말이다.

남북관계에 있어서는 특히 어느 쪽에 정통성이 있느냐 하는 것이 무엇보다 중요하다고 본다. 그러므로 통일교육의 내용 중 중요한 지향은 한국정부의 정통성에 대한 확고한 믿음의 체계를 형성시켜 주는 일이라고 본다.

남북분단 상황에서 통일과 연관 지은 정통성을 문제 삼을 때는 자연히 남과 북의 정통성을 상대적으로 비교하여 어느 쪽에 더 정통성이 있는가를 따지게 될 것이다. 그런데 남한 내에서는 좌파가 북한과의 대비를 전제로 했던 안 했던 간에 해방 전후사에 대해서 그리고 그 뒤에 역대정권에 대해서 정통성을 부정하고 있는 것이다.

따라서 여러 면에서 정통성이 인정되어야 할 한국의 정통성에 대한 교육이 통일교육에서 큰 비중을 갖는 지향점이 되어야 할 것이다.

(4) 올바른 북한이해

다른 지역에 대한 정확한 이해를 한다는 것은 쉽지 않다. 세계에서 가장 폐쇄된 북한의 실체를 정확히 이해하기는 어렵다. 표명하고 있는 표어나 정책노선을 가지고 북한의 정책노선의 진의를 파악하기는 더욱 어렵다. 정확하지 않은 허상을 참모습인 듯 착각하는 젊은이가 많이 생기는 이유가 바로 그런 것들 때문이다.

북한이 주장하고 있는 한반도 문제에 관한 모든 것들의 참뜻을 이해하고 북한의 실질적 상황을 정확히 알 수 있다면 북한주민과 함께 추진해야 할 통일의 방향과 방법도 무엇이 최선일 수 있겠다는 해답을 얻어낼 것이다.

그런데 현실은 그렇지 못하다. 경제난에 있는 것이 사실이지만 그렇다고 쉽게 무너질 것이라는 판단이 맞을지는 의문이다. 경제력에서 앞서 있다고 정신무장이 단단한 북한을 얕잡아 보아서는 안 되기 때문이다. 북한이 평화통일을 제안하고 있으나 그 내용은 대남적화이고 완전하고 순수한 평화통일이 아니다. 좌파에서 남한의 인권을 제기하는 일이 있지만 경제난 못지않게 북한의 인권은 심각하다. 경제력이 약하지만 막강한 군사력을 가지고 있고 그것으로 한국에 중대한 타격을 줄 수도 있을 것이다.

북한의 정책 및 노선표명도 실질과 표면상 큰 차이가 있다. 따라서 허상과 실상이 구분 없는 대북관을 가질 염려가 있다.

그리하여 북한이 저절로 곧 망할 것이라느니, 북한은 주체적 민족주의 집단이라느니, 북한이 평화(연방)통일을 제안하는데 한국이 옹졸하다느니, 하는 망상과 환상 및 착각이 생겨난다.

그러므로 북한의 실상을 올바로 이해시키는 것은 통일교육의 주요목표이고 지향이어야 할 것이다.

4. 교육개선의 원칙

앞에서 통일교육이 지향해야 할 목표라 할까 중점 또는 초점방향이라고 할 사항을 제시하였다. 그러면 통일교육은 내용이나 방식 면에서 어떤 원칙 아래 이루어져야 할 것인가.

1) 교육내용의 포괄성

통일은 현상적으로만 볼 때는 아주 간단한 전개인 것 같지만 자세히 보면 매우 복잡하고 종합적인 상황과 요인의 결합으로 이루어진다. 그러니 여러 요인과 관련된 분야나 과목에 대한 교육을 해야만 한다.

이념과 체제가 다른 남북한을 재결합하여 통일하는 것이고 새로운 통일국가를 건설하는 것이니 민주주의론, 공산주의론(현대 이데올로기론)과 같은 이념교육이 포함되어야 한다. 우리가 거의 지식과 정보를 얻지 못하면서도 통일에서 또 하나의 주체(또는 세력)일 수 있는 북한을 이해해야만 한다. 그러니 북한학(북한개론)이 교육에 포함되어야만 할 것이다.

뿐만 아니라 통일문제는 관련국과의 관계에서도 고려해야 하고 지역과 한반도의 평화문제와도 관계가 적지 않다. 그러니 '주변국과 안보' 또는 '주변국과 평화'나 '한국안보론'과 같은 과목의 교육도 필요하다.

그리고 직접 통일에 관련되는 과목이나 내용으로서 '민족통일론'이나 '남북한 관계론'과 같은 것은 필수적으로 포함되어야 할 것이다.

급진 좌경세력이 혼란을 일으키고 그것이 북한과 불가분의 관계에 있는 것이라면 단순히 좋은 뜻의 '통일론'만 교육하는 것은 별로 의미가 없다. 북한 무장 공작대가 전면남침 계획수립의 일환으로 대담하게 직접 침투하고 있는 현실(강릉 잠수함침투)에서 '통일'만 교육하고 강조한다면 그것은 공허하고 비현실적 통일환상론을 불러일으킬 염려도 없지 않기 때문이다.

2) 논리를 갖춘 사실교육

통일문제나 남북한 관계에 대한 주장들 중에는 '정서'가 너무 개입된 경우가 많다. 먹느냐 먹히느냐, 사느냐 죽느냐, 이기느냐 지느냐 하는 절박한 감정을 안고 남북관계를 볼 경우 자연히 정서가 개입되게 마련이다.

정서가 개입되어 이루어진 상대방에 대한 분석이나 평가는 원천적으로 비판성을 지니게 되고 객관성이 결여되어 설득력을 잃는 내용에 그치고 만다. 교육은 설득에서 큰 효과를 기대할 수 있는 것임으로 정서적 주장으로 설득력을 잃는다면 이미 통일교육은 실패할 소지를 안고 출발하는 것이라고 본다. 전체적 전개에서 정서가 배제되어야 함은 물론이고 용어사용에 이르기까지도 감정적 표현은 삼가야 된다. '북괴도당이 호시탐탐 적화야욕을 버리지 못하고……' 운운하는 글을 젊은 지식인이나 학생에게 읽히게 할 때 효과보다는 역효과를 낼 수도 있을 것이다.

정서가 제거되면서도 논리성, 충분한 논증이나 증거가 제시된 체계성을 갖춘 주장에서 설득이 가능하다. 물론 그것들은 진실에 바탕을 두어야 할 것이고 가능하면 객관적인 자료와 입증이 있어야 한다.

3) 정치변동과 무관한 지속성

우리나라가 지금 하려고 하는 정신교육은 정권적 차원이어서도 안 되고 그럴 수도 없다. 그런데도 불구하고 정권이 바뀔 때마다 교육내용의 중점이 바뀌고 부분별로 경중이 바뀌어온 게 사실이다. 심지어 다루어져야 될 분야가 거의 도외시되는 예도 있는 것 같다. 더욱더 문제되는 것은 내용이 뒤바뀌는 일조차 생겼다고 본다.

어제까지 적대적 위협집단으로 규정하여 교육되어 온 북한집단에 대해 하루아침에 부드러운 통일대상으로 바뀌어 버리는 통일교육 내용의 단절성은 문제가 아닐 수 없다. 적어도 통일이 될 때까지 아니면 중대한 상황변화가 있기 전까지는 통일교육의 내용도 지속성을 유지해야만 할 것이다.

더욱 유념되어야 할 점은 대내 정치적 필요 때문에 교육의 내용과 비중이 크게 달라져서는 안 된다는 점이다. 정권에 유리하면 '안보'를 내세우고 별 도움이 안 되면 '동포애'를 내세운다면 이미 통일교육의 효과는 기대하기 어렵다고 할 것이다.

북한의 돌출행동이 자기 정파에 불리할 것이라는 판단 아래 북한당국에 대해 화해적 언동을 보인다든지 북한의 노선과 비슷한 주장을 한다든지 하여 교육내용의 지속성에 혼선을 주는 일도 생길 수 있다.

그러므로 통일교육은 대내정치로부터의 중립성이 확보될 때 비로소 보다 큰 효과를 거둘 것이라고 믿는다.

4) 현실에 기초한 구체성

통일은 지금 완성된 문제가 아니고 장차의 문제이지만 그럼에도 불구하고 아주 현실적인 문제이기도 하다. 바로 지금 장차에 대비해야 하고 또 그때를 위해서 부분적으로는 통일현상이 일어나고 있기 때문이다.

직접적인 통일문제가 아닌 것은 더욱 그러하다. 안보문제나 관련국의 상황전개는 모두 현실적인 것들이다. 그런 것들은 모두가 통일에 직·간접적으로 영향을 주고 있는 것이다.

통일문제는 공상이나 환상적으로 생각하고 접근할 문제가 아니다. 현실에 바탕을 둔 구체적인 방안이 아니면 실제로는 통일에 도움이 되지 않으며 그것은 환각, 환상에 지나지 않을 뿐이다. 가령 남북학생과 청년들이 만나 통일문제를 해결하려는 행동은 순수하지만 현실적으로 남과 북을 이끌고 있는 권위기관이 참여치 않는 통일은 현실과 떨어진 꿈에 불과하다.

따라서 통일문제에 대해서는 구체적이고 현실적으로 생각하도록 교육하는 것이 중요하다.

이상에서 통일관련 교육 중에서 개선되어야 할 과제와 방향을 학교교육 및 내용에 중점을 두고 제시하였다. 통일교육의 기반적 여건이라고 할 수 있는 교재, 강사 등에 대한 관리가 1980년대까지보다도 오히려 비조직적이고 소홀해진 감이 없지 않아 새로운 정비노력이 요구됨을 제시했다. 건전한 도서와 논문이 나올 수 있게 적극 지원해야 할 것이고 교과목의 개설이 제도적으로 보장되어야 할 것이며(모든 연수기관 포함) 전문요원이 육성되어야 한다.

다양한 교과목(학교 정규과목과 연수기관의 특강과목 포함)이 개설되어야 할 것이나 그것들은 하나의 목표를 위해 서로 체계성과 연관성을 갖도록 해야 할 것이다. 교과목(강의)의 구체적 내용은 현실적·구체적·정치중립적·일관적인 것이어야 할 것이다. 그러기 위해서는 강사에게 교육내용이 일임되어서는 안 될 것이고 지침적인 내용이 제시됨이 바람직하다.

그리고 담당자 선정은 극히 신중을 기해야 한다. 정규교과의 강사든 특강강사든 좌파적 논리를 가진 사람을 강사로 선정한다면 바람직한 통일교육을 기대할 수 없을 것이기 때문이다.

통일교육에 관한한 원점부터 다시 시작하는 자세가 지금 시급히 요청된다. 1980년대까지의 경험을 참고로 하면서도 새로운 상황에 맞는 새로운 통일교육이 제도적으로나 실질적으로 이루어지기를 기대해 본다.(「민주평통자문회의」, 1996.11.22)

민병천
대한불교진흥원 이사장

학력
1956년 서울대학교 문리대학 정치학과 졸업
1958년 동국대학교 대학원 정치학석사학위
1973년 동국대학교 대학원 정치학박사

경력
1963년 국방대학원 교수
1971~1994년 동국대학교 정치외교학과 교수
1978, 1984년 동국대학교 행정대학원 원장
1981~1984년 동국대학교 법정대학 학장
1983년 대학통일문제연구협의회 회장, 정치학회 회장
1987년 동국대학교 부총장
1991~1994년 동국대학교 총장
1996~2004년 서경대학교 총장
2008~2010년 사단법인 북한연구소 이사장 겸 소장

훈장
대한민국 국민훈장 석류장·목련장을 수상

주요저서
『현대정치학』·『한국안보론』·『한국방위론』·『제3세계론』·『민족통일론』
·『장벽을 넘어 통일로 가는 길』·『한반도 평화의 길』 등